Demokratie, Sicherheit, Frieden

herausgegeben von Dieter S. Lutz

DSF   Band 129

Eine Veröffentlichung aus dem Institut für
Friedensforschung und Sicherheitspolitik
an der Universität Hamburg

Heinz Loquai

Der Kosovo-Konflikt – Wege in einen vermeidbaren Krieg

Die Zeit von Ende November 1997 bis März 1999

 Nomos Verlagsgesellschaft
Baden-Baden

Die Deutsche Nationalbibliothek verzeichnet diese Publikation in
der Deutschen Nationalbibliografie; detaillierte bibliografische
Daten sind im Internet über http://dnb.d-nb.de abrufbar.

ISBN 978-3-7890-6681-8 (Print)

1. Auflage 2000
© Nomos Verlagsgesellschaft, Baden-Baden 2000. Gesamtverantwortung für Druck
und Herstellung bei der Nomos Verlagsgesellschaft mbH & Co. KG. Alle Rechte, auch
die des Nachdrucks von Auszügen, der fotomechanischen Wiedergabe und der Übersetzung, vorbehalten. Gedruckt auf alterungsbeständigem Papier.

Inhalt

Anstelle eines Vorworts   9

I.   Zur Methodik   11

1. Konzeption der Studie   11
2. Die Quellen   13
3. Begriffe und Zahlen   15

II.   Einige geographische Daten über das Kosovo   20

III.   Entwicklungsstadien des Bürgerkriegs im Kosovo von Ende 1997 bis März 1999   21

1. Der Bürgerkrieg beginnt   21
2. Die UCK auf Erfolgskurs   25
3. Die serbisch-jugoslawische Gegenoffensive   29
4. Ein fragiler Waffenstillstand   31
5. Die Kämpfe entflammen wieder   34
6. Im Schatten von Verhandlungen: Terror und Gegenterror auf dem Weg zum Krieg   40
7. Das „Massaker" von Racak/Recak   45

IV.   Die Rolle der OSZE   52

1. Das Kosovo - ein frühes Betätigungsfeld der OSZE   52
2. Die Holbrooke-Milosevic-Vereinbarung und ihre weitere Ausgestaltung   53
3. Aufgaben, Aufbau und organisatorische Entwicklung der Kosovo-Verifikationsmission   56
4. Hat die OSZE versagt?   64

V.   Versuche einer politischen Lösung für den Konflikt durch Verhandlungen   68

1. Bilaterale Gespräche   68
2. Der so genannte Hill-Verhandlungsprozess   71
3. Die Verhandlungen von Rambouillet und Paris   76

3.1	Die unmittelbare Vorgeschichte von Rambouillet	77
3.2	Der organisatorische Rahmen der Verhandlungen	80
3.3	Die Frage der Implementierung eines Abkommens	81
3.4	Handlungsoptionen der Parteien und die Folgen	84
4.	Letzte Versuche, eine friedliche Lösung zu erreichen	86
5.	Gewinner und Verlierer	90

VI. Die Rolle der NATO 95

1.	Entwicklungsphasen des NATO-Engagements	95
2.	Die Konzeption der Luftschläge	106

VII. Debatten und Entscheidungen des Deutschen Bundestages 109

1.	Idealtypische Funktionen des Parlaments	109
2.	Analyse der Sitzungen des Bundestages zum Kosovo-Konflikt von Juni 1998 bis März 1999	111
2.1	Der Prolog: die Sitzung vom 19. Juni 1998	111
2.2	Die Entscheidung über die Teilnahme Deutschlands an einem Krieg: die Sitzung am 16. Oktober 1998	113
2.2.1	Zur Vorgeschichte	113
2.2.2	Der Ablauf der Sitzung	115
2.2.3	Inhaltliche Analyse der Sitzung	116
2.2.4	Fazit	125
2.3	Zwischenschritte auf dem Weg zum Krieg	128
2.4	Der Krieg hat begonnen: die Sitzungen vom 25. und 26. März 1999	132
2.4.1	Der Auftakt	132
2.4.2	Regierungserklärung und Aussprache	134
2.4.3	Politische Bewertung	136

VIII. Der „Hufeisenplan" - ein Plan der serbisch-jugoslawischen Führung zur systematischen Vertreibung der kosovo-albanischen Bevölkerung? 138

IX. Diskussion der Ergebnisse 145

X. Folgerungen 161

Anstelle eines Nachworts	167
Abkürzungsverzeichnis	168
Chronologie wichtiger Ereignisse	170
Anhang	175
Literatur	181

Anstelle eines Vorworts

„Liebe Mitbürgerinnen und Mitbürger!

Heute Abend hat die NATO mit Luftschlägen gegen militärische Ziele in Jugoslawien begonnen.
Damit will das Bündnis weitere schwere und systematische Verletzungen der Menschenrechte unterbinden und eine humanitäre Katastrophe im Kosovo verhindern.
Der jugoslawische Präsident Milosevic führt dort einen erbarmungslosen Krieg.
Die jugoslawischen Sicherheitskräfte haben ihren Terror gegen die albanische Bevölkerungsmehrheit im Kosovo allen Warnungen zum Trotz verschärft.
Die internationale Staatengemeinschaft kann der dadurch verursachten menschlichen Tragödie in diesem Teil Europas nicht tatenlos zusehen.
Wir führen keinen Krieg.
Aber wir sind aufgerufen, eine friedliche Lösung im Kosovo auch mit militärischen Mitteln durchzusetzen ..."

(Erklärung des deutschen Bundeskanzlers am 24. März 1999 im Fernsehen)

I. Zur Methodik

1. Konzeption der Studie

Das Bild vom Kosovo-Konflikt in der deutschen öffentlichen Meinung, in Politik und Wissenschaft ist vor allem geprägt durch die jugoslawische Unterdrückungspolitik von 1989 an und die Verbrechen an den Kosovo-Albanern nach dem Beginn der NATO-Luftangriffe im März 1999. Aus dieser Perspektive heraus wird der Belgrader Führung die alleinige Schuld am Krieg der NATO gegen die Bundesrepublik Jugoslawien zugewiesen. Die Entwicklung erscheint als eine kontinuierliche Abfolge einseitig von der jugoslawischen Seite ausgehender Gewalt und verbrecherischer Handlungen, die geradezu zwangsläufig zum Eingreifen der NATO führen mussten, um noch Schlimmeres zu verhindern.

Diese Studie befasst sich nur mit einem relativ kurzen Zeitraum des langwährenden Kosovo-Konflikts. Die Zeit von November 1997 bis März 1999 war mehr als nur ein Zwischenglied in der Kette jugoslawischer Gewaltpolitik. Es war die Zeit eines Bürgerkrieges nach den Gesetzen solcher Kriege, es war aber auch die Zeit, in der Friedenschancen bestanden und nicht genutzt wurden, eine Zeit, in der eine politische Lösung des Konflikts endgültig scheiterte.

Die Darstellungen des Kosovo-Konfliktes in den deutschen Medien sind zumeist einseitig und eindimensional. Dies gilt auch für viele wissenschaftliche Beiträge. Als roter Faden der Analyse und Bewertung scheint häufig das Konzept eines aggressiven serbischen Nationalismus zu dienen. In diese generelle Linie werden dann die Ereignisse eingeordnet.

Diese Studie versucht, die untersuchte Phase des Konflikts als Bürgerkrieg zu erfassen und zu beurteilen. Damit eröffnen sich Einsichten in Strategien und Taktiken der Bürgerkriegsparteien nicht nur für die Kriegführung selbst, sondern auch für Verhandlungsprozesse. Die Konsequenzen der Einmischung der internationalen Organisationen und einzelner Länder, die ja nicht unmittelbar Bürgerkriegsparteien waren, können so in einem anderen Licht gesehen werden.

Ein Schwerpunkt dieser Studie ist eine Darstellung der Entwicklungsstadien des Bürgerkrieges. Dabei geht es darum, ein möglichst zutreffendes Bild der Wirklichkeit zu zeichnen. Denn ein solches Bild ist eine wesentliche Voraussetzung für eine Bewertung und Beurteilung. Die Entwicklung dieses Krieges ist auch der Aufstieg der „Befreiungsarmee des Kosovo" (UCK). Es ist ein Phänomen, wie konsequent diese Kriegspartei ihre Ziele verfolgte und nach weniger als zwei Jahren den Krieg gegen einen militärisch weit überlegen

Gegner gewonnen hatte. Die Gründe für diesen raschen Sieg waren zu untersuchen.

Ein weiterer mit dem Kriegsgeschehen unmittelbar zusammenhängender Strang waren die Verhandlungsprozesse. Sie wurden zwar formal von außen, von der internationalen Diplomatie, gesteuert. Doch eigentlich waren diese Verhandlungen eine Fortsetzung des Bürgerkriegs mit anderen Mitteln. Diese innere Dynamik bestimmte ihren Verlauf über die meiste Zeit hinweg weit mehr als die externe Steuerung. Nur aus der Perspektive des Bürgerkriegs werden manche Verhandlungstaktiken, vor allem der albanischen Partei, verständlich, die schließlich ihre strategischen Ziele auch am Verhandlungstisch durchsetzte.

Wie in kaum einem anderen Bürgerkrieg mischten sich in den Kosovo-Konflikt eine Vielzahl internationaler Organisationen und einzelne Länder ein. So wurde die kleine Provinz gleichsam zu einem Tummelplatz und Exerzierfeld der großen Weltpolitik. Das Gewicht einzelner Länder und Organisationen veränderte sich im Laufe des Konflikts. So wurden die Vereinten Nationen zunehmend marginalisiert, während die NATO schließlich zur dominierenden Organisation heranwuchs. Hinter dieser Veränderung der Bedeutung internationaler Organisationen standen nationale Interessen. So verläuft auch die Zunahme der Bedeutung der NATO parallel zu einem immer stärkeren amerikanischen Engagement im Konflikt. NATO und OSZE waren diejenigen Organisationen, die am unmittelbarsten tätig waren. Deshalb werden sie auch in eigenen Kapiteln behandelt.

Die Analyse des Geschehens im Deutschen Bundestag mag zunächst wie ein nebensächlicher Fremdkörper in dieser Studie anmuten. Doch hieran kann eine sehr wichtige Entwicklungsstufe deutscher Außenpolitik verfolgt werden. Auch innen- und gesellschaftspolitisch ist das Zusammenspiel von Regierung und Parlament, als Volksvertretung verstanden, in einem Extremfall, nämlich der Entscheidung über Krieg und Frieden, möglicherweise symptomatisch für die Verfassung eines Staates, für die so oft beschworene politische Kultur in einem Lande.

Das Kapitel über den so genannten Hufeisenplan gewann erst im Laufe der Studie ein eigenes Gewicht. Es läßt sich hier zeigen, wie unkritisch in einem Krieg Behauptungen der Staatsautorität akzeptiert, internalisiert und weitergetragen werden.

Die zusammenfassende Diskussion der wichtigsten Ergebnisse der Studie stellt zwei Fragenkomplexe in den Mittelpunkt:

1. Was war ausschlaggebend für Sieg und Niederlage in dem Bürgerkrieg? Welche Taktiken und Strategien waren erfolgreich? Welche Rolle spielten Parteinahmen von außerhalb?

2. Gab es tatsächlich keine Möglichkeiten für eine friedliche Lösung des Konflikts? Woran scheiterten eventuell vorhandene Friedenschancen?

Einige wenige Folgerungen und Empfehlungen schließen die Studie ab. Dabei geht es nicht um den großen Wurf, um die Neuordnung von Institutionen und Organisationen. Vielmehr sollen konkrete Schritte aufgezeigt werden, die ein wirksames Krisenmanagement mit dem Ziel der friedlichen Konfliktlösung verbessern könnten.

Diese Studie will vor allem eine Analyse sein. Aus dem Kosovo-Konflikt ist manches zu lernen. Doch man zieht mit ziemlicher Sicherheit die falschen Schlüsse, wenn ein falsches, unzutreffendes Bild vom Konfliktverlauf besteht. Die Perspektive, aus der man auf die Vergangenheit dieses Konflikts blickt, wird auch die Chancen für die Zukunft beeinflussen. Deshalb ist jenseits eines allgemeinen wissenschaftlichen Interesses eine kritische Aufarbeitung dieses Konflikts unerlässlich. Dass ein Einzelner hierzu nur einen bescheidenen und sicher unvollkommenen Beitrag leisten kann, versteht sich von selbst.

2. Die Quellen

Für den Verfasser war es erstaunlich, feststellen zu müssen, dass vieles, was in der Literatur als Fakten, insbesondere als Zahlen, dargestellt wird, einer Überprüfung nicht standhält. Nicht selten hat man das Gefühl, dass auch in wissenschaftlichen Abhandlungen ein einmal eingenommener Standpunkt die weitere Perspektive nicht nur der Bewertung, sondern auch der Faktenauswahl und -darstellung bestimmt. Bis zu einem gewissen Grade ist dies sogar verständlich, weil unvermeidlich. Beim Thema Kosovo mögen ein wissenschaftlicher Ansatz und wissenschaftliche Kriterien auch schon deshalb in den Hintergrund treten, weil es oft um die journalistische Aufarbeitung aktueller Ereignisse für ein Publikum geht, dessen Interesse an historischen Entwicklungen und politischen Prozessen auf dem „chaotischen Balkan" relativ gering ist.

Aus dieser Erkenntnis heraus sollte es ein Gebot für diese Arbeit sein, kritisch mit den Quellen umzugehen. Einen Grundstock von Quellen bildeten die Tagesberichte der Kosovo-Verifikationsmission (KVM) der OSZE. Auch diese Berichte geben natürlich keine vollständige und vollkommene Abbildung des Geschehens. Die Verifikateure konnten gar nicht überall sein, sie wurden von beiden Konfliktparteien behindert und zeitweise daran gehindert, vor Ort aufzuklären. Im Zuge der Auswertung und Zusammenfassung von örtlichen Einzelberichten gab es Selektion und sicher auch Umwertungen, bis der in Wien genehmigte Tagesbericht zumeist zwei bis drei Tage nach dem Geschehen zur Verteilung kam. Weiterhin standen die ausführlichen Berichte der KVM zu bestimmten Ereignissen zur Verfügung, zusätzlich die Wochenberichte der KVM. Für verschiedene Tage konnte der Verfasser die internen, nicht veröffentlichten Berichte der KVM einsehen, ebenso die Berichte deutscher Offiziere, die diese direkt nach Bonn gaben. Bei diesen stichprobenartigen Vergleichen waren keine wesentlichen Diskrepanzen zwischen dem „Rohmaterial" und den veröffentlichten Tagesberichten festzustellen. Man kann also darauf vertrauen, dass die Tagesberichte der KVM ein ziemlich objektives Bild der Situation im Kosovo zeichnen. Sie waren in der Zeit von Mitte November 1998 bis zum 19. März 1999 verfügbar. Für die Zeit von April 1998 bis Ende März 1999 liefern die Monatsberichte des OSZE-Vorsitzes an den UN-Generalsekretär und dessen zusammenfassende Berichte Informationen. Über den gesamten Untersuchungszeitraum hinweg gibt es exzellente Berichte der deutschen Botschaft in Belgrad. Sie sind präzise, sachkundig und differenziert in der Sachdarstellung, klar und ausgewogen im Urteil und eindeutig in den Empfehlungen sowie treffsicher in der Prognose. Der Verfasser konnte einen großen Teil dieser Berichte einsehen. Die Bitte, einige Berichte auszugsweise für diese Studie zitieren zu dürfen, wurde vom Auswärtigen Amt abschlägig beschieden. Der Staatsminister im Auswärtigen Amt, Dr. Ludger Volmer, begründete dies wie folgt: „Die Berichterstattung der Botschaft Belgrad zum Thema Kosovo stellt immer noch eine politisch sensitive Materie dar, deren Veröffentlichung unerwünschte politische Auswirkungen haben könnte." Doch lassen sich diese Berichte im Gedächtnis des Verfassers natürlich nicht auslöschen. Sie waren eine Art Kontrollinstanz für das, was aus anderen Quellen hervorging. Eine umfassende Quellensammlung zum gesamten Verlauf des aktuellen Kosovo-Konflikts bietet eine Studie des Zentrums für internationale Studien der Universität Cambridge.[1]

Ergänzend zu den schriftlichen Quellen hatte der Verfasser die Möglichkeit, mit Personen aus verschiedenen Ländern zu sprechen, die selbst im Kosovo vor Ort waren. Gespräche mit Diplomaten und Offizieren in Verwendungen in Bonn/Berlin, Brüssel und Wien vermittelten weitere wertvolle Eindrücke und Einsichten. Schließlich war der Verfasser selbst in Wien unmittelbar mit dem Kosovo-Konflikt befasst und hatte auch an den Verhandlungen über Rüstungskontrolle im Rahmen des Dayton-Abkommens teilgenommen.

So ergaben sich als angewandte empirische Methoden die Inhaltsanalyse als die vorherrschende Methode sowie das freie, unstrukturierte Interview und die teilnehmende Beobachtung als Ergänzung. Damit ließ sich sicherlich kein vollständiges Bild des Geschehens zeichnen, wohl aber eine relativ gute Annäherung an die Konturen. Weitere Facetten und Farbtöne werden erst dann möglich sein, wenn sich die Archive der Regierungen auch für regierungs-

---

[1] Marc Weller, The Crisis in Kosovo 1989-1999, From the Dissolution of Yugoslavia to Rambouillet and the Outbreak of Hostilities. International Documents and Analysis, Volume 1, Cambridge 1999, im folgenden zitiert als: Marc Weller, Crisis.

kritische Untersuchungen öffnen. Doch dies wird wohl noch einige Zeit dauern.

3. Begriffe und Zahlen

Krieg
In dieser Studie werden die bewaffneten Auseinandersetzungen zwischen NATO-Ländern und der Bundesrepublik Jugoslawien (BRJ) als Krieg bezeichnet. Dies ist nicht so selbstverständlich, wie es scheinen mag. Deutsche Politiker gingen dem Begriff Krieg aus dem Wege. Die Leitung des Verteidigungsministeriums gab die argumentative Marschroute aus, bei den „Luftschlägen" der NATO handle es sich nicht um Kriegshandlungen, weil es keine Kriegserklärung gegeben habe. Hat Hitler dann keinen Krieg gegen Polen und Russland geführt? Der ehemals ranghöchste Soldat der NATO, General a.D. Naumann, spricht zwar vom „Kosovo-Krieg", hält es aber für wichtig, dass die NATO „eine partielle Operation" geplant habe, „nicht aber einen Krieg, bei dem wir immer den Grundsatz kennen und anwenden, militärische Gewalt geballt und konzentriert einzusetzen, um den Gegner niederzuwerfen".[2] Wie kam es dann aber von der geplanten „partiellen Operation" zum Krieg?
Stützt man sich auf die gängigen Definitionen der allgemeinen und militärwissenschaftlichen Literatur, so kann ernsthaft überhaupt nicht bestritten werden, dass die NATO als internationale Organisation und einzelne NATO-Staaten gegen die BRJ einen Krieg geplant, begonnen und geführt haben.

Jugoslawische Sicherheitskräfte
Der Begriff ist aus den UN-Resolutionen übernommen worden. Dort versteht man darunter die Gesamtheit der serbischen und jugoslawischen Polizei- und Militärkräfte. Zu unterscheiden ist dabei zwischen

- der jugoslawischen Armee, die dem Verteidigungsministerium der BRJ untersteht,
- den jugoslawischen Grenztruppen, ebenfalls dem jugoslawischen Verteidigungsministerium unterstellt,
- der serbischen Sonderpolizei (eine Art Bereitschaftspolizei) und der Spezialpolizei (eine Truppe für besondere Einsätze, z.B. die Bekämpfung von Terroristen), die dem serbischen Innenministerium unterstehen,
- der „normalen" Polizei, die der administrativen Leitung der Provinz unterstand.

---

[2] Klaus Naumann, Der nächste Konflikt wird kommen, in: Europäische Sicherheit 11/1999, S. 8-22, S. 12.

Ortsbezeichnungen
Bei Orten wird, wenn es unterschiedliche Bezeichnungen gibt, zuerst die serbische und danach die albanische Bezeichnung genannt.[3] Die Serben nennen die Provinz „Kosovo und Metohija", die Albaner „Kosova". Hier wird der Einfachheit halber der Mittelweg „Kosovo" gewählt.

Vertriebene - Flüchtlinge
Die UN haben eine relativ klare Sprachregelung. Im Prinzip sprechen sie von „displaced persons", wenn es sich um Menschen handelt, die sich innerhalb der BRJ an einer anderen als ihrer normalen, üblichen Wohnstatt aufhalten. Dies kann auch im eigenen Dorf, beim Nachbarn sein. Der Grund, weshalb das „displacement" stattgefunden hat, spielt keine Rolle. Ins Deutsche wird „displaced" häufig mit „vertrieben" übersetzt. Diese Übersetzung ist nach dem normalen deutschen Sprachverständnis nicht korrekt, da ein displacement nicht auf eine Vertreibung, d.h. ein unmittelbar durch andere Menschen erzwungenes Verlassen der üblichen Wohnstatt, zurückzuführen sein muss, sondern vielfältige Ursachen haben kann. Der Begriff Flüchtling (refugee) wird von den UN dann verwendet, wenn ein Wohnungswechsel nach außerhalb der BRJ erfolgte.
Mit Begriffen wird natürlich Meinung geprägt. So galten in der Sprache deutscher Politiker und Medien sehr bald alle „displaced persons" als Vertriebene. Die Serben, die nach Kriegsende das Kosovo verließen, waren dann wieder Flüchtlinge.
In dieser Studie wird generell von Flüchtlingen gesprochen. Für den englischen Begriff „displaced person" gibt es keine adäquate Übersetzung ins Deutsche. Die Unterscheidung der UN wäre hier nur verwirrend. Im Untersuchungszeitraum gab es auch noch keine massenhaften Vertreibungen durch Deportationen.

Zahlen
Mit Zahlen lässt sich eine Präzision der Aussage vortäuschen, für die in Bürgerkriegssituationen normalerweise die Grundlage fehlt. Zahlen werden nicht selten von demjenigen, der sie benutzt, für seine Zwecke manipuliert. Einige Beispiele mögen dies veranschaulichen: Ende September 1998 wird die Zahl der Flüchtlinge innerhalb des Kosovo von der serbischen Regierung mit etwa 100.000 angegeben, die UN sprechen von ca. 300.000, die Albaner bringen eine Zahl von etwa 500.000 in Umlauf. Internationale Hilfsorganisationen tendieren dazu, Zahlen nach oben zu runden, weil sich danach die benötigten Finanzmittel richten. Ein zweites Beispiel: Die Zahl der zur gleichen Zeit im

---

3 Die Ortsbezeichnungen wurden entnommen aus: OSCE Office for Democratic Institutions and Human Rights, Kosovo/Kosova, As Seen, As Told. An analysis of the human rights findings of the OSCE Kosovo Verification Mission October 1998 to June 1999, Warschau 1999, S. 411ff. Im Folgenden zitiert als: OSCE ODIHR, Kosovo/Kosova.

Freien ohne Schutz lebenden Menschen wurde durchweg mit ca. 30.000 angegeben, vom deutschen Außenminister Fischer mit 100.000.[4] Rüb berichtet von einem Gefecht im Sommer 1998 bei Orahovac/Rrahovec. Dabei sollen nach serbischen Angaben 54 UCK-Kämpfer getötet, nach Angaben zweier westlicher Journalisten 500 oder gar mehr als 1.000 albanische Zivilisten ermordet worden sein. Albanische Zeitungen und Menschenrechtsorganisationen sprechen von 80 bis 110 getöteten Albanern.[5] Troebst, um ein letztes Beispiel zu bringen, nennt Flüchtlingszahlen für Kosovo-Albaner und bezieht sich auf die Quelle UNHCR. Doch dort wurde nicht nach Ethnien unterschieden, und die genannten Zahlen umfassen auch Serben und andere Ethnien.[6]

Diese Beispiele zeigen, dass man sehr sorgfältig prüfen muss, von wem Zahlen kommen, welche Interessen dahinter stehen könnten, welche Zusätze bei den Zahlen stehen und welchen Sachverhalt sie quantifizieren sollen. In vielen Fällen, vor allem in der politischen Argumentation, dienen Zahlen nicht primär der Quantifizierung eines Sachverhalts, sondern als schlagendes Argument in der verbalen Auseinandersetzung.

---

4   Vgl. Die Zeit 16/1999, S. 3.
5   Vgl. Matthias Rüb, Kosovo. Ursachen und Folgen eines Krieges in Europa, München 1999, S. 83f.
6   Vgl. Stefan Troebst, The Kosovo War, Round One: 1998, in: Südosteuropa 3-4/1999, S. 156-190, S. 157.

Kosovo: Hauptstraßen und in der Studie genannte Orte

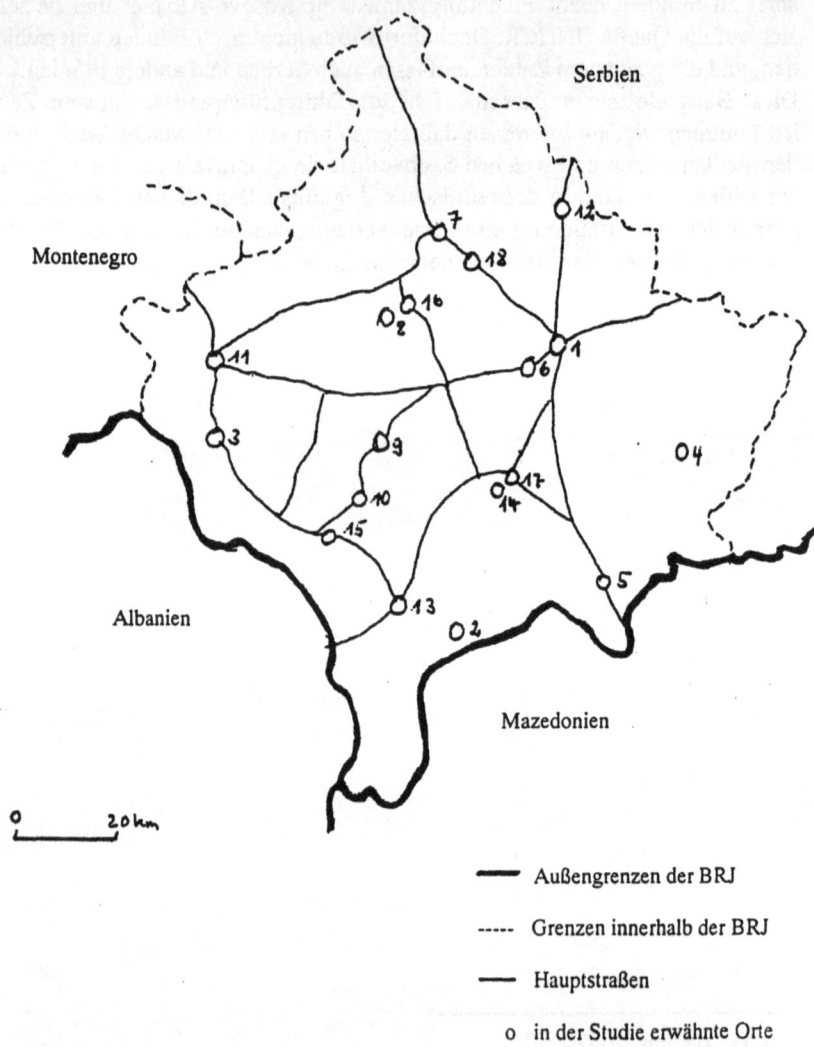

— Außengrenzen der BRJ
----- Grenzen innerhalb der BRJ
— Hauptstraßen
o in der Studie erwähnte Orte

Verzeichnis von in der Studie genannten Orten Im Kosovo

	Serbisch	Albanisch
1	Pristina	Prishtina
2	Brezovica	Brezovice
3	Decani	Decane
4	Gnjilane	Gjilan
5	Kacanik	Kacanik
6	Kosovo Polje	Fushe Kosovo
7	Kosovska Mitrovica	Mitrovice
8	Lausa	Llaushe
9	Malisevo	Malisheve
10	Orahovac	Rrahovec
11	Pec	Peje
12	Podujevo	Podujeve
13	Prizren	Prizren
14	Racak	Recak
15	Rogovo	Rogove
16	Srbica	Skenderaj
17	Stimlje	Shtime
18	Vucitrn	Vushtrri

II. Einige geographische Daten über das Kosovo[7]

Das Kosovo ist nach seinem formellen Status eine Provinz der Republik Serbien im Staatsverband der Bundesrepublik Jugoslawien. Die seit 1974 bestehende Autonomie wurde faktisch 1989 aufgehoben. Dennoch spricht die Bundesrepublik Jugoslawien noch gelegentlich von der autonomen Provinz Kosovo und Metohija. Der Verwaltungssitz der Provinz ist die Stadt Pristina/Prishtina.
Mit knapp 11.000 qkm ist das Kosovo etwa halb so groß wie das Land Hessen. Die Einwohnerzahl liegt bei knapp über zwei Millionen, das ist ein Viertel der Einwohner ganz Jugoslawiens. Die Einwohnerdichte ist mit 194 E/qkm relativ hoch (Deutschland: 229 E/qkm). Die Bevölkerung konzentriert sich in den ländlichen Becken und Flussgebieten. In Städten mit über 50.000 Einwohnern leben nur etwa 20 Prozent der Bevölkerung.
Die Bevölkerungsstruktur hat sich in den letzten 50 Jahren stark verändert. 1953 waren im Kosovo 24 Prozent der Bevölkerung Serben und 65 Prozent Albaner. Ende 1991 betrug die Relation zehn Prozent Serben zu 82 Prozent Albanern.[8] Diese Verschiebung der Anteile zugunsten der Albaner ist zum einen auf die Abwanderung von Serben und zum anderen auf die extrem hohe Geburtenrate der Albaner zurückzuführen.
Das Kosovo ist überwiegend eine Agrarregion. Die landwirtschaftliche Nutzung konzentriert sich auf die fruchtbaren Becken. Von großer wirtschaftlicher Bedeutung ist auch der Bergbau. Neben seltenen Mineralien beherbergt die Provinz große Braunkohlevorkommen, allerdings von minderer Qualität. Zwei Kraftwerke in der Nähe von Pristina/Prishtina belieferten mit einem großen Anteil ihrer Produktion auch andere Teile Jugoslawiens.
Verkehrsmäßig ist das Kosovo aufgrund der hohen Randgebirge schwierig zu erschließen. Es gibt nur wenige gut ausgebaute Straßen- und Schienenverbindungen, die gleichzeitig Transferstrecken in Nordsüd- und Ostwest-Richtung sind. Wasserwege spielen keine Rolle.
Das Kosovo blieb trotz zeitweiliger gezielter wirtschaftlicher Förderung aus Belgrad das Armenhaus der Bundesrepublik Jugoslawien.

---

7   Vgl. hierzu: Amt für militärisches Geo-Wesen, Kosovo, Militärlandeskundliche Unterlage, Euskirchen 1999.
8   Die Zahlen über die ethnische Zusammensetzung der Bevölkerung des Kosovo waren ein Politikum. Sie wurden deshalb auch häufig manipuliert. Nach inoffiziellen Schätzungen dürften im Jahre 1998 knapp 90 Prozent der Bevölkerung Albaner gewesen sein. Durch die Flucht vieler Serben nach Ende des Krieges hat sich die Relation nochmals zugunsten der Albaner verändert.

III. Entwicklungsstadien des Bürgerkriegs im Kosovo von Ende 1997 bis März 1999

Die Kosovo-Krise entwickelte sich in mehreren Dimensionen.[9] Politisch ist sie geprägt von den Auseinandersetzungen um den Status der Provinz und den internationalen Versuchen, den Konflikt durch Verhandlungen zu entschärfen und eine Zwischenlösung zu erreichen. Zu einem humanitären Problem wurden vor allem die Flüchtlinge innerhalb des Kosovo und in Drittländern sowie die zahlreichen, schwerwiegenden Verletzungen der Menschenrechte.[10] Der gesellschaftliche Konflikt äußerte sich u.a. in einer seit 1989 ausgeübten Repressionspolitik der BRJ und Serbiens gegen die Kosovo-Albaner und deren Versuche, diese Unterdrückung zu unterlaufen. Dominierend für den Fortgang der Entwicklung waren jedoch die bewaffneten Aktionen der Konfliktparteien. Sie lenkten immer wieder die internationale Aufmerksamkeit auf die Region, sie verursachten Flüchtlingsströme, sie produzierten Schreckensbilder für die Medien und involvierten immer mehr die internationale Politik, sie brachten Verhandlungen zum Scheitern und erzeugten Furcht und Hass. Sie waren die militärische Dimension des prinzipiellen politischen Konflikts: Das Ziel der Albaner, die staatliche Unabhängigkeit durchzusetzen, war unvereinbar mit dem Ziel der BRJ, das Kosovo als serbische Provinz im jugoslawischen Staatsgebiet zu halten. Dieser Konflikt um den Status des Kosovo, der politische Kern, ist umlagert von ethnischen, sozialen, religiösen und wirtschaftlichen Konflikten in einer komplizierten Gemengelage.[11] Die gewaltsame Austragung dieses Konflikts mit militärischen Mitteln war ein Bürgerkrieg. Weder von der Belgrader Führung noch von irgendeiner anderen Regierung wurde diese gewaltsame Endphase des Kosovo-Konflikts als ein Bürgerkrieg begriffen und beurteilt. Lediglich Strategie und Taktiken der UCK lassen erkennen, dass sich deren Führung konsequent an die Prinzipien eines Bürgerkrieges hielt.

1. Der Bürgerkrieg beginnt

Die Ende der achtziger Jahre einsetzende serbische Repressionspolitik gegenüber den Kosovo-Albanern und deren überwiegend gewaltloser Widerstand gegen die serbische Unterdrückung wurden begleitet von vereinzelten An-

---

9   Ein guter Überblick über die Gesamtproblematik findet sich in: Das Parlament, Thema Die Balkan-Krise, 32-33/1999, sowie in: Das Parlament, Thema Nationale Minderheiten in Europa, 34/1999. Ausführlicher hierzu: Christine von Kohl/Wolfgang Libal, Kosovo: Gordischer Knoten des Balkan, Wien und Zürich 1992; Noel Malcolm, Kosovo: A Short History, London 1998.
10 Hierzu ausführlich: OSCE ODIHR, Kosovo/Kosova, a.a.O.
11 Vgl. Marie-Janine Calic, Kosovo: Krieg oder Konfliktlösung, in: Südosteuropa Mitteilungen 2/1998, S. 112-120.

schlägen auf Einrichtungen der Staatsautorität, überwiegend gegen die Polizei. In den Jahren 1996/1997 nahmen diese bewaffneten Angriffe, die militanten Albanern zugerechnet wurden, deutlich zu.
Ende November 1997 entwickelten sich nach einem Angriff auf serbische Polizei in der Gegend von Srbica/Skenderaj, im Drenica-Gebiet westlich von Pristina/Prishtina, Schießereien zwischen Kosovo-Albanern und der Polizei. Im Verlaufe der Auseinandersetzungen gab es insgesamt vier Tote und mehrere Verletzte. Bei der Beerdigung eines der Toten, eines Lehrers der Schule von Lausa/Llaushe, am 28. November, traten zum ersten Mal drei maskierte, uniformierte und bewaffnete Mitglieder der „Kosovo-Befreiungsarmee" (UCK) öffentlich in Erscheinung. Einer hielt eine Ansprache, „eine Art Kriegserklärung an die serbische Besatzungsmacht",[12] an die aus der ganzen Gegend zusammengekommene Trauergemeinde von etwa 20.000 Personen und wurde mit Beifall bedacht. Man kann diese Ereignisse durchaus als den Beginn des Bürgerkriegs bezeichnen.
Der Lehrer Halit Gecaj wurde zu „einem der ersten Märtyrer einer neuen Zeitrechnung im Kosovo".[13] Dabei sind die Umstände seines Totes nicht geklärt. So wird behauptet, der Lehrer sei von den Serben erschlagen worden,[14] an anderer Stelle heißt es, er sei von den Serben beim Beschuss des Volksschulgebäudes ermordet worden,[15] nach einer anderen Quelle ist er bei einem Gefecht „durch einen Querschläger getötet" worden.[16] Rüb meint, vieles spreche dafür, „daß der Lehrer, den in Lausha und Umgebung fast jeder kannte, nicht gezielt erschossen, sondern von einer verirrten Kugel getroffen wurde".[17] Diese Informationslage ist typisch für viele Ereignisse im Kosovo-Konflikt. Behauptungen werden von den Konfliktparteien in die Welt gesetzt, sie verbreiten sich mit ziemlich großer Geschwindigkeit, lösen sich teilweise ab vom eigentlichen Faktum und gewinnen eine mythische Bedeutung. Zweifellos begünstigen die modernen Medien die Verbreitung von Halbwahrheiten und Desinformation, ja sie erzeugen sie sogar nicht selten selbst. Doch gerade im Kosovo scheint in den ländlichen Gebieten - und dies ist ja der weitaus größte Teil - ein traditionelles Netzwerk der informellen Kommunikation sowohl die Informationsausbreitung als auch die Mythen- und Legendenbildung zu begünstigen. Der Medien- und Informationskrieg wurde ein ganz wichtiger Teil des Bürgerkrieges. Auf diesem Terrain waren die Ko-

---

12 Bündnis 90/Die Grünen, Der Kosovo-Krieg, Bonn 1999, S. 10.
13 Matthias Rüb, Kosovo, a.a.O., S. 70.
14 Vgl. Chris Hedges, Kosovo's Next Masters, in: Foreign Affairs Mai/Juni 1999, S. 24-42, S. 34.
15 Vgl. Wolfgang Petritsch/Karl Kaser/Robert Pichler, Kosovo, Kosova, Klagenfurt/Celovec u.a. 1999, S. 205.
16 Bündnis 90/Die Grünen, Der Kosovo-Krieg, a.a.O., S. 10.
17 Matthias Rüb, Kosovo, a.a.O., S. 70.

sovo-Albaner ihrem Gegner haushoch überlegen, was nicht unwesentlich für den Ausgang des Krieges gewesen sein dürfte.[18]
Über das militärische Kräfteverhältnis zwischen den Bürgerkriegsparteien zu Beginn des Jahres 1998 gibt es ganz widersprüchliche Informationen.[19] Nach informellen OSZE- und US-Quellen[20] befanden sich Anfang 1998 11.000 Soldaten der jugoslawischen Armee, das waren 24 Prozent ihrer Gesamtstärke, im Kosovo. Über folgende schweren Waffen verfügte diese Truppe (Zahlen gerundet): 200 Kampfpanzer, 180 gepanzerte Kampffahrzeuge, 140 Artilleriesysteme,[21] 44 Jagdflugzeuge. Die Polizei wies Anfang Januar eine Gesamtstärke von insgesamt 12.000 Mann auf. Sie war ausgerüstet mit leichter Artillerie und gepanzerten Kampffahrzeugen. Dem standen wenige tausend Kämpfer der UCK gegenüber, die vor allem mit Handfeuerwaffen, Maschinengewehren und leichten Mörsern ausgerüstet waren. Allerdings ist zu berücksichtigen, dass sich die UCK auf eine beträchtliche Zahl von aktiven Sympathisanten stützen konnte, die sich auch an einzelnen Operationen beteiligten. Diese „Truppe" war noch nicht militärisch hierarchisch gegliedert, sie operierte in einer Art horizontaler Koordination weitgehend selbständig. Insgesamt verfügten die Sicherheitskräfte über eine überwältigende militärische Überlegenheit. Zu Beginn des Jahres 1998 wurden noch weitere Kräfte der Sonderpolizei in das Kosovo hineingebracht. Beobachter vor Ort vermuteten, dass eine größere Operation bevorstand, um die UCK in ihrer Entstehungsphase zu vernichten.
Die ersten größeren Zusammenstöße ereigneten sich Ende Februar/Anfang März 1998 in der Drenica-Region, einer Hochburg der UCK. Sie werden in Zusammenhang gebracht mit dem Besuch des amerikanischen Sonderbotschafters Gelbard am 23. Februar in Belgrad.[22] Nach Gesprächen mit Milosevic erklärte Gelbard, die USA lehnten einseitig vorgenommene Veränderungen international anerkannter Grenzen ab, die UCK bezeichnete er als terroristische Organisation und das Vorgehen der serbischen Sicherheitskräfte als Polizeigewalt. Außerdem kündigte er einige eher geringfügige Konzessionen an die BRJ an.[23] Dieses amerikanische Verhalten gilt bei manchen als eine Ermutigung für die Jugoslawen, nun zuzuschlagen und die UCK zu vernichten.[24] Den Ausbruch der Gewalt diesen Äußerungen Gelbards zuzuschreiben,

---

18 Eine wissenschaftliche Untersuchung der Rolle der Medien im Kosovo-Konflikt könnte von großem Interesse sein.
19 Vgl. Stefan Troebst, The Kosovo War, a.a.O., S. 166ff.
20 Archiv Loquai.
21 Es handelt sich hier um Artilleriesysteme von mehr als 100 mm Kaliber. Diese Präzisierung ist sehr wichtig, weil die Zahlen für die Artillerie stark schwanken können, je nachdem, von welchem Kaliber man ausgeht.
22 Vgl. Wolfgang Petritsch u.a., Kosovo, Kosova, a.a.O., S. 211f., sowie Stefan Troebst, The Kosovo War, a.a.O., S. 168.
23 Vgl. Wolgang Petritsch u.a., Kosovo, Kosova, a.a.O., S. 211.
24 Vgl. Stefan Troebst, The Kosovo War, a.a.O., S. 169; Jane M. O. Sharp, Testfall Kosovo, in: Internationale Politik 6/1998, S. 27-34, S. 30.

greift jedoch zu kurz. Beide Konfliktparteien hatten offenbar ein Interesse an einer Zuspitzung, und auf „vielen Ebenen der kosovo-albanischen Gesellschaft ließ sich Monate vor Ausbruch der Gewalt im März 1998 ein Trend zur politischen Mobilisierung und Radikalisierung feststellen".[25] Eine Interpretation, dass die Albaner die Gewalteskalation initiierten, um den Normalisierungsprozess zwischen den USA und der BRJ zu stören, „die Internationalisierung des Konfliktes voranzutreiben und die internationale öffentliche Meinung für die Unabhängigkeit Kosovos einzunehmen",[26] hat auch einiges für sich.

Die serbische Offensive gegen die UCK hatte eine Vorgeschichte. Ihr gingen zwei Angriffe der UCK auf serbische Polizeipatrouillen voraus, die in einen Hinterhalt gerieten. Vier Polizisten kamen dabei ums Leben. Danach startete die serbische Sonderpolizei am 28. Februar ihre Offensive. Die Armee war, entgegen den Behauptungen mancher Nachrichtenagenturen und Zeitungen, nicht beteiligt. Im Laufe der Kämpfe und des weiteren brutalen Vorgehens der Polizei kam es zu etwa 100 Toten auf albanischer Seite, darunter viele Frauen, Kinder und alte Menschen. Zwei Clans, von denen vermutet wurde, dass sie eine führende Rolle in der UCK spielten, wurden fast vollständig niedergemetzelt. Die Kampfgebiete waren abgeriegelt, Hilfsorganisationen wurden nicht einmal zur Versorgung der Verwundeten zugelassen.

Es ist unstrittig, dass die Serben dabei brutal und grausam vorgingen und diese Gewalt in keiner Hinsicht mit dem legitimen Kampf gegen Terroristen, wie dies die serbischen Behörden rechtfertigten, zu entschuldigen war. Doch Rücksicht auf Zivilisten nahmen weder die serbische Polizei noch die albanischen Kämpfer. So wird berichtet, dass bei diesen Kämpfen Frauen und Kinder als „Schutzschilde" missbraucht wurden.[27]

Ischinger, heute Staatssekretär im Auswärtigen Amt, meint, das „Drama" des Kosovo-Konflikts könne man ohne den 28. Februar nicht begreifen.[28] Tatsächlich waren diese Gewalttaten eine Zäsur auch im Engagement der internationalen Organisationen im Kosovo-Konflikt.

Gleichzeitig wird eine neue Seite im Buche dieses Bürgerkrieges aufgeschlagen. Bisher war die Situation durch den Konflikt zwischen Kosovo-Albanern und dem serbischen Repressionsapparat gekennzeichnet. Nun kommt es vermehrt zu kosovo-albanischen Einschüchterungsversuchen gegenüber Kosovo-Serben. Diese befürchten, sie sollten durch physische und psychische Gewalt genötigt werden, das Kosovo zu verlassen. Während bisher die beiden Volksgruppen an das Zusammen- oder Nebeneinanderleben gewöhnt

---

25 Marie-Janine Calic, Kosovo, a.a.O., S. 114.
26 Ebenda, S. 119.
27 Vgl. Thomas Becker, Enver Hodschas letztes Aufgebot, in: Jürgen Elsässer (Hrsg.), Nie wieder Krieg ohne uns, Hamburg 1999, S. 37-42, S. 41.
28 Vgl. Gunter Hofmann, Wie Deutschland in den Krieg geriet, in: Die Zeit 20/1999, S. 17-21, S. 17.

waren, eröffnet sich jetzt ein interethnischer Konflikt neben dem Konflikt zwischen dem Staatsapparat und der UCK.
In der Folgezeit inszenierten bewaffnete Kosovo-Albaner zunehmend Angriffe auf serbische Polizeiposten. Diese hielten sich mit ihren Reaktionen zurück, sie mieden für sie gefährliche Dörfer. Die UCK erklärte das Gebiet um Lausa/Llaushe zum „befreiten Gebiet".
Die Eskalation der Gewalt im Kosovo führte zu einer Befassung des UN-Sicherheitsrates, der am 31. März 1998 eine Resolution (Nr. 1160/1998) verabschiedete. Darin wird die exzessive Gewaltanwendung der serbischen Polizei gegen Zivilisten ebenso verurteilt wie alle terroristischen Aktionen der UCK und die Unterstützung terroristischer Aktivitäten von außerhalb durch Finanzierung, Waffen und Ausbildung. Der Sicherheitsrat erklärt, er werde nach Kapital VII der Charta der Vereinten Nationen tätig, d.h. auch gewaltsame Maßnahmen können ins Auge gefasst werden.
Insgesamt war diese erste Phase des Bürgerkrieges für die UCK erfolgreich verlaufen. Sie hatte sich in ihrem Kernland, dem Drenica-Gebiet, festgesetzt und konnte von dieser Bastion aus Operationen führen und versuchen, weitere Gebiete „zu befreien". Die internationale Öffentlichkeit war auf den Konflikt aufmerksam geworden, für die Medien war er nun ein Thema, gegen den serbischen Bürgerkriegsgegner wurden von der internationalen Gemeinschaft Sanktionen verhängt. Die UCK war nach der Operation der serbischen Polizei nicht vernichtet, sondern gestärkt. Ihr Rückhalt in der albanischen Bevölkerung war noch stärker. Eine örtlich begrenzte militärische Niederlage hatte sich in einen politischen Erfolg im Bürgerkrieg gewendet.

2. Die UCK auf Erfolgskurs

Aufgrund der Forderungen und des Drucks der Kontaktgruppe[29] und der UN zog die serbische Regierung die Sonderpolizei zurück. Ende April kam es im Drenica-Gebiet und in der Decani/Decane-Region, vor allem dort, wo die Polizei ständige Posten aufgegeben hatte, zu Übergriffen und Feuerüberfällen auf serbische Einwohner. Hunderte von Serben flüchteten aus ihren Wohnungen und Häusern. Vor allem die neu hier angesiedelten Flüchtlinge aus Kroatien und Bosnien-Herzegowina waren betroffen. Beobachter vor Ort vermuteten, hier sollten allmählich ethnisch rein albanische Gebiete geschaffen werden. Es ist auch anzunehmen, dass dies gewaltsame Aktionen waren, um dem serbischen Versuch entgegenzuwirken, durch die Neuansiedlung von serbischen Flüchtlingen aus Kroatien und Bosnien-Herzegowina die Relationen zwischen den Ethnien zu verändern. Die Menschen blieben auf jeden Fall auf der Strecke.

---

29 Der so genannten Balkan-Kontaktgruppe gehören folgende Länder an: Deutschland, Frankreich, Großbritannien, Italien, Russland und die USA.

Am 27. April forderte der deutsche Außenminister in einem Brief den Präsidenten der Kosovo-Albaner, Rugova, auf, mit der Verhandlungspartei der BRJ zusammenzutreffen. „Dringend scheint mir auch eine noch deutlichere öffentliche Distanzierung der kosovo-albanischen Führung von Gewalt und Terrorismus", mahnte Kinkel an.
Nach einem Bericht der Europäischen Union zeigte die Sicherheitslage Ende April folgendes Bild:[30] Die Atmosphäre bleibt extrem gespannt, besonders im Drenica-Dreieck. Die Aktionen der Sicherheitskräfte werden fortgesetzt, allerdings auf niedrigerem Niveau. Auf den Straßen gibt es etwa 16 Kontrollposten. Seit dem 9. April sind diese mit schweren Waffen befestigten Einrichtungen nicht mehr mit uniformierten Sonderpolizisten besetzt, sondern mit „normaler" Polizei. Insgesamt befinden sich auf diesen Posten 300 Polizisten ständig im Einsatz. In einigen Gebieten ist die Bevölkerung wieder zurückgekehrt und hat ihr normales Leben wieder aufgenommen. Doch an den Kontrollposten kommt es zu Bedrohungen und Misshandlungen von Albanern. Die politischen Repräsentanten der Kosovo-Albaner haben terroristische Aktivitäten noch nicht vorbehaltlos verurteilt. Es gibt fortwährend kosovo-albanische Angriffe auf serbische Polizeiposten und auf angebliche kosovo-albanische Kollaborateure. Die Russische Föderation stellt in ihrem Beitrag u.a. heraus: Die Einheiten der serbischen Spezialpolizei sind aus dem Kosovo abgezogen worden, die Personalstärke der Sicherheitskräfte entspricht der vor einem Jahr.
Ein sehr unvollständiges Tagebuch der Gewalt würde folgende Passagen für den Mai und die erste Juni-Hälfte enthalten:

- Die UCK überfällt Polizeistationen und -patrouillen und zieht sich danach in die Ortschaften zurück. Dies setzt die Zivilbevölkerung Angriffen der Polizei aus.
- Es gibt wiederholt Morde an Albanern, die dem serbischen Staat loyal gegenüberstehen.
- Es kommt zu gewalttätigen Übergriffen und brutalem Vorgehen der serbischen Polizei gegen die albanische Zivilbevölkerung.
- Überfälle der UCK auf die Hauptverbindungsstraßen bringen den Verkehr, den Nachschub und die Versorgung zeitweise zum Erliegen.
- Die serbischen Sicherheitskräfte führen eine Offensive im Raum Decani/ Decane.
- Die UCK erweitert die von ihr kontrollierten Gebiete.

---

30 Vgl. Anhang I zum monatlichen Bericht S/1998/361 vom 30. April 1998 des Generalsekretärs der Vereinten Nationen aufgrund der Resolution 1160/1998, Archiv Loquai. Im Folgenden werden die Berichte des UN-Generalsekretärs zitiert als: GS-Bericht vom ...

Mitte Juni kontrollierte die UCK weite Gebiete im zentralen Kosovo. Die wichtigsten Ost-West-Verbindungen waren unterbrochen, wichtige Nord-Süd-Verbindungen umkämpft. Die Armee ging gegen die UCK im Grenzgebiet zu Albanien vor, doch sie konnte den Waffentransfer nicht unterbinden. Aufgrund der Kämpfe gab es Fluchtbewegungen der Zivilbevölkerung. Die UCK hatte die „befreiten Zonen" im zentralen Kosovo, im Westen und Südwesten kontinuierlich erweitert. Durch die begrenzten Offensiven der Sonderpolizei wurde dieser Prozess des Raumgewinns zeitweise gebremst, jedoch nicht unterbrochen. Der einseitige internationale Druck auf die jugoslawische Führung und die Hinnahme der Gewalt der UCK schien diese darin zu bestärken, auf dem eingeschlagenen Weg fortzufahren. Beobachter vor Ort vertraten die Auffassung, der Konflikt sei, wenn überhaupt, nur zu lösen, wenn neben dem Druck auf Belgrad von internationaler Seite aus auch Maßnahmen gegen die UCK ergriffen würden.

Schon Anfang Juni hatte der kosovo-albanische Politiker Demaci über die Medien verkündet, die UCK kontrolliere ein Gebiet von 3.000 qkm mit 250 Dörfern und einer Bevölkerung von 700.000 bis 800.000 Menschen.[31] Auch wenn diese Zahlen für Anfang Juni übertrieben sein dürften, kann man doch davon ausgehen, dass Ende Juni 1998 ca. 30 bis 40 Prozent des Kosovo von der UCK beherrscht wurden. Die operativen, militärischen Ziele der UCK waren evident. Aus dem Kerngebiet im zentralen Kosovo heraus wurden die serbische Polizei und Staatsautorität zurückgedrängt, das „befreite Gebiet" sukzessive vergrößert und damit der Herrschaftsbereich ausgedehnt. Die zweite Stoßrichtung ging auf die Errichtung eines Korridors zwischen diesem Gebiet und Albanien zur Verbesserung der Nachschubwege für Waffen und Personal. Das dritte operative Ziel war die Unterbrechung der Verbindungsstraßen zwischen den größeren Städten, die gleichzeitig als Versorgungswege für das Militär und die Bevölkerung im Kosovo und als Transitstraßen zwischen Serbien und Montenegro sowie Mazedonien von großer strategischer Bedeutung waren.

Ohne jeden Zweifel waren trotz der anhaltenden Zufuhr von Waffen und Personal an die UCK vom militärischen Kräftepotential her die jugoslawische Armee und die serbische Polizei weit überlegen. Doch die UCK hatte einen dauerhaften Vorteil. Sie wurde von der albanischen Bevölkerung unterstützt und gewann aufgrund ihrer Erfolge immer mehr Gefolgschaft auch bei gemäßigten Albanern. Die UCK-Erfolge zeigten, dass die Serben besiegbar waren, sie stärkten das Selbstwertgefühl und die Selbstachtung der albanischen Bevölkerung. Auch nach außen hatte die UCK an Bedeutung gewonnen. Sie wurde zu einem Faktor, der bei einer Lösung des Kosovoproblems in Rechnung zu stellen war. Sichtbar wurde dieser Status durch ein mediengerecht aufbereitetes Treffen des amerikanischen Sonderbotschafters Holbrooke mit

---

31 Vgl. OSZE-Monatsbericht vom 4. Juli 1998, S. 2, Archiv Loquai.

bewaffneten UCK-Kämpfern am 14. Juni 1998. Drei Monate nachdem ein hoher Repräsentant der amerikanischen Regierung die UCK noch als Terroristen tituliert hatte, war sie anerkannter Gesprächspartner auf der internationalen Bühne.

Die UCK vollzog offenbar auch einen inneren Wandel. Sie war noch Anfang 1998 vorwiegend eine ländliche Guerilla, auch eine Schutztruppe für die ländliche Bevölkerung gegen serbische Übergriffe. Doch allmählich veränderte sich die Führungselite. Die junge städtische Intelligenz, die von der Erfolglosigkeit der gewaltlosen Rugova-Politik enttäuscht war, kam immer mehr zum Zuge. Eine weitere Verstärkung kam von den Kämpfern einer albanischen Truppe, die im Krieg in der Herzegowina auf kroatischer Seite gegen die Serben gekämpft hatte. Von der großen kosovo-albanischen Diaspora, insbesondere in der Schweiz und in Deutschland, flossen der UCK nicht nur Geld und politische Unterstützung zu, sondern auch militantes Gedankengut und Kämpfer.

Das defensive Verhalten der jugoslawischen Sicherheitskräfte begünstigte die Erfolge der UCK. Am 15. Juli beschrieb der Vorsitzende des Militärausschusses vor dem NATO-Rat in Brüssel die militärische Lage wie folgt: Die BRJ-Sicherheitskräfte hätten nicht die Initiative, sie versuchten vor allem die Grenze zu kontrollieren, ihre Nachschubrouten offen zu halten und, wenn sich die Gelegenheit bietet, zentrale UCK-Stellungen zu zerstören. Die Zeit arbeite für die UCK, für die Sicherheitskräfte werde es ständig schwieriger, die Initiative zurückzugewinnen.

Als Fazit lässt sich an dieser Stelle mit Blick auf die UN-Resolution 1160 festhalten: Die BRJ hat die Auflagen für ihre Sicherheitskräfte teilweise erfüllt, sie hat zwar auf albanische Attacken reagiert, jedoch nur eine größere offensive Operation Ende Mai/Anfang Juni unternommen. Die albanische Seite hat von ihren gewaltsamen Aktionen nicht abgelassen, sondern diese gesteigert. Das Waffenembargo wird praktisch nicht eingehalten, soweit es den Nachschub für die UCK betrifft.

Wie stellt sich die militärische Lage nach etwa einem halben Jahr Bürgerkrieg dar? Die militärisch weit unterlegene Partei hat etwa ein Drittel des Landes erobert. Das jetzt von ihr kontrollierte Gebiet sind ländliche Regionen. Die Hauptstraßenverbindungen, in der Provinz von strategischer Bedeutung, sind entweder in den Händen der UCK oder umkämpft, jedenfalls nicht frei. Durch eine geschickte Guerillataktik hat die UCK die eigenen Verluste gering gehalten und sich bei Angriffen des Gegners mit schweren Waffen der Waffenwirkung durch Zurückweichen entzogen. Die serbischen Sicherheitskräfte mieden den infanteristischen Kampf in unübersichtlichem Gelände, weil sie dabei eigene Verluste befürchten mussten. Die Zivilbevölkerung war für die Guerillakämpfer ein teilweise von den Sicherheitskräften respektierter Schutz. Die serbisch-jugoslawische Kriegspartei hat, unter der Kontrolle der internationalen Öffentlichkeit und unter Auflagen der UN sowie unter Drohung der NATO stehend, ihre militärische Überlegenheit nur sehr eingeschränkt zum Einsatz bringen können. Die jugoslawische Armee war nur an wenigen Operationen beteiligt.

3. Die serbisch-jugoslawische Gegenoffensive

Die Führung in Belgrad stand vor einem Dilemma. Würden Polizei und Militär weiter in der Defensive bleiben, würde die UCK ihre Kontrolle auf weitere vorwiegend albanisch besiedelte ländliche Gebiete ausdehnen und versuchen, die Hauptstraßen dauerhaft abzuriegeln und den Kampf in die Städte hineinzutragen. Es war abzusehen, dass auf diese Weise ein Großteil der Provinz unter die Kontrolle der UCK geraten würde. Der offensive Einsatz von Militär und Sonderpolizei mit dem Ziel, die UCK zu vernichten, musste den Kampf zwangsläufig in die Dörfer tragen, zu Blutvergießen, Zerstörungen und neuen Flüchtlingswellen führen. Je länger dies dauerte, desto wahrscheinlicher würde ein militärisches Eingreifen der NATO werden. Die dafür notwendigen Pläne lagen ja in der Schublade.[32]

Die Führung in Belgrad entschied sich offenbar für die Zerschlagung der UCK. Dieser Schritt wurde auch dadurch begünstigt, dass die UCK den Fehler machte, immer mehr dazu überzugehen, sich den überlegenen gegnerischen Kräften in offener Feldschlacht zu stellen oder sich auf längere Feuergefechte einzulassen. Die Guerillatruppe versuchte auch, sich in kleineren Städten festzusetzen und strategisch wichtige Objekte unter ihre Kontrolle zu bekommen.[33] Bei dieser Kampfführung hatte die UCK jedoch keine Chance. Hier konnten die Sicherheitskräfte die überlegene Feuerkraft ihrer schweren Waffen zur Wirkung bringen. Auf die Zivilbevölkerung wurde jetzt kaum noch Rücksicht genommen.

Die UCK hatte diesen operativen Fehler, der wohl auch aus Selbstüberschätzung begangen wurde, teuer zu bezahlen. Sie musste nicht nur die Städte Orahovac/Rrahovec und Malisevo/Malisheve[34] nach schweren Kämpfen räumen, sondern sie wurde auch aus ländlichen Bastionen vertrieben. Hunderte von Kämpfern verloren ihr Leben. Die Überlebenden zogen sich in die Wälder bzw. über die Grenze nach Albanien zurück, wo sich die Truppe regenerieren konnte.

Doch viel schlimmer als die kämpfenden Truppen traf es die Zivilbevölkerung, und zwar sowohl die Serben als auch die Albaner. Die UCK hatte

---

32 Siehe hierzu Kapitel VI.
33 Ein Überraschungsangriff der UCK auf die Kohlenmine von Belasevac in der Nähe von Pristina/Prishtina brachte der UCK zwar die vorübergehende Kontrolle über dieses für die Energieversorgung wichtige Objekt und Prestige. Militärisch war diese verlustreiche Operation jedoch wertlos.
34 Hier befand sich offenbar ein militärisches Hauptquartier der UCK.

schon bei ihrem Vorrücken ländliche Regionen von Serben „gesäubert". Die Serben nahmen bei ihrer Offensive keine Rücksicht auf die albanischen Zivilisten. Die Bevölkerung floh vor den Kämpfen und wurde aus ihren Dörfern vertrieben. Gebäude wurden systematisch verwüstet und zerstört. Paramilitärische Banden trieben im Gefolge der Sicherheitskräfte ihr Unwesen. Diese kriminelle Soldateska wütete, nicht abgehalten von den Sicherheitskräften, wie schon in Bosnien-Herzegowina.

Die UCK zog rasch die Lehren aus der militärischen Niederlage und veränderte ihre Taktik. Sie ließ sich nicht mehr auf längere Gefechte mit den Sicherheitskräften ein, sondern ging zu einer „Hit-and-run-Taktik" über. Damit konnte sie zwar keine spektakulären Geländegewinne machen, aber dem Gegner Verluste zufügen und ihn zu massiven Gegenschlägen provozieren. Es ist zu vermuten, dass die UCK-Führung eingesehen hatte, dass sie die serbische Polizei und die jugoslawische Armee mit ihren eigenen Mitteln nicht besiegen konnte. Um den Bürgerkrieg gewinnen zu können, musste sie einen starken Verbündeten auf ihre Seite ziehen. Bei einer solchen Lagebeurteilung ergab sich die logische Schlussfolgerung, dass nur über ein Eingreifen der NATO die Ziele des Bürgerkriegs zu erreichen waren. Es war daher vom Standpunkt der UCK aus konsequent, die eigenen Kräfte zu schonen und die serbisch-jugoslawischen Kräfte immer wieder so zu provozieren, dass diese in überzogenen Aktionen gegen die Zivilbevölkerung menschliche Katastrophen produzierten. An einem Waffenstillstand konnte die UCK bei einer solchen Strategie gar kein Interesse haben. Doch auch die jugoslawische Seite war hierzu nicht bereit. Ihr Ziel war es, die UCK vollständig zu zerschlagen und zu vernichten, und sie glaubte wohl auch, dies erreichen zu können. Dabei sollte offenbar gezielter Terror gegen die Zivilbevölkerung diese von einer Unterstützung der UCK abschrecken. Auf die geplagte Zivilbevölkerung nahmen beide Seiten kaum Rücksicht, sie wurde von beiden Seiten für die jeweiligen Zwecke instrumentalisiert.

Mitte September gab es im Kosovo etwa 300.000 Flüchtlinge, davon lebten 50.000 ohne Schutz im Freien, vor allem in den Wäldern. Die humanitären Hilfsorganisationen wurden von den Sicherheitskräften abgeblockt und konnten nur sporadisch zu den Not leidenden Menschen vordringen. Die kalte Jahreszeit stand vor der Tür. Diese prekäre Lage ließ den UN-Sicherheitsrat wieder tätig werden. Am 24. September 1998 verabschiedete er eine neue Resolution (Nr. 1199/1998). Darin wird die exzessive und wahllose Gewaltanwendung der serbischen Sicherheitskräfte und der jugoslawischen Armee ebenso verurteilt wie der „Terrorismus zur Verfolgung politischer Ziele" und die Unterstützung von außen für terroristische Aktivitäten im Kosovo. Beide Seiten werden zu einer Feuerpause aufgefordert. Von der BRJ wird u.a. verlangt, dafür zu sorgen, dass alle Aktionen der Sicherheitskräfte gegen die Zivilbevölkerung eingestellt und die für die zivile Repression eingesetzten

Kräfte abgezogen werden. Der Sicherheitsrat besteht darauf, dass die Führung der Kosovo-Albaner alle terroristischen Aktivitäten verurteilt, und betont, dass die Albaner ihre Ziele ausschließlich mit friedlichen Mitteln verfolgen müssten.
Ebenfalls am 24. September erging eine Warnung des NATO-Generalsekretärs an die Führung in Belgrad. Ein militärisches Eingreifen der NATO und eine Entscheidung im Bürgerkrieg schienen damit näher zu rücken.

4. Ein fragiler Waffenstillstand

Am 28. September erfolgte eine Demarche der Kontaktgruppe beim jugoslawischen Präsidenten. Milosevic erklärte bei dieser Gelegenheit, die Operationen der serbischen Sicherheitskräfte gegen die UCK seien beendet. Die UCK sei geschlagen und praktisch nicht mehr existent. Am 6. Oktober übermittelte die jugoslawische Botschaft in Wien der OSZE eine Presseerklärung mit der Überschrift „Die Situation in der Serbischen Provinz Kosovo und Metohija. Neue positive Elemente der Entwicklung". Darin wurde u.a. festgestellt: Der Prozess der Normalisierung der Lage in der Provinz sei im Gange. Die Aktionen der „special anti-terrorist forces" seien vollständig beendet. Die humanitären Probleme seien erfolgreich gelöst und 16 humanitäre Zentren errichtet worden, die über einhunderttausend Flüchtlinge seien in ihre Häuser zurückgekehrt.[35] Diese jugoslawische Darstellung entsprach nicht den Tatsachen. Doch auch neutrale Beobachter vor Ort erkannten Anfang Oktober einige positive Entwicklungen: Armee und Spezialpolizei waren von der Bildfläche verschwunden. Die Polizei reduzierte Checkpoints und das dort vorhandene Personal. Die Kampfhandlungen wurden eingestellt. Flüchtlinge kehrten zurück. Die Anzahl der Flüchtlinge im Freien nahm ab, und es wurde erwartet, dass die Rückkehr der Flüchtlinge sich noch beschleunigen würde, wenn die Waffenruhe hielte.
Während sich die Lage im Kosovo allmählich entspannte, erhöhte die NATO noch ihren militärischen Druck auf die Belgrader Führung. Am 13. Oktober wurde der Einsatzbefehl für NATO-Luftangriffe gegen die BRJ gegeben. Am gleichen Tag einigten sich Holbrooke und Milosevic auf eine umfassende internationale Kontrolle im Kosovo.
Würde der internationale Druck zu einer Entspannung der Lage im Kosovo führen und die Not der Menschen lindern können? Jugoslawien hatte zweifellos schon Schritte hin auf die Erfüllung der gestellten Forderungen gemacht. Der zügige Abschluss der Vereinbarungen mit der NATO am 15. Oktober (Luftbeobachtung) und der OSZE am 16. Oktober (OSZE-Mission) zur

---

35 Vgl. Botschaft der Bundesrepublik Jugoslawien in Österreich, Press Release. The Situation in the Serbian Province of Kosovo and Metohija. New Positive Elements of Development, Archiv Loquai.

Umsetzung des Holbrooke-Milosevic-Abkommens waren Zeichen für die jugoslawische Kooperationsbereitschaft. Auch im Kosovo selbst waren die jugoslawischen Schritte auf Erfüllung gerichtet, wenn auch noch keine so normale Situation eingetreten war, wie sie die o.a. Erklärung Belgrads konstatierte. Die entscheidende Frage zu dieser für die gesamte Entwicklung kritischen Zeit war, wie sich die albanische Seite verhalten würde, die nicht unter der militärischen Drohung der NATO stand, an die sich aber auch UN-Forderungen richteten. Würde auch die UCK die Feuerpause respektieren und einhalten?

Welches Lagebild konnte sich für einen Strategen der UCK ergeben, der den Bürgerkrieg gewinnen wollte? Militärisch hatte die UCK eine Schlacht verloren. Doch politisch-strategisch hatte sie einen Sieg errungen. Denn der Bürgerkriegsgegner stand nun unter einer Kriegsdrohung der NATO. Wenn er sich an seine Verpflichtungen hielt, konnte die UCK wieder in die Gebiete zurückkehren, die sie im Sommer unter dem Druck der jugoslawischen Sicherheitskräfte verlassen musste. Eine gewisse Zeit der Ruhe über den Winter konnte genutzt werden, Waffen und Ausrüstung zu verbessern, die Organisation zu straffen und die Kämpfer zu trainieren. Inzwischen durfte der Gegner nicht zur Ruhe kommen, das Interesse der internationalen Gemeinschaft war wach zu halten und die NATO musste ihre Kriegsdrohung aufrechterhalten. Spätestens im Frühjahr konnte dann die Entscheidung gesucht werden. Ein Risiko bestand darin, dass internationale Maßnahmen auch gegen die UCK erfolgen würden. Doch dieses Risiko war nach den bisherigen Erfahrungen nicht hoch anzusetzen.

Die jugoslawische Seite hatte Ende Oktober ihre militärischen Verpflichtungen im Wesentlichen erfüllt. Dies war das klare Urteil der NATO,[36] auch der deutsche Außenminister bestätigte das im Bundestag.[37] Einige Truppen der Sonderpolizei und der Armee waren aus dem Kosovo abgezogen, andere waren an ihre Friedensstandorte in der Provinz zurückgekehrt. Bis auf die erlaubten hatte die Polizei Feldstellungen und Kontrollposten geräumt. Die Luftüberwachung hatte begonnen, jugoslawische Offiziere arbeiteten dafür in einem NATO-Stab, NATO-Offiziere im jugoslawischen Generalstab mit. Die Kooperation verlief reibungslos.

Vor Ort ergab sich für die internationalen Beobachter eher ein gemischtes Bild. Die UCK kehrte sofort wieder mit den Flüchtlingen in ihre alten Hochburgen zurück. Bereits am 17. und 18. Oktober gab es eine Reihe von Überfällen auf serbische Polizei. Drei serbische Polizisten kamen dabei ums Le-

---

36 General a.D. Klaus Naumann bestätigt, dass Milosevic seine Zusagen im Großen und Ganzen eingehalten habe (ZDF-Sendung „Chronik eines angekündigten Krieges. Eine Bilanz des Kosovo-Konfliktes", 21. September 1999, im Folgenden zitiert als: ZDF 21. September 1999).
37 Am 13. November 1998 erklärte Fischer im Bundestag, der „Rückzug der jugoslawischen Truppen und Sondereinheiten" sei „weitestgehend" durchgeführt (Protokoll, S. 358).

ben. Am 19. Oktober entführten UCK-Kämpfer zwei Korrespondenten der jugoslawischen Nachrichtenagentur Tanjug. Am 23. Oktober griff die UCK auf der Hauptverbindungsstraße zwischen Pec/Peje und Pristina/Prishtina eine Armeekolonne an. Zwei Soldaten wurden dabei getötet. Die UCK trat schon wieder in Uniform, selbstbewusst und auftrumpfend auf. Sie trug neue Uniformen, verfügte über modernere Waffen und hatte sich militärisch organisiert.[38] Die Flüchtlingslager wurden als Schutz und Rückzugsgebiet benutzt. Ein Flüchtlingslager, das von der UCK beherrscht wurde, machte auf Beobachter den Eindruck, als werde es als Vorzeigecamp für die Medien erhalten. Serbische Offizielle äußerten große Besorgnis über die Wiederzunahme der UCK-Aktivitäten. Sie warnten, dass dies von serbischer Seite nicht mehr viel länger geduldet werden könne.

Im Bericht der Vereinten Nationen[39] wurde die Lage für den November wie folgt dargestellt:

- Es hat keine größeren Kämpfe zwischen den Parteien gegeben, doch einzelne Überfälle und Feuergefechte, für die man sich gegenseitig verantwortlich macht.
- Beide Seiten entführen und exekutieren Menschen.
- Die UCK ist zurückgekehrt und hat sich in den ehemals von ihr kontrollierten Dörfern festgesetzt, die serbische Polizei besetzt Kontrollposten auf den Hauptstraßen.
- Weiterhin gelangen Waffen und Ausrüstung über die albanische Grenze in das Kosovo. Das Waffenembargo wird in dieser Hinsicht nicht eingehalten. Die jugoslawische Armee versucht mit geringem Erfolg, diesen Nachschub zu unterbinden. Die Dörfer im Grenzgebiet werden durch die Aktionen der Armee in Mitleidenschaft gezogen.
- Die Rückkehr der Flüchtlinge ist substantiell angestiegen, ist jedoch regional unterschiedlich. Am wenigsten Flüchtlinge kehren in Gebiete zurück, in denen serbische Sicherheitskräfte und UCK konzentriert sind. Am größten ist die Tendenz zur Rückkehr dort, wo die diplomatische Beobachtermission zeitweise oder permanent vor Ort ist. Die Menschen warten sehnsüchtig auf die Ankunft der OSZE-Verifikateure. Die Zurückgekehrten sind noch abwartend. Sie reparieren notdürftig ihre Häuser und misstrauen der Waffenruhe.
- Beide Seiten behindern gelegentlich die Bewegungsfreiheit internationaler Beobachter.
- Die jugoslawische Polizei verhaftet teilweise willkürlich Albaner und hält sie menschenrechtswidrig gefangen.

---

38 Zur neuen Organisation der UCK: Wolf Oschlies, Der Vierfrontenkrieg des Slobodan Milosevic. Bundesrepublik Jugoslawien vor dem Zerfall. Berichte des Bundesinstituts für ostwissenschaftliche und internationale Studien 18/1999, S. 21f.
39 Vgl. GS-Bericht vom 4. Dezember 1998.

Insgesamt wurde von den Vereinten Nationen die relative Ruhe als sehr täuschend bewertet. Sie sei weder stabil, noch unumkehrbar. Die UCK, in größerer Zahl erneut präsent, scheine sehr motiviert, gut bewaffnet und bereit für neue Aktionen zu sein. Die Regierung habe genug Sicherheitskräfte vor Ort, um plötzlich zuschlagen zu können, wenn diese provoziert werden sollten. In dieser kritischen Situation sei eine rasche Stationierung der OSZE-Verifikateure entscheidend.

Mit der Situation konnte vor allem die jugoslawische Seite nicht zufrieden sein. Sie hatte die Auflagen des UN-Sicherheitsrates weitgehend erfüllt. Die Sicherheitskräfte hatten sich zurückgezogen und kontrollierten nur noch strategisch wichtige Punkte im Landesinnern und die Landesgrenzen. Die UCK war kampflos in ihre „befreiten Gebiete" zurückgekehrt, ihr Waffen- und Personalnachschub funktionierte, die Zeit arbeitete für sie. Es war eigentlich abzusehen, dass die jugoslawische Seite diese kontinuierliche Verschiebung der Gewichte nicht mehr lange hinnehmen würde und jede weitere Provokation das Risiko eines massiven Gegenschlages heraufbeschwören musste.

5. Die Kämpfe entflammen wieder[40]

Zunächst war allerdings zu erwarten, dass mit Beginn des Winters sowohl im Grenzgebiet zu Albanien als auch im Zentralkosovo die bewaffneten Aktionen beider Seiten durch das Wetter beeinträchtigt würden. Außerdem trafen nun auch die Verifikateure der OSZE vor Ort ein. Auch dies konnte zu einer weiteren Beruhigung der Lage während der Wintermonate führen und den Verhandlungsprozess begünstigen. Ein Gefahrenpotential bildeten mögliche Aktionen einzelner UCK-Kommandeure, die noch relativ selbständig ohne eine straffe zentrale Führung agieren konnten. Klar war auch, dass sich aus einzelnen Gewalttaten sehr schnell wieder ein Flächenbrand entwickeln konnte.[41]

Am 1. Dezember 1998, einen Tag vor dem OSZE-Außenministertreffen in Oslo, sandte der jugoslawische Außenminister Jovanovic ein Memorandum über die Lage im Kosovo an den Amtierenden Vorsitzenden der OSZE und alle Teilnehmerstaaten der OSZE.[42] Darin werden die Bemühungen der jugoslawischen Seite um eine Normalisierung der Lage im Kosovo und die Zusammenarbeit mit internationalen Organisationen dargestellt. Als Hindernis für den politischen Prozess gelten die „kriminellen Aktionen und das provo-

---

40 Soweit nicht anders vermerkt, sind die im Folgenden beschriebenen Ereignisse in den Tagesberichten der KVM dokumentiert.
41 Auch Gewalttaten aus dem kriminellen Milieu oder aufgrund privater Fehden wurde von den Konfliktparteien oft eine politische Motivation untergeschoben.
42 Memorandum on the situation in the Autonomous Province of Kosovo and Metohija, Republic of Serbia, Federal Republic of Yugoslavia, Archiv Loquai.

kative Verhalten von albanischen Terroristen". Vom 13. Oktober bis 30. November 1998 werden ihnen u.a. folgende Gewalttaten zugerechnet: 310 terroristische Angriffe und Provokationen, Tötung von neun und Verwundung von 30 Polizisten, 87 Angriffe gegen Serben und Angehörige anderer Ethnien. In den vergangenen acht Monaten habe es von Albanien aus 170 Grenzverletzungen gegeben. Der jugoslawische Außenminister erklärte, es sei von größter Bedeutung, klar und deutlich alle „terroristischen Angriffe, Provokationen, Ermordungen und Entführungen" zu verurteilen und entschieden alle Wege abzuschneiden, über die „die Terroristen weiterhin Geld, Waffen und Gerät von außerhalb erhalten, um ihre kriminellen Handlungen zu begehen". Die jugoslawische Regierung verurteilte entschieden „die Kontakte von Vertretern verschiedener Länder und einiger Organisationen mit Terroristen, Killern, Kidnappern und anderen Kriminellen, die sich selbst ‚UCK' nennen (S. 6). Dieses Memorandum drückte die Unzufriedenheit der jugoslawischen Seite mit der nach ihrer Auffassung einseitigen Politik der internationalen Gemeinschaft aus. Es war sicherlich auch als eine Warnung gedacht, diese Situation nicht mehr viel länger hinnehmen zu wollen.

Vor Ort klang der November mit einem positiven Ereignis aus. Am 28. November erreichte der Leiter der KVM die Freilassung der beiden Tanjug-Journalisten, die von der UCK seit dem 19. Oktober gefangen gehalten wurden. Die UCK ließ auch zwei albanische Politiker frei, die beschuldigt worden waren, Propaganda gegen die UCK verbreitet zu haben.

Ende November eröffnete sich eine neue Dimension des Konflikts. Die serbische Zivilbevölkerung im Kosovo begann mit Protesten. Sie beschuldigte die OSZE, sich nicht um das Schicksal von mehreren hundert Serben, die als vermisst galten, zu kümmern. Den internationalen Hilfsorganisationen wurde vorgeworfen, die albanische Bevölkerung zu bevorzugen. Von Belgrad verlangte man besseren Schutz. Diese Proteste wurden in den nächsten Wochen fortgesetzt.

Zunächst wurde die Lage von internationalen Beobachtern als angespannt, doch relativ ruhig bewertet. Dabei bedeutete diese Qualifizierung jeden Tag kleinere Scharmützel, Überfälle auf Polizeistationen, einzelne Tote unter der Zivilbevölkerung und den Kombattanten, Misshandlungen der albanischen Zivilbevölkerung durch die serbische Polizei und Angriffe der UCK auf serbische Zivilisten. Die Doppelgesichtigkeit der Lage wurde an den Vorkommnissen vom 11. Dezember deutlich: Die OSZE führte die erste Waffeninspektion bei einer jugoslawischen Brigade in Prizren ohne größere Beanstandungen durch. Am gleichen Tage wurden ein Polizist (einer der wenigen Albaner im Dienste der serbischen Polizei) und ein Arbeiter aus einem Hinterhalt heraus erschossen.

Mit dem 14. Dezember eskalierte der Konflikt wieder. Ausgangspunkt war ein Zusammenstoß an der Westgrenze zu Albanien. Etwa einhundert UCK-

Kämpfer, die Handfeuerwaffen und Abschussgestelle für Raketen transportierten, gerieten in einen Hinterhalt der Armee. 36 Albaner wurden getötet und neun gefangen genommen. Noch am gleichen Abend stürmten zwei maskierte Männer in eine vorwiegend von serbischen Studenten besuchte Bar in Pec/Peje, erschossen sechs und verletzten drei junge Leute schwer. Das Hauptquartier der UCK beschuldigte zwar für diese Tat den serbischen Geheimdienst, doch für die Serben und auch für neutrale Beobachter war dies ein Racheakt für die 36 Toten an der Grenze.

Auch die am 17. Dezember beginnenden Ereignisse wiesen über den Tag hinaus. Die UCK fing an, in der Nähe von Podujevo/Podujeve von der Armee freigemachte, befestigte Stellungen auszubauen und zu besetzen. Von dort konnte man die Straße von Podujevo/Podujeve nach Pristina/Prishtina, eine wichtige Verbindungsstraße nach dem Norden, einsehen, unter Feuer nehmen und blockieren. Die Sicherheitskräfte äußerten gegenüber OSZE-Verifikateuren ihre Befürchtung, dass die wichtige Verkehrsverbindung durch die UCK unterbrochen werden könnte. Der Polizeichef von Podujevo/Podujeve kündigte an, die Polizei werde mit Gewalt vorgehen, falls es der OSZE nicht gelinge, die UCK zum Abzug zu bewegen. Der UCK-Kommandeur war nicht dazu zu bewegen, die Stellungen zu räumen. Am 19. Dezember notifizierte die Armee bei der OSZE-Mission eine Übung im Raum Podujevo/Podujeve und rückte mit schweren Waffen an. Die „Weihnachtsoffensive" der jugoslawischen Armee hatte also eine Vorgeschichte, die oft verschwiegen wird.[43] Am Abend des 17. Dezember wurde der stellvertretende Bürgermeister von Kosovo Polje/Fushe Kosovo, ein mehrheitlich von Serben bewohnter Ort, entführt und später ermordet aufgefunden. Er galt als ein Mann des Ausgleichs. Dieser Mord heizte die Stimmung unter den Serben weiter an. Denn für sie war klar, dass die Tat - was nicht erwiesen ist - von der UCK begangen worden war. Der OSZE-Mission gelang es, vor allem auch durch den persönlichen, furchtlosen Einsatz ihres Leiters, die Krise über die Weihnachtsfeiertage zu entschärfen. Doch die Kämpfe hatten schon wieder Flüchtlingsbewegungen in Gang gesetzt. Es wurde auch immer klarer, dass jeder Waffenstillstand sehr fragil war und durch begrenzte Anlässe zusammenbrechen konnte.

Die „Weihnachtsoffensive" ist auch ein charakteristisches Beispiel für die Berichterstattung. Troebst behauptet, ein Artillerieangriff habe stattgefunden, bis zu 100 Panzer seien eingesetzt worden, und es sei von mehr als 5.000 Flüchtlingen berichtet worden.[44] Aus dem Lagebericht des OSZE-Hauptquartiers vom 25. Dezember geht hervor: Im Raum Podujevo/Podujeve wurden zehn T-55 Panzer und 20 Gefechtsfahrzeuge eingesetzt, zu keiner Zeit hat es einen Artillerieeinsatz gegeben, die Zahl der Flüchtlinge lag unter 500.

---

43   So z.B. auch bei Marc Weller, Crisis, a.a.O., S. 392.
44   Vgl. Stefan Troebst, The Kosovo War, a.a.O., S. 189.

General Clark behauptet, zwei Bataillone seien zu dieser Zeit zur Verstärkung ins Kosovo gebracht worden. Die Verlegung der Truppen sei der OSZE nicht angekündigt worden.[45] Auch dies ist falsch. Die eingesetzten Truppen, in Kompanie- und nicht in Bataillonsstärke, befanden sich bereits im Kosovo, die Verlegung ins Gelände war der OSZE angekündigt worden.

Zum Jahreswechsel gab es einige grundsätzliche Erklärungen der Konfliktparteien, die bilanzierten, aber auch in die Zukunft wiesen. In seiner Neujahrsbotschaft erklärte Rugova, nur eine Stationierung von NATO-Truppen werde im Kosovo Sicherheit für alle Bürger und Vorbedingungen für eine politische Lösung schaffen. In der 22. Politischen Erklärung des Hauptquartiers der UCK hieß es, nur der bewaffnete Kampf habe es erreicht, dass dem Kosovo ein Platz auf der internationalen politischen und diplomatischen Tagesordnung eingeräumt wurde. 1999 werde nun das Jahr der Freiheit und Unabhängigkeit für das Kosovo werden. Das jugoslawische Außenministerium stellte in einem Aide Memoire an den UN-Generalsekretär[46] seine Sicht der Nichteinhaltung der UN-Resolutionen und der Oktober-Vereinbarungen dar. Die summarischen Zahlen, wie z.B., es habe seit Januar 1998 1.854 „terroristische Angriffe" gegeben, bei denen insgesamt 264 Personen getötet und 556 verwundet worden seien, sind nicht überprüfbar. Soweit Beispiele für Angriffe auf Polizei und staatliche Einrichtungen im November und Dezember 1998 aufgeführt werden, stimmen diese mit der Berichterstattung der OSZE überein. Auch der jugoslawische Vorwurf, das von der UN verhängte Waffenembargo werde immer wieder verletzt, ist zutreffend.

Für die OSZE stellte sich die Lage um die Jahreswende wie folgt dar (Monatsbericht an den UN-Generalsekretär für November/Dezember 1998):

- Es gibt keine Flüchtlinge mehr im Freien. Die Rückkehrbereitschaft ist unterschiedlich, insbesondere in die Grenzdörfer noch gering.
- Die Zusammenstöße zwischen uniformierten Gruppen von Albanern und serbischen Sicherheitskräften setzen sich fort.
- Die Zusammenarbeit der OSZE mit den serbischen Stellen ist im allgemeinen reibungslos, die mit der UCK hängt von den lokalen Kommandeuren ab.
- Die OSZE konnte in vielen Fällen vermittelnd und moderierend eingreifen und eine weitere Eskalation verhindern.
- Die UCK versucht, das Vakuum aufzufüllen, das durch den Abzug der serbischen Sicherheitskräfte entstanden ist. Dieser Trend hält unvermindert an.

---

45 Vgl. General Wesley K. Clark, Wenn Waffengewalt nötig ist. Die militärische Reaktion der NATO auf die Kosovo-Krise, in: NATO-Brief 2/1999, S. 14-18, S. 15.
46 Aide Memoire des Außenministeriums der Bundesrepublik Jugoslawien vom 28. Dezember 1999, Archiv Loquai.

Ein Doppelereignis am 8. Januar war geeignet, den großen Flächenbrand auszulösen. An diesem Tage kam es zu einem wohlvorbereiteten Angriff der UCK auf eine serbische Polizeipatrouille im Südwesten der Provinz. Drei Polizisten kamen ums Leben, zwei wurden verwundet. Am gleichen Tag geriet im Norden eine Gruppe von acht Soldaten, die sich verfahren hatte, in einen Kontrollposten der UCK und wurde gefangen genommen. Die OSZE schaltete sich ein, verhandelte mit der UCK und bewegte die Vertreter der jugoslawischen Armee, keine gewaltsame Befreiung zu versuchen, solange die Verhandlungen liefen. Die Armee hielt sich daran, doch sie führte Verstärkungen heran. Nach schwierigen Verhandlungen, die mehrfach zu scheitern drohten, wurden die Soldaten am 13. Januar freigelassen. Das Verdienst der OSZE und der KVM bei den Verhandlungen zur Freilassung der Soldaten wurde allgemein anerkannt. Der Leiter der KVM traf sich am 14. Januar mit dem stellvertretenden jugoslawischen Ministerpräsidenten Sainovic. Dieser betonte, die KVM habe an Glaubwürdigkeit gewonnen. Auf dieser Grundlage sollte man, so Sainovic, aufbauen.
Trotz der Entschärfung dieses aktuellen Konflikts wurden die am 12. Januar begonnenen großangelegten Polizeiaktionen gegen die UCK im Raum Stimlje/Shtime fortgesetzt. Die Armee hielt mehr Truppen, als durch die Oktober-Abkommen erlaubt, außerhalb der Kasernen. Am 15. Januar tagte die serbische Regierung in Pristina/Prishtina, wohl auch eine Maßnahme zur Beruhigung der Kosovo-Serben, die ultimativ den Besuch hochrangiger Politiker aus Belgrad gefordert hatten. Die Regierung forderte die internationale Gemeinschaft auf, ihre Politik der doppelten Standards aufzugeben, den Terrorismus zu verurteilen und die Unterstützung für Terroristen zu beenden.
Am 15. und 16. Januar kam es zum „Massaker von Racak", das eine ähnliche Wirkung auf den weiteren Konfliktverlauf hatte wie die Granaten auf einen belebten Platz in Sarajewo (28. August 1995, 37 Tote) für den Krieg in Bosnien-Herzegowina. Aufgrund seiner Bedeutung wird das „Massaker von Racak" gesondert behandelt.
Mitte Januar 1999 ergab sich ein ähnliches Lagebild wie Mitte Juli 1998, als die serbische Großoffensive gegen die UCK sich zu entfalten begann. Sicherheitskräfte, unterstützt von der Armee, gingen in drei Schwerpunkten, im Westen, Norden und im Zentralkosovo gegen die UCK vor. Dörfer wurden beschossen und durchsucht. Die Bevölkerung floh in die Wälder und war dort Hunger und Kälte ausgesetzt, nur notdürftig versorgt von den internationalen Hilfsorganisationen. Es gab allerdings auch wichtige Unterschiede zur Situation im Sommer. Die Anwesenheit der Verifikateure stellte internationale Öffentlichkeit her. Dies mag mäßigend gewirkt haben, vor allem beim Vorgehen gegen die Zivilbevölkerung. So kam es auch nicht zu den großen Flüchtlingsbewegungen des Sommers, sondern viele Flüchtlinge kehrten zurück, wenn die Kämpfe abgeflaut waren und die OSZE präsent war. Die

UCK war nun straff organisiert. Zentrale Führung und eine einheitliche politische und militärische Strategie waren hinter ihren Aktivitäten erkennbar. Die gegen Jugoslawien gerichtete Drohung mit NATO-Luftangriffen, die kurzfristig realisierbar war, hatte wohl eine unterschiedliche Wirkung: Auf jugoslawische Armee und serbische Polizei wird sie mäßigend gewirkt haben, für die albanische Seite war diese Drohung Anreiz, durch eigene Aktionen Reaktionen der Serben auszulösen, die geeignet waren, die Luftangriffe herbeizuführen und das strategische Ziel, den Sieg im Bürgerkrieg, zu erreichen.

Am 23. und 24. Januar standen die Zeichen zunächst wieder auf Entspannung. Durch die Vermittlung der OSZE-Mission gab die UCK fünf von ihr entführte serbische Zivilisten frei, etwas später entließ die serbische Polizei neun UCK-Kämpfer, die am 14. Dezember gefangen genommen worden waren.

Doch schon am 29. Januar ereignete sich ein weiteres Blutbad in Rogovo/ Rogove, im Südwesten der Provinz. Dabei kamen 25 Albaner und ein serbischer Polizist ums Leben. Die Polizei behauptete, eine Polizeipatrouille sei von der UCK überfallen worden und danach seien die 25 Albaner im Kampf gefallen. Die von der Polizei herbeigerufenen Verifikateure konnten nur vier Uniformierte unter den Toten identifizieren, es waren auch weniger Waffen vor Ort als Tote. Es ist also sehr fraglich, ob die serbische Version so stimmt. Doch ein UCK-Sektor-Kommandeur erklärte gegenüber der KVM, 18 Tote seien Mitglieder der UCK gewesen, und ein anderer albanischer Vertreter bekannte, alle Toten seien UCK-Mitglieder gewesen, die wie Soldaten gefallen seien. Wahrscheinlich ist, dass nach einem Feuerüberfall auf eine Polizeipatrouille, bei der ein Polizist getötet wurde, die Polizei nicht nur furchtbare Rache an der UCK-Gruppe genommen hat, die den Überfall initiiert hatte, sondern auch noch unbeteiligte Zivilisten umgebracht hat.[47] Das Aktions-Reaktions-Schema dieses Konflikts zeigt sich auch hier, wie im Monatsbericht der OSZE beschrieben: „An emergent cycle of confrontation can be generally described ... as relatively small-scale Kosovo Liberation Army (KLA) attacks at the MUP (Serb police), generally on police vehicles, buildings and individuals; a disproportionate response by the FRY authorities ..." (Monatsbericht Dezember/Januar, S. 2).

Ende Januar/Anfang Februar 1999 kontrollierte die UCK wieder etwa dieselben Gebiete, die sie schon im Frühsommer 1998 beherrscht hatte. Sie war aber im Vergleich zum Sommer besser organisiert und bewaffnet. Albanische Gesprächspartner wiesen wiederholt darauf hin, dass eine politische Lösung für das Kosovo rasch gefunden werden müsse, sonst werde die UCK im Frühjahr die Entscheidung gewaltsam herbeiführen. Eine Stationierung von

---

47 Eine ausführliche Darstellung dieses Vorfalls findet sich in OSCE ODIHR, Kosovo/Kosova, a.a.O., S. 184ff.

NATO-Truppen im Nordosten Albaniens lehnte die Führung in Tirana immer wieder ab. Dies hätte ja auch bedeutet, dass die Material- und Personalzufuhr für die UCK empfindlich beeinträchtigt worden wäre.

6. Im Schatten von Verhandlungen: Terror und Gegenterror auf dem Weg zum Krieg

Nach der erneuten Kriegsdrohung der NATO musste der jugoslawische Generalstab einen NATO-Luftangriff in seine planerischen Überlegungen einbeziehen. In seiner Beurteilung der Lage konnte auch ein zunächst örtlich begrenzter Angriff von Bodentruppen aus Mazedonien heraus nicht ausgeschlossen werden. In dieser Situation war ein NATO-Luftangriff aus heiterem Himmel die für die jugoslawische Armee gefährlichste Möglichkeit. Die wirksamste Abwehr dagegen waren eine Erhöhung der Einsatzbereitschaft der Kräfte der Luftverteidigung und eine umfassende Auflockerung, der Landstreitkräfte, d.h. eine Verlegung der Kräfte aus den Kasernen ins Gelände, um sie einem überraschenden Angriff der gegnerischen Luftstreitkräfte zu entziehen. Derartige Maßnahmen der jugoslawischen Armee entsprachen allgemeiner militärischer Logik. Als ein Teil der jugoslawischen Kriegsvorbereitungen konnte auch die Bekämpfung der UCK gesehen werden. Es war ja mit Sicherheit zu erwarten, dass diese im Krieg auf der Seite der NATO eingreifen würde. Keine Armee der Welt hätte es toleriert, dass ihre rückwärtigen Nachschub- und Verbindungswege von einer feindlichen Truppe gefährdet werden. Für die UCK kam es darauf an, in Ergänzung zu den Verhandlungen den Bürgerkrieg weiter zu intensivieren und Bedingungen zu schaffen, die letztendlich das militärische Eingreifen der NATO auf ihrer Seite herbeiführen würden. In dieses allgemeine Szenario sind die Ereignisse im Februar/März 1999 in der Provinz einzuordnen
Am 6. Februar 1999 wurden die Verhandlungen von Rambouillet eröffnet. Diese Woche beschreibt die OSZE als „the week of urban terrorism" (OSZE-Wochenbericht Nr. 6, S. 1). In Pristina/Prishtina, Kosovska Mitrovica/Mitrovice und Pec/Peje wurden terroristische Attentate verübt, die mehrere Menschenleben forderten. Die Täter wurden nicht gestellt, doch wurde die Vermutung geäußert, dass ein „Massaker" herbeigeführt und den Serben angelastet werden sollte. Am 13. März, zwei Tage vor den Verhandlungen in Paris, ereigneten sich wieder drei Terroranschläge, auf einem Markt und an der Post in Podujevo/Podujeve und auf einem Markt in Kosovska Mitrovica/Mitrovice. Dabei kamen acht Menschen ums Leben. Ein zu vermutender Zusammenhang zwischen den Verhandlungen in Rambouillet und Aktivitäten im Kosovo zeigte sich auch am 20. Februar, dem ursprünglich für das Ende der Verhandlungen vorgesehenen Tag. Die UCK initiierte mehrere Angriffe, die zu massiven Reaktionen der Sicherheitskräfte führten.

Anfang Februar tauchten Flugblätter auf, in denen die Serben aufgefordert wurden, ihre Häuser und Wohnungen aufzugeben. Die Ermordung von Albanern, die als loyal gegenüber den Serben galten, wurde von der OSZE registriert. Die UCK bestritt, mit diesen Aktionen etwas zu tun zu haben.

Ab Mitte Februar waren Mobilmachungs- und Verteidigungsvorbereitungen von Polizei und Armee erkennbar. Truppen der Territorialverteidigung wurden eingekleidet und erhielten Waffen, Brücken wurden zur Sprengung vorbereitet, Schützengräben ausgehoben und Artilleriestellungen befestigt. Die Armee notifizierte bei der KVM immer häufiger so genannte Übungen. Diese wurden vor allem dort durchgeführt, wo sich die UCK festgesetzt hatte. Aus der „Übungstätigkeit" heraus erfolgte dann der von der UCK provozierte oder auch unprovozierte Übergang zu Operationen gegen die UCK. Solche „Übungen" dauerten zumeist mehrere Tage, teilweise auch Wochen. Ein Hauptkampfgebiet lag zwischen Pristina/Prishtina und Kosovska Mitrovica/ Mitrovice um die Stadt Vucitrn/Vushtrri. Hier ging es vor allem darum, die in einem Tal verlaufende Hauptstraße und Bahnlinie zu kontrollieren. Diese Verkehrswege waren für den militärischen Nachschub wichtig. Ziel der jugoslawischen Operationen dürfte es gewesen sein, die UCK dort zu vernichten oder zumindest in die Berge abzudrängen und so eine Sicherheitszone entlang dieser strategisch bedeutsamen Verkehrsader zu schaffen. Ein zweiter Schwerpunkt der jugoslawischen Offensive war das Gebiet um den Mittelabschnitt der Hauptverbindungsstraße zwischen Pristina/Prishtina und Prizren. Dort ging es neben der Sicherung der Straße wohl mehr darum, Hochburgen der UCK zu bekämpfen und sie zu vernichten oder zumindest zu schwächen. Ende Februar kam ein dritter Kriegsschauplatz im Südosten der Provinz, an der Grenze nach Mazedonien, hinzu. Hier war es bisher sehr ruhig gewesen. Doch im Laufe des Februars hatte die UCK um die Stadt Kacanik Kräfte aus anderen Regionen zusammengezogen. Die NATO hatte in Mazedonien grenznah Bodentruppen mit schweren Waffen stationiert, die nach militärischen Überlegungen durchaus fähig waren, örtlich begrenzte Angriffe gegen die BRJ zu führen, zumal mit massiver Luftnahunterstützung. Dies war die einzige akute Bedrohung der BRJ durch NATO-Bodentruppen. Dass die jugoslawische Armee die UCK sich in einem für die Verteidigung so wichtigen Raum festsetzen lassen würde, konnte man nicht erwarten. Die Gefechte zwischen den Sicherheitskräften und der UCK zogen natürlich auch hier die Zivilbevölkerung in Mitleidenschaft.

Der Krieg im Kleinen setzte sich unabhängig von den größeren Operationen fort. Auf der Tagesordnung standen Überfälle auf Polizeipatrouillen und -stationen, Tötung von albanischen Kollaborateuren, Revanchemorde, Schikanen auf den Straßen und an den von beiden Seiten eingerichteten Kontrollposten, willkürliche Verhaftungen durch die serbische Polizei und Entführungen. Diese Tagesordnung gestalteten beide Seiten je nach ihren Möglichkeiten, ohne Rücksicht auf Menschenrechtsnormen, internationale Abkommen und Resolutionen.

Überall dort, wo Armee und Spezialpolizei, die bei größeren Operationen „arbeitsteilig" zusammenarbeiteten, auftauchten, begann die albanische Bevölkerung zu fliehen. Dort, wo gekämpft wurde, leerten sich die Dörfer. Vor einem Beschuss mit schweren Waffen wurde die Zivilbevölkerung zumeist gewarnt und aufgefordert abzuziehen. Nach dem Beschuss wurden die Ortschaften durchkämmt. Dabei wurden oft einzelne Häuser, manchmal auch ganze Dörfer in Brand gesteckt, es kam zu Plünderungen, Vandalismus und Gewalttaten gegen die Zivilbevölkerung. Andere Dörfer blieben jedoch auch unversehrt. Das selektive Vorgehen bei den Zerstörungen ließ nicht gerade auf eine planmäßige, gezielte Vertreibungspolitik schließen, zumal nach Beendigung der Kämpfe die Zivilbevölkerung zurückkehren konnte, was sie nach Abzug von Armee und Polizei auch häufig tat.

Die OSZE stellte auch wiederholt fest, wenn sie Meldungen der albanischen Bevölkerung über Massaker und Zerstörungen nachging, dass diese Berichte maßlos übertrieben waren. „„The more drama - the better', seemed to be the prevailing attitude among the Kosovo Albaniens during this period." (OSZE-Wochenbericht, Nr. 7 , S. 2)

Am 26. Februar z.B. berichteten Kosovo-Albaner über ein Massaker in einem Dorf in der Nähe der albanischen Grenze. Die Verifikateure stellten vor Ort fest: keine Toten, keine schweren Zerstörungen.

Bis Mitte März hatte die jugoslawische Armee von außerhalb des Kosovo keine nennenswerten Kräfte zugeführt. Allerdings standen an der Grenze der Provinz mehrere tausend Soldaten zum Einmarsch bereit. Eine Erhöhung der Personalstärke im Kosovo um ca. 3.000 Soldaten brachte die am 15. März beschlossene Verlängerung der Wehrpflicht um einen Monat. Die Luftwaffe, die übrigens zu keiner Zeit zur Bekämpfung der UCK eingesetzt wurde, steigerte ab Anfang März ihre Übungstätigkeit. Am 4. März erschien zum ersten Mal eine MIG 29, das modernste Jagdflugzeug im Bestand der jugoslawischen Luftwaffe, über Pristina/Prishtina. Das Auftauchen zunächst noch vereinzelter paramilitärischer Banden, die plünderten und brandschatzten, ließ Schlimmes befürchten.

Beide Seiten verstießen immer häufiger und massiver gegen die Forderungen der UN-Resolutionen und der Oktober-Abkommen. Im OSZE-Monatsbericht vom 24. März 1999 werden insgesamt 17 Einzelereignisse aufgeführt, die gegen das Gebot eines Waffenstillstandes verstoßen. Davon gehen sieben von der UCK und drei von den serbisch-jugoslawischen Sicherheitskräften aus, sieben sind nicht klar zuzuordnen. Diese Zahlen sollten nicht so verstanden werden, dass die Ereignisse in ihrer Qualität gleich waren. Sie liegen aber auf der Linie der Beurteilung des Vorsitzenden des NATO-Militärausschusses, die dieser am 14. März vor dem NATO-Rat abgab: Beide Seiten hielten sich nicht an ihre Verpflichtungen, die UCK sei für eine große Anzahl von Verletzungen der Waffenruhe verantwortlich, die Reaktionen von Armee und Polizei seien durchweg disproportional.

Der Bürgerkrieg war in seine entscheidende Phase getreten. Zwar hatte die UCK an Stärke gewonnen. Sie war militärisch straff organisiert, mit Handfeuerwaffen ausreichend ausgestattet, verfügte über Fernmeldeverbindungen, hatte Kampferfahrung gesammelt. Doch war sie der jugoslawischen Armee und der Polizei militärisch immer noch weit unterlegen. Diese hätten mit Infanterieverstärkungen von außerhalb des Kosovo der UCK schwere Verluste zufügen und sie weitgehend ausschalten, allerdings wohl kaum endgültig besiegen können. Doch die UCK stand kurz vor ihrem strategischen Ziel. Ein NATO-Luftkrieg gegen die BRJ stand unmittelbar bevor. Damit hatte die UCK die besten Aussichten, den Bürgerkrieg bald zu gewinnen.

An dieser Stelle soll noch etwas ausführlicher darauf eingegangen werden, wie auf der fachlichen Ebene im Auswärtigen Amt und im Verteidigungsministerium die humanitäre und die militärische Lage kurz vor dem Beginn der NATO-Luftangriffe beurteilt wurden. In einer Vorlage des Auswärtigen Amtes[48] vom 19. März wird behauptet, die Gesamtzahl der Flüchtlinge sei nun um 100.000 höher als „die Vergleichszahlen im Oktober 1998". Dies ist falsch. Denn in der Zahl vom März 1999 sind die Flüchtlinge nach Westeuropa enthalten, die in der Vergleichszahl vom Oktober 1998 fehlten. Tatsächlich waren die vergleichbaren Zahlen etwa gleich groß. Von diesem Rechenfehler abgesehen, der natürlich politische Implikationen haben konnte, gibt die Vorlage ein differenziertes Bild. Es wird darauf hingewiesen, dass von „Flucht, Vertreibung und Zerstörung im Kosovo ... alle dort lebenden Bevölkerungsgruppen gleichermaßen betroffen" sind. „Etwa 90 vormals von Serben bewohnte Dörfer sind inzwischen von den Serben verlassen." Tatsächlich waren nach UNHCR-Angaben relativ, d.h. bezogen auf die Wohnbevölkerung, mehr Serben (ca. 20 Prozent) als Albaner (ca. 15 Prozent) unter den Flüchtlingen aus dem Kosovo.[49] Die Situation der Zivilbevölkerung stellt die Vorlage wie folgt dar: „Die Zivilbevölkerung wird, im Gegensatz zum letzten Jahr, i.d.R. vor einem drohenden Angriff durch die VJ gewarnt. Allerdings ist laut KVM die Evakuierung der Zivilbevölkerung vereinzelt durch UCK-Kommandeure unterbunden worden. Nach Beobachtungen des UNHCR ebnet die VJ die Dörfer entgegen der Vorgehensweise im letzten Jahr nicht völlig ein und zieht ihre Kräfte nach Beendigung ihrer Aktion rasch wieder ab. Nach Abzug der serbischen Sicherheitskräfte kehrt die Bevölkerung meist in die Ortschaften zurück. UNHCR schätzt, daß bisher lediglich etwa 2.000

---

48 Abgedruckt in: Ulrich Cremer/Dieter S. Lutz (Hrsg.), Nach dem Krieg ist vor dem Krieg, Hamburg 1999, S. 219ff.
49 Errechnet nach GS-Bericht vom 17. März 1999 in: Marc Weller, Crisis, a.a.O., S. 337.

Flüchtlinge im Freien übernachten müssen. Noch ist keine Massenflucht in die Wälder zu beobachten."

Was die militärische Lagebeurteilung betrifft, so konnte der Verfasser verschiedene Berichte des Militärischen Nachrichtenwesens einsehen. Diese Berichte fußten einmal auf den Berichten der OSZE, doch sie verarbeiteten auch Informationen aus der Luftüberwachung und Erkenntnisse aus dem weiteren Bereich des Nachrichtenwesens. Insgesamt ergibt sich danach für die Zeit unmittelbar vor den NATO-Luftangriffen folgendes Bild: Die jugoslawische Armee hat ihre Personalstärke um etwa 4.000 Soldaten erhöht, im wesentlichen durch die Verlängerung der Wehrpflicht und die Einberufung einiger hundert Reservisten. Von außerhalb des Kosovo waren kaum personelle Verstärkungen zugeführt worden. An größeren Waffensystemen wurden etwa 20 Kampfpanzer und zehn Schützenpanzer von außerhalb in das Kosovo gebracht. Die jugoslawische Armee und die Polizei bekämpften Stellungen und Kräftekonzentrationen der UCK. Teilweise sind diese Operationen eine Antwort auf Angriffe der UCK. Nach der Bewertung der Nachrichtenexperten gibt es noch keine Anzeichen für den Beginn einer koordinierten Großoffensive gegen die UCK. Zu einer großangelegten Operation gegen die UCK im gesamten Kosovo seien Armee und Polizei auch noch nicht fähig, hierfür bedürfe es einer umfangreichen Verstärkung durch Infanteriekräfte. Es wird für die nächsten Tage mit weiteren örtlich und zeitlich begrenzten Operationen gegen die UCK gerechnet. Die UCK werde wahrscheinlich weiter versuchen, durch ihre bisher angewandte Hit-and-run-Taktik Polizei und Militär zu massiven Reaktionen zu provozieren, mit dem Ziel, durch das Ausmaß an Zerstörungen und Flüchtlingen Luftangriffe der NATO auszulösen.

Insgesamt zeigen die Fakten und Bewertungen der Diplomaten und Offiziere auf der Ebene der Experten ein differenziertes, doch auch klares Bild. Danach konnte von einer großangelegten Offensive der serbischen Polizei und des serbischen Militärs gegen die UCK noch keine Rede sein. Die Operationen waren örtlich und zeitlich begrenzt. Die Armee hatte bis zu den NATO-Luftangriffen auch nur in sehr begrenztem Maße Personal und Material in das Kosovo zur Verstärkung hineingebracht. Eine systematische Vertreibung der Zivilbevölkerung hatte es noch nicht gegeben. Durch die Anwesenheit internationaler Hilfsorganisationen war die Situation der Flüchtlinge nicht ganz so dramatisch wie im Herbst 1998. Drohte eine „humanitäre Katastrophe"? Es gab tausende humanitärer Katastrophen, für Einzelne, für Familien, für Albaner und Serben. Rechtfertigte die Situation aber den Beginn eines Krieges gegen Jugoslawien?

7. Das „Massaker" von Racak/Recak

Wie kein anderes einzelnes Ereignis hat das „Massaker" von Racak/Recak den weiteren Fortgang des Kosovo-Konflikts beeinflusst und den Weg zum Krieg gegen die BRJ geebnet. Es zeigt sich daran auch, wie menschliches Leid für politische Zwecke instrumentalisiert werden kann.
Racak/Recak ist ein Dorf südwestlich von Stimlje/Shtime, im zentralen Kosovo gelegen. Ursprünglich wohnten dort etwa 2.000 Menschen, der Ort galt als eine Hochburg der UCK. Im Sommer 1998 war der Großteil der Einwohner wegen der anhaltenden Kämpfe zwischen der UCK und den Sicherheitskräften geflohen. Zur Zeit des Vorfalls hatte Racak/Recak noch etwa 400 Einwohner.
Über das Geschehen vor Ort gibt es ausführliche Berichte, die allerdings keine letzte Klarheit über den tatsächlichen Ablauf schaffen.[50] Die folgenden Fakten sind dem OSZE-Spezialbericht entnommen.
In der Region war es am 8. und am 10. Januar zu zwei Überfällen auf Polizeipatrouillen gekommen, bei denen vier Polizisten getötet und zwei verwundet wurden. In Racak/Recak selbst gab es eine UCK-Stellung. Am 12. Januar wurden Kräfte der Polizei und der Armee mit Panzern und Artillerie in das Gebiet verlegt. Es kam zu Beschießungen von Ortschaften, zu Feuergefechten mit der UCK, Häuser gerieten in Brand, die Zivilbevölkerung versuchte zu fliehen, wurde daran aber durch Kontrollposten der Sicherheitskräfte gehindert. KVM-Verifikateure waren in dem Gebiet, hatten aber nur begrenzten Zugang zu einzelnen Orten.
Am 15. Januar wurden Häuser in mehreren Ortschaften beschossen, die Polizei errichtete Straßensperren. In Racak/Recak feuerten Scharfschützen und zwei Panzer auf bewohnte Häuser. Um 15.40 Uhr kam es auf Betreiben der OSZE über den jugoslawischen Verbindungsoffizier, General Loncar, zu einem Befehl aus Belgrad, das Feuer einzustellen. Um 16.45 Uhr stellten beide Seiten das Feuer ein, Polizei und Armee zogen ab.
KVM-Verifikateure gelangten nachmittags nach Racak/Recak. Sie sahen im Dorf einen toten und fünf verletzte Zivilisten, darunter eine Frau und einen Jungen mit Schussverletzungen. Bewohner von Racak klagten, Männer seien von Frauen getrennt worden, 20 Männer seien zunächst gefangengesetzt und dann weggebracht worden. Die KVM erhielt außerdem „nichtbestätigte Berichte" über andere Tote in dem Gebiet. Die Verifikateure registrierten die Aussagen, sorgten für den Abtransport der Verwundeten und verließen mit Einbruch der Dunkelheit das Dorf.

---

50   KVM, Spot Report, Massacre of Civilians in Racak, vom 16. Januar 1999; KVM, Special Report, Massacre of Civilians in Racak, vom 17. Januar 1999, Erklärung des jugoslawischen Außenministeriums vom 17. Januar 1999, Presseerklärung und Bericht Human Rights Watch vom 29. Januar 1999, verteilt durch das Sekretariat der OSZE in Wien am 4. Februar 1999.

Am 16. Januar frühmorgens begaben sich KVM-Teams, begleitet von Menschenrechtsexperten, erneut nach Racak/Recak. Sie fanden dort insgesamt 40 Tote, darunter eine Frau und angeblich einen zwölf Jahre alten Jungen, an verschiedenen Plätzen inner- und außerhalb des Dorfes. Fünf Opfer waren von ihrer Familie bereits entfernt worden.

Um 13.00 Uhr kam der Leiter der KVM, Botschafter Walker, mit zweien seiner Stellvertreter am Tatort an. Er wurde begleitet von etwa 30 Journalisten.[51] In dem Ort befanden sich viele UCK-Kämpfer.("heavy presence of uniformed KLA").

Nach der Ortsbesichtigung gab Walker in Pristina/Prishtina eine Pressekonferenz. Er drückte sein Entsetzen aus, stellte fest, es habe 45 Tote gegeben, darunter drei Frauen und ein Kind. Walker sprach von einem Massaker und einem Verbrechen gegen die Menschlichkeit und machte hierfür die Sicherheitskräfte der serbischen Regierung verantwortlich. Er forderte die jugoslawische Regierung ultimativ auf, innerhalb von 24 Stunden eine Untersuchung durch den Internationalen Gerichtshof beginnen zu lassen. Danach sprach Walker mit dem Büro von Milosevic und erhob dort ebenfalls die Forderung nach Untersuchung durch das Haager Kriegsverbrecher-Tribunal.[52]

Am gleichen Tag sprach der Amtierende Vorsitzende der OSZE, der norwegische Außenminister Vollebaek, mit dem jugoslawischen Außenminister Jovanovic, der behauptete, der OSZE-Bericht sei falsch. Im Übrigen sei keiner der getöteten Terroristen unter 18 Jahren, und unter den Toten sei keine Frau. Das jugoslawische Innenministerium gab eine Erklärung ab, wonach die Polizei am 15. Januar in Racak eine „terroristische Gruppe" bekämpft habe. Dabei seien ein Polizist verwundet und „mehrere Dutzend Terroristen" getötet worden, von denen die Mehrzahl uniformiert gewesen sei. Außerdem wurde der KVM vorgeworfen, sie habe einen Untersuchungsrichter behindert, der sich zum Tatort begeben wollte.

An diesem Tage forderte der albanische Außenminister eine Sondersitzung des Ständigen Rats der OSZE und eine Aktion der NATO, für die sie ja in Bereitschaft sei.[53] Parallel hierzu wandte sich der albanische Ministerpräsident an den Generalsekretär der NATO, erklärte, dass die Glaubwürdigkeit der internationalen Gemeinschaft auf dem Spiel stehe und es dringender Maßnahmen bedürfe. Das heißt, Tirana forderte die NATO zu Luftangriffen gegen die BRJ auf.

---

51 Dies steht in keinem der offiziellen Berichte. Ein Verifikateur, der mit vor Ort war, äußerte gegenüber dem Verfasser, Walker sei mit den Journalisten zwischen den Toten herumgelaufen, die auch in ihrer Lage verändert worden seien.
52 Der ICTY (International Criminal Tribunal for the former Yugoslavia) ist eine Einrichtung der UN zur Untersuchung von Kriegsverbrechen im früheren Jugoslawien. Er ist in Den Haag angesiedelt.
53 Republic of Albania, Ministry of Foreign Affairs, The Minister, Tirana, 16. Januar 1999: „... to call on the relevant military structures in Europe, such as NATO, to take the adequate action they are on high activation for ...", Archiv Loquai.

Am 17. Januar erhob der serbische Präsident Milutinovic schwere Vorwürfe gegen Walker. Er unterstütze Terroristen, setze Lügen in die Welt, maße sich Hoheitsrechte an und behindere die Justiz. Er verstehe sich als Gouverneur des Kosovo. Walker wurde beschuldigt, durch Betreten von Racak ohne Begleitung von serbischen Untersuchungsbehörden das Abkommen zwischen der OSZE und der BRJ verletzt zu haben.[54] Serbische Staatsmedien bezichtigten den Leiter der KVM, er suche im Auftrag des CIA einen Vorwand für eine NATO-Intervention zu schaffen.

Für die Untersuchung vor Ort stimmte der jugoslawische Außenminister zu, dass eine serbische Richterin, begleitet von der KVM, aber ohne Polizeieskorte, nach Racak gehen sollte. Doch die zuständige Richterin weigerte sich, ohne Polizeischutz diesen Ortstermin durchzuführen. Etwas später begannen wieder Feuergefechte zwischen der UCK und den Sicherheitskräften.

Der NATO-Rat kam in Brüssel zu einer Sondersitzung zusammen. Der Vorsitzende des Militärausschusses, General Naumann, und der NATO-Oberbefehlshaber in Europa, General Clark, sollten nach Belgrad reisen, um von Milosevic die Einhaltung der Vereinbarung vom 25. Oktober 1998 über Truppenbegrenzungen und der einschlägigen Resolutionen des UN-Sicherheitsrats einzufordern. In der NATO herrschte Einvernehmen darüber, dass mit den Vorfällen in Racak eine neue Stufe der Gewalt eingetreten sei, auf die reagiert werden müsse. Die Eskalation in Gestalt der Erhöhung des Drohpotentials der NATO nahm ihren Lauf.

Am 18. Januar wurde eine Sondersitzung des Ständigen Rats der OSZE einberufen. Der Amtierende Vorsitzende gab eine Erklärung ab, in der er die begangenen Grausamkeiten verurteilte und die Schuldzuweisung des Leiters der KVM übernahm. Beide Parteien wurden aufgefordert, die Gewalt zu beenden. Eine Erklärung des Rates kam nicht zustande, weil Russland auch eine Verurteilung der UCK für begangene Gewaltakte forderte. Der amerikanische Botschafter verteidigte Walker und richtete seinerseits heftige Angriffe an die jugoslawische Führung.[55]

Parallel hierzu demarchierte die EU-Troika im jugoslawischen Außenministerium. Die Reaktion des die Demarche entgegennehmenden Abteilungsleiters war hart und kompromisslos. Im Verlaufe einer Reaktion auf die vorangegangene Ermordung eines Polizisten habe die Polizei in Racak fünfzig Terroristen getötet. Die Haltung Jugoslawiens zur Befassung des ICTY müsse bekannt sein. Da es im Kosovo keinen Krieg gebe, gebe es keine Kriegsverbrechen und daher auch keine Zuständigkeit für das Haager Tribunal. Die Vorwürfe gegen Walker wurden wiederholt.

---

54 Vgl. Presseerklärung vom 17. Januar 1999, Archiv Loquai.
55 „In the absolute brazenness of this fabrication, Milosevic aspires to take his place beside this century's chief perpetrator of the Big Lie, and Milutinovic yields no ground to Goebbels as The Big Lie's propagandist." (U.S. Mission to the OSCE, Statement on Kosovo, 18. Januar 1999, Archiv Loquai).

Was zu erwarten war, geschah dann auch. Der jugoslawische Außenminister erklärte am 18. Januar in einem Schreiben an den OSZE-Vorsitz Walker zur Persona non grata. Er müsse innerhalb von 48 Stunden die BRJ verlassen. Begründet wird dieser Schritt mit Verletzungen der Bestimmungen der Wiener Konvention von 1961 und des Abkommens zwischen BRJ und OSZE vom 16. Oktober 1998. Doch der Vollzug der Ausweisung wurde schließlich ausgesetzt.

Am 20. Januar kam es zu einer Erklärung des UN-Sicherheitsrats, in der die BRJ aufgefordert wurde, die Ausweisung von Walker zu überdenken. Bei der Erarbeitung dieser Erklärung hatte Russland Zugeständnisse gemacht, die hinsichtlich der Befassung des ICTY selbst für UN-Diplomaten überraschend waren.

Der Brief von Außenminister Fischer, der am gleichen Tage im Namen der EU dem jugoslawischen Präsidenten übergeben wurde, spricht von „der Hinrichtung von 45 unbewaffneten Personen, darunter Frauen und Kinder" und weist die jugoslawische Erklärung für die Vorfälle zurück. Fischer erhebt u.a. die Forderung, den Beschluss, Walker zur Persona non grata zu erklären, zurückzunehmen, die Vorfälle von Racak mit internationaler Beteiligung voll aufzuklären, und schließt mit einer deutlichen, diplomatisch verklausulierten Drohung: „Fortdauernde Gewalt und Missachtung der internationalen Gemeinschaft im Kosovo werden die Isolierung der BRJ lediglich vertiefen und zu weiteren Maßnahmen der internationalen Gemeinschaft führen."

Am 22. Januar begannen finnische Gerichtsmediziner mit der Untersuchung von 40 Toten von Racak am gerichtsmedizinischen Institut der Universität Pristina/Prishtina.[56] Bereits vorher hatten serbische Experten der Universität Pristina/Prishtina und weißrussische Spezialisten mit der Untersuchung begonnen.

Nach langen Auseinandersetzungen um den Ort des Begräbnisses und den Ablauf wurden die Toten am 11. Februar in Racak/Recak begraben. Walker sprach zu den 5.000 anwesenden Albanern. Zu einer kurzen Auseinandersetzung kam es mit dem örtlichen Kommandeur der UCK und drei bewaffneten und uniformierten UCK-Kämpfern. Als sie ankamen, forderte Walker sie auf, die Waffen abzulegen. Kurze Zeit, nachdem sie die Waffen verdeckt hatten, verließen die UCK-Soldaten die Begräbnisstätte. Die serbischen Sicherheitskräfte hielten sich an die Vereinbarung, sich von dem Begräbnis fern zu halten, waren aber in der Nähe präsent. Nach der Beerdigung informierten Albaner die OSZE, dass die UCK etwa zehn albanische Männer von dort entführt hätten. Diese Männer im Alter von 15 bis 50 Jahren stünden im Verdacht, für die Serben gearbeitet zu haben. Die UCK bestätigte die Festnahme von acht

---

56 Die finnischen Experten waren eigentlich im Oktober 1998 eingereist, um sechs vermutete Massaker im Kosovo zu untersuchen. Drei wurden den Serben zugerechnet, drei den Albanern.

Personen, die einen Tag später durch die Intervention der KVM wieder frei waren.

Der Pressesprecher Rugovas, Xhemail Mustafa, lobte am 12. Februar Walker für seinen „bemerkenswerten menschlichen und diplomatischen Mut", indem er die Wahrheit gesagt habe und auf der Seite der Bewohner Racaks und des ganzen Volkes des Kosovo stehe.

Am 17. März legte die Leiterin der finnischen forensischen Experten ihren mit Spannung erwarteten Bericht vor. In Pristina/Prishtina betonte sie, dass die der Presse präsentierte Zusammenfassung ihre persönliche Auffassung wiedergebe.[57] Dr. Ranta wies wiederholt darauf hin, dass die nun vorgelegten Ergebnisse nur ein Teil einer Gesamtuntersuchung der Ereignisse seien. Die Gruppe konnte die Untersuchungen ohne irgendwelche Behinderungen durchführen. Die wichtigsten Ergebnisse sind:

- Die untersuchten Toten wurden am 15. Januar 1999 etwa zur gleichen Zeit getötet. Die Opfer waren unbewaffnete Zivilisten. Unter den Toten waren mehrere alte Männer und eine Frau.
- Es gibt keine Hinweise auf Post-mortem-Manipulationen an den Toten oder Schändungen.
- Die medizinische Untersuchung kann kein Urteil abgeben, ob es ein Gefecht gegeben hatte oder die Opfer unter anderen Umständen starben.
- Das Urteil, ob es sich um ein Massaker handelte, fällt nicht in die Kompetenz gerichtsmedizinischen Urteils.
- Für ein vollständiges Bild über die Ereignisse in Racak bedarf es umfassender kriminalistischer Untersuchungen.

Die EU, in deren Auftrag die finnischen Experten tätig waren, gab am 18. März im Ständigen Rat der OSZE eine Erklärung ab, die keinen Hinweis auf die Schuldigen enthielt und eine umfassende Untersuchung der Geschehnisse forderte. Dagegen behauptete bei dieser Gelegenheit der amerikanische Botschafter, wenn jemals ein Zweifel bestanden habe, dass die BRJ Grausamkeiten in Racak begangen habe, dann sei dieser Zweifel jetzt ausgeräumt.

Die serbischen und albanischen Medien berichteten insgesamt korrekt über die Präsentation der Ergebnisse durch Dr. Ranta. Allerdings war auf albanischer Seite eine gewisse Enttäuschung erkennbar. Man hatte wohl erwartet, dass noch während der Verhandlungen in Paris eine klare Schuldzuweisung an die serbischen Sicherheitskräfte erfolgen würde.

Das „Massaker von Racak" hatte zweifellos eine wichtige Bedeutung für eine schärfere Gangart der internationalen Gemeinschaft gegenüber der BRJ. Es war eine Art Initialzündung für die Rambouillet-Verhandlungen, für Überle-

---

57 Report of the EU forensic expert team on the Racak incident, 17. März 1999, Archiv Loquai.

gungen der NATO, die militärische Drohung gegenüber der BRJ zu steigern, es demonstrierte in den Augen vieler die immer geringer werdenden Aussichten für eine friedliche Konfliktlösung und die Notwendigkeit eines militärischen Eingreifens. Racak/Recak war für viele ein weiteres Glied in der Kette serbischer Gewalttaten und Grausamkeiten. Zu den Vorfällen in Racak/Recak selbst ergeben sich verschiedene Fragen:[58]

- Die OSZE-Verifikateure trafen am 15. Januar nachmittags vor Ort ein, entdeckten aber offenbar nicht das ganze Ausmaß des angerichteten Blutbads. Wie war das möglich, obwohl ja die Toten am nächsten Tag in oder in unmittelbarer Nähe des Ortes gefunden wurden?
- Die Sicherheitskräfte haben sich am 15. Januar nachmittags wieder zurückgezogen. Sie hatten offenbar nichts unternommen, das Massaker zu verbergen?
- Welche Partei hatte ein Motiv, ein „Massaker" zu begehen oder darzustellen?
- Wie erklären sich die unterschiedlichen Zahlenangaben der Toten?[59]
- Um wen handelte es sich bei den vor Eintreffen der OSZE abtransportierten Toten?
- Wie erklären sich die von den Ergebnissen des finnischen Teams offenbar abweichenden Ergebnisse der weißrussischen Experten?[60]

Eine objektive Betrachtung kann nicht umhin, das Verhalten des Leiters der KVM als unangemessen und außerhalb aller normalen Regeln für eine Person mit diplomatischem Status im Gastland zu bewerten. Er zog mit einer Schar von Journalisten vor Ort, ließ diese frei schalten, walten und fotografieren und, wie ein Teilnehmer sagte, die Toten auch mediengerecht positionieren. Er machte keine Anstalten, die Maßnahmen zu treffen, die Dr. Ranta in ihrem Bericht als entscheidenden ersten Schritt für jede kriminaltechnische Untersuchung bezeichnete, nämlich das Absperren des Gebiets und das Verhindern unerlaubten Zugangs. Walker beschuldigte nur aufgrund des Augenscheins und der Aussagen der Dorfbewohner die jugoslawischen Sicherheits-

---

58 Hierzu auch: Dianna Johnstone, Das Racak-Massaker als Auslöser des Krieges, in: Klaus Bittermann/Thomas Deichmann (Hrsg.), Wie Dr. Joseph Fischer lernte, die Bombe zu lieben, Berlin 1999, S. 52-68.
59 Die OSZE-Verifikateure haben vor Ort 40 Tote festgestellt, darunter eine Frau und ein Kind. Walker spricht von 45 Toten, darunter drei Frauen und ein Kind. Fischer nennt in seinem Brief an Milosevic 45 Tote, darunter Frauen und Kinder. Human Rights Watch ermittelte 45 Tote, darunter neun UCK-Soldaten, mindestens zwei Frauen und einen zwölfjährigen Jungen. Nach Rüb sind am 15. Januar 45 Kosovo-Albaner erschossen worden, darunter vier Frauen und ein Kind (Matthias Rüb, Kosovo, a.a.O., S. 120). Unter den 40 Toten, die von den finnischen Forensikern untersucht wurden, befand sich eine Frau, ein Kind wird nicht erwähnt.
60 Die weißrussischen Experten hatten wohl festgestellt, es habe keine Spuren für eine gezielte Tötung der Kosovo-Albaner durch Schüsse aus der Nähe gegeben. Vgl. Matthias Rüb, Kosovo, a.a.O., S. 123.

kräfte, er machte falsche Angaben zu den Toten. Ein derartiges Verhalten hätte sich kein Staat, der ein Minimum an Selbstachtung hat, bieten lassen. Doch mit seinen vorschnellen Aussagen und Urteilen prägte Walker das Urteil anderer Organisationen und Regierungen, die seine „Feststellungen" mit fahrlässiger Leichtgläubigkeit ungeprüft übernahmen und zu einer Grundlage ihrer Politik machten.

Es kann hier kein Urteil über die Vorfälle in Racak/Recak getroffen werden. Unstrittig ist wohl - dies gibt ja auch die serbische Führung zu -, dass die Toten in Racak/Recak auf das Konto der serbischen Sicherheitskräfte gingen. Unklar ist nach wie vor der Ablauf. Die Einlassungen der internationalen Gremien sind ja inzwischen vorsichtiger mit ihren Schuldzuweisungen geworden. Die OSZE stellte noch Ende 1999 fest, es sei noch zu früh, ein abschließendes und definitives Urteil über die tatsächlichen Ereignisse in Racak am 15. Januar 1999 abzugeben.[61] Wahrscheinlich wird ein solches Urteil nie mit letzter Klarheit zu treffen sein.

Doch es ging hier auch nicht um eine kriminalistische Untersuchung. Zu analysieren war die Instrumentalisierung eines „Massakers" für eine zusätzliche Verschärfung des Konflikts und als Rechtfertigung für die weitere militärische Eskalation. Dass dabei das Leid der Menschen eine untergeordnete Rolle spielte, im Kriegsjargon zum kollateralen Schaden zählte, gehört auch zu den Regeln eines Bürgerkriegs.

---

61   Vgl. OSCE ODIHR, Kosovo/Kosova, a.a.O., S. 355.

IV. Die Rolle der OSZE

1. Das Kosovo - ein frühes Betätigungsfeld der OSZE

Die erste Mission, die von der OSZE, damals noch KSZE, überhaupt eingerichtet wurde, bezog sich schon auf die Lage im Kosovo. Am 14. August 1992 wurde entschieden, Langzeitmissionen für Kosovo, den Sandschak und die Vojvodina einzusetzen.[62] Diese Missionen sollten

- den Dialog zwischen staatlichen Instanzen und den Vertretern der drei Regionen fördern,
- Informationen über Verletzungen von Menschenrechten sammeln und Lösungen für diesbezügliche Probleme fördern,
- Ansprechstellen einrichten,
- Informationen bereitstellen über die Gesetzgebung zu Menschenrechten, Minderheitenschutz und demokratischen Wahlen.

Die Missionen begannen ihre Arbeit am 8. Oktober 1992. Die Kosovo-Mission war in Pristina/Prishtina stationiert und hatte ständige Büros in Pec/Peje und Prizren. In Belgrad befand sich ein gemeinsames Büro für alle drei Missionen.
Entsprechend den üblichen Regularien war die Dauer der Missionen zunächst auf sechs Monate festgelegt. Nach einer einmaligen Verlängerung des Aufenthalts um drei Monate verweigerte die BRJ eine weitere Verlängerung, so dass die Missionen am 28. Juni 1993 ihre Arbeit beenden mussten. Die Belgrader Führung begründete ihre Entscheidung mit der Suspendierung der KSZE-Mitgliedschaft Jugoslawiens durch einen KSZE-Beschluss am 8. Juli 1992. Die erlaubte Personalobergrenze von 40 Mitgliedern hat diese Kosovo-Mission zu keiner Zeit erreicht, sie kam nie über 20 hinaus.
In Wien wurden weiterhin regelmäßige Sitzungen einer Beobachtungsgruppe für Kosovo, den Sandschak und die Vojvodina angesetzt. Diese Gruppe erlangte erst wieder im Verlaufe des Jahres 1998 Bedeutung. Immer dann, wenn die Frage der Wiederzulassung der Missionen in der BRJ aufkam, verknüpfte die jugoslawische Führung damit das Wiederaufleben der OSZE-Mitgliedschaft der BRJ.
Mit der Eskalation der Krise im Kosovo im Verlaufe des Jahres 1998 steigerte auch die OSZE ihre politischen Aktivitäten. Für die OSZE ging es dabei darum, die Krise im Kosovo friedlich zu lösen und, solange dies nicht definit möglich war, ihre Ausweitung auf die Nachbarländer, insbesondere Alba-

---

62 Survey of OSCE Long-Term Missions and other OSCE Field Activities, 10. August 1998.

nien, Mazedonien und Bosnien-Herzegowina, zu verhindern. In einem Bericht hob der polnische OSZE-Vorsitz hervor, dass die Erklärung des polnischen Außenministers Geremek am 2. März 1998 die erste offizielle Reaktion einer internationalen Organisation auf die serbische Repression der Kosovo-Albaner gewesen sei.[63] Eine lange Liste persönlicher Initiativen, Besuche, Kontakte und Beschlüsse der OSZE legt von den vielfältigen Bemühungen des OSZE-Vorsitzes Zeugnis ab, in Zusammenarbeit mit den UN, der Kontaktgruppe und einzelnen Ländern einen Weg für eine friedliche Regelung des Konflikts zu finden.

2. Die Holbrooke-Milosevic-Vereinbarung und ihre weitere Ausgestaltung

Anfang Oktober 1998 hatte sich die politische und militärische Lage um den Kosovo-Konflikt zugespitzt, NATO-Luftangriffe auf die BRJ drohten. Da unternahm der amerikanische Diplomat Richard Holbrooke, der Baumeister des Dayton-Friedensabkommens, zusammen mit seinem amerikanischen Kollegen Hill,[64] der zu dieser Zeit Botschafter in Mazedonien war, einen letzten Versuch, einen Krieg doch noch abzuwenden.
Am 4. Oktober führte der russische Außenminister Iwanow Gespräche in Belgrad. Einen Tag darauf teilte er dem Amtierenden Vorsitzenden der OSZE telefonisch mit, es bestehe die Möglichkeit, eine OSZE-Mission in das Kosovo zu schicken. Am 6. Oktober lud der jugoslawische Außenminister die OSZE offiziell ein, sich mit einer OSZE-Mission vor Ort zu überzeugen, dass sich die Lage normalisiere. Am gleichen Tag begann Holbrooke seine Gespräche in Belgrad.
Am Morgen des 13. Oktober erhielt Holbrooke von Milosevic die offizielle Zusage, dass die BRJ die Forderungen der UN-Resolution 1199 erfüllen werde und mit einer Verifikationsmission der OSZE und NATO-Luftüberwachung einverstanden sei. Holbrooke war ein Durchbruch gelungen. Nach der Einschätzung von Teilnehmern an den Verhandlungen in Belgrad hatte die unmissverständliche Kriegsdrohung der NATO die Belgrader Führung zum Einlenken gebracht.
Über der so genannten Holbrooke-Milosevic-Vereinbarung liegt ein mystischer Schleier. Möglicherweise gibt es gar kein von beiden Seiten unterzeichnetes Abkommen. Das Auswärtige Amt ist über die Inhalte nur durch ein Schreiben der amerikanischen Botschaft in Bonn informiert. Danach bestehen die Verpflichtungen, die Milosevic eingegangen ist, darin,

---

63 Vgl. Polish Chairmanship and the Kosovo Crisis, 2. Dezember 1998, Archiv Loquai.
64 Der amerikanische Diplomat Christopher Hill war auch ganz wesentlich an der Ausarbeitung des Dayton-Friedensabkommens beteiligt.

- die Forderungen der UN-Resolution 1199 vollständig zu erfüllen,
- eine OSZE-Verifikationsmission mit bis zu 2.000 Verifikateuren zuzulassen, die ungehinderten und freien Zugang im gesamten Kosovo haben sollen,
- als Ergänzung dazu der NATO unbewaffnete Überwachungsflüge im Kosovo zu ermöglichen und
- nach einem bestimmten Zeitplan zu einer politischen Lösung zu kommen, die dem Kosovo Eigenverwaltung und eine eigene Polizei geben sollte.

Diese Grundsatzvereinbarung musste für die Durchführung durch Einzelabkommen ausgestaltet und weiter konkretisiert werden.[65] So wurden in rascher Folge am 15. Oktober ein Abkommen zwischen der NATO und der BRJ über das Luftbeobachtungssystem und am 16. Oktober zwischen der OSZE und der BRJ eines für die OSZE-Mission geschlossen. Am 25. Oktober kam es - als Ergebnis von Gesprächen der NATO-Generale Naumann und Clark - zu einer Erklärung der BRJ, in der sie sich zur Einhaltung detaillierter Begrenzungen bei Polizei und Armee verpflichtete. Die NATO-Generale bestätigten die „Kenntnisnahme" dieser Erklärung. Die jugoslawische Seite erwies sich bei diesen Folgeverhandlungen kooperativ, so dass die Abkommen innerhalb kurzer Zeit zustande kamen. Während der Verhandlungen war von jugoslawischer Seite wiederholt die Rücknahme der NATO-Kriegsdrohung verlangt worden. Doch das Drohpotential blieb bestehen und mag wohl auch die Verhandlungsprozesse beschleunigt haben.

Das Abkommen vom 13. Oktober 1998 war die letzte Chance für die Abwendung eines Krieges. Ohne eine Einigung hätte die NATO wenige Tage später den Luftkrieg gegen die BRJ begonnen. Nun herrschte allgemeine Erleichterung, dass ein Krieg noch einmal abgewendet werden konnte. So äußerten sich in der Sitzung des Ständigen Rats der OSZE am 15. Oktober 1998 viele Teilnehmerstaaten positiv zu der Vereinbarung. Auch Albanien ließ sich bei dieser Gelegenheit grundsätzlich zustimmend ein, merkte jedoch an, die albanische Regierung sehe nach wie vor die Notwendigkeit, NATO-Truppen im Kosovo zu stationieren.[66] Die Kosovo-Albaner waren unzufrieden, weil sie am Verhandlungsprozess nicht beteiligt waren und ihr Ziel, ein von der BRJ unabhängiges Kosovo, in die Ferne gerückt zu sein schien. Von einer Militäraktion der NATO, die sie nach wie vor befürworteten,[67] hatten sie eine Beschleunigung auf dem Weg zur Unabhängigkeit erhofft. Den USA war es wieder einmal gelungen, eindrucksvoll zu zeigen, dass sie auch am Ver-

---

65 Die folgenden Abkommen sind abgedruckt in: Marc Weller, Crisis, a.a.O.
66 Die Kosovo-Albaner hatten den großen Vorteil, dass die albanische OSZE-Delegation direkt als ihr Sprachrohr und Sachwalter in der OSZE fungierte. Für die Jugoslawen ergriffen gelegentlich Russland und Weißrussland Partei.
67 UCK-Kämpfer zeigten sich gegenüber diplomatischen Beobachtern optimistisch, dass es ihnen noch gelingen werde, eine Intervention der NATO zu erreichen.

handlungstisch Entscheidungen alleine herbeiführen können. Sie sahen sich darin bestärkt, dass eine glaubwürdige Drohung mit einem militärischen Einsatz gewünschte politische Ergebnisse herbeiführen kann, und begrüßten, dass die NATO aus dieser Krise gestärkt hervorgegangen sei.

In der Tat hatte Holbrooke dem jugoslawischen Präsidenten erhebliche Zugeständnisse abgerungen. Das Kosovo-Problem war nun ganz offensichtlich internationalisiert. Die BRJ hatte eine Position aufgegeben, die sie über Jahre hinweg konsequent verteidigt hatte. Am 23. April 1998 hatten noch mehr als 90 Prozent der serbischen Bevölkerung gegen eine internationale Einmischung im Kosovo votiert. Nun akzeptierte Milosevic eine starke OSZE-Präsenz im Kosovo, die er bisher auch in wesentlich geringerer Personalstärke immer von Bedingungen abhängig gemacht hatte. Den Verifikateuren wurde volle und ungehinderte Bewegungsfreiheit zugesichert. Für ihre Sicherheit erklärte sich die BRJ verantwortlich. Sie verpflichtete sich, die OSZE-Mission bei der Durchführung ihrer Aufgaben administrativ zu unterstützen, Verbindungsstellen zu der Mission einzurichten und mit ihr zusammenzuarbeiten. Armee und Polizei hatten die OSZE über Truppenbewegungen zu informieren. Die Streitkräfte und die Sonderpolizei sollten im Kosovo auf eine bestimmte Stärke reduziert werden. Die internationale Präsenz vor Ort sollte sich nicht nur mit einer passiven Rolle zufrieden geben. Holbrooke hatte bei Milosevic, der die Bezeichnung „Monitor" oder „Observer" verwendet haben wollte, für die Kontrolleure „Verifier" durchgesetzt, um die aktive Roller dieser Überprüfer zu betonen, die auch bewerten mussten, ob Verpflichtungen eingehalten wurden.

Außerdem war nun auch die NATO mit jugoslawischer Zustimmung direkt involviert. Sarkastisch meinte ein Amerikaner, die Jugoslawen könnten sich allmählich an die NATO-Flugzeuge an ihrem Himmel gewöhnen. Für die Zusammenarbeit zwischen den NATO- und den BRJ-Offizieren waren wenig Probleme zu erwarten. Die Militärs sind praktische Kooperation jenseits politischer Divergenzen gewohnt.

Für die OSZE bedeutete die neue Aufgabe einen Qualitätssprung hinsichtlich ihrer operativen Aufgaben. Sie hatte lange Zeit nur kleinere Missionen von bis zu 25 Mitgliedern eingerichtet und geführt. Mit den Missionen in Bosnien-Herzegowina und Kroatien wurde erstmals die Größenordnung von bis zu 400 Personen erreicht. Die Stationierung von bis zu 2.000 und zeitweise sogar mehr internationalen und mehreren hundert lokalen Mitarbeitern überschritt bei weitem die Planungs- und Führungskapazität des kleinen Mitarbeiterstabs der OSZE in Wien. Und die Zeit drängte! Die OSZE musste rasch im Kosovo Flagge zeigen und die Region mit einem dichten Überwachungsnetz überziehen. Dies konnte nur geschehen, wenn die Teilnehmerstaaten der OSZE schnell den Wiener Stab mit qualifiziertem Personal verstärkten, rasch Experten und Verifikateure für den Einsatz im Kosovo bereitstellten, Gerät und Fahrzeuge lieferten und die finanziellen Mittel für die Organisation aufstockten. Die OSZE hat eben nicht, wie die NATO, kurzfristig verfügbare Truppen und eingearbeitete Führungsstäbe, sondern sie muss das Personal für jede operative Aufgabe individuell bei den Teilnehmerstaaten anfordern, es auswählen und ausbilden. Bei kleineren Missionen ist dies unproblematisch, bei einer Mission in der Größenordnung der Kosovo-Mission musste dies mit der normalen Routine Monate dauern. Die Zeit unmittelbar nach Abschluss des Abkommens war aber - darüber war man sich allgemein einig -entscheidend für den dauerhaften Erfolg.[68]

Die OSZE befand sich also an einem Scheideweg. Würde es gelingen, die äußerst schwierige Aufgabe im Kosovo zu bewältigen, könnte sie gestärkt und mit einem höherem Prestige aus dieser Aufgabe hervorgehen. Ein Scheitern der OSZE-Mission mußte auch eine Reduzierung des Gewichts der OSZE im System internationaler Organisationen zur Folge haben.

3. Aufgaben, Aufbau und organisatorische Entwicklung der Kosovo-Verifikationsmission

Die Aufgaben der Kosovo-Verifikations-Mission sind im Abkommen zwischen dem OSZE-Vorsitzenden und dem jugoslawischen Außenminister[69] definiert. Hauptaufgabe der Mission war es, zu verifizieren, ob alle Parteien die UN-Resolution 1199 einhalten, und hierüber dem Ständigen Rat der OSZE, dem UN-Sicherheitsrat und anderen Organisationen zu berichten. Die KVM sollte eine ständige Präsenz in der ganzen Provinz einrichten und aufrechterhalten. Sie war gehalten, enge Verbindung zu allen staatlichen Stellen, Parteien und nichtstaatlichen Organisationen zu etablieren, um diese in ihrer Arbeit zu unterstützen. Nach Abschluss einer politischen Vereinbarung sollte die OSZE Wahlen überwachen und den Aufbau von Institutionen und der Polizei unterstützen. Die Befugnisse, Rechte und Pflichten der KVM und der jugoslawischen Behörden sind in der Vereinbarung sehr präzise beschrieben.[70]

Die organisatorische Struktur der OSZE-Mission war in den Grundzügen im Abkommen zwischen der BRJ und der OSZE festgelegt. Das Abkommen ließ aber genügend organisatorische Flexibilität für die Anpassung an die Erfordernisse des Einsatzes. Die Mission gliederte sich in

---

68 In einem Non-Paper der Amerikaner: „We need verifiers in the field within days and not weeks." Archiv Loquai.
69 OSCE-FRY Kosovo Verification Mission Agreement, abgedruckt in: Marc Weller, Crisis, a.a.O., S. 293ff.
70 Es ist ziemlich unverständlich, wie man zu dem Urteil kommen kann, dass die Aufgaben der Verifikateure niemals geklärt wurden. (So z.B. International Institute for Strategic Studies, Strategic Survey 1998/99, London 1999, S. 121).

- ein Hauptquartier in Pristina/Prishtina,
- fünf Regionalzentren in größeren Städten,
- Feldbüros und Koordinationszentren in kleineren Städten und Gemeinden,
- Trupps von Verifikateuren, die von den Feldbüros aus arbeiteten,
- ein Ausbildungszentrum in Brezovica/Brezovice und
- ein Verbindungsbüro zur jugoslawischen Regierung in Belgrad.

Jugoslawische Verbindungsoffiziere sollten die Zusammenarbeit zwischen der OSZE und jugoslawischen Dienststellen erleichtern.
Die USA hatten schon am 16. Oktober 1998 in Wien ihre Vorstellungen vom Aufbau und der Arbeitsweise der KVM vorgetragen. Diese unerwartet schnelle Präsentation löste bei einigen Staaten ein gewisses Unbehagen aus. Obwohl die amerikanischen Vortragenden ihre Vorstellungen als Denkanstöße bezeichneten, waren die perfekte Darbietung und die detaillierten Ausführungen ein deutliches Indiz für den amerikanischen Gestaltungswillen, dem die anderen Staaten zu dieser Zeit keine eigenen konkreten Konzeptionen entgegensetzen konnten. Diese amerikanische Entschlossenheit zeigte sich auch darin, dass bereits am 17. Oktober, d.h. noch bevor die Mission offiziell vom Ständigen Rat der OSZE überhaupt beschlossen worden war, und ohne vorherige Konsultation mit anderen Ländern, die eigentlich vor einer solchen Ernennung gängige Praxis ist, der amerikanische Diplomat William Walker vom Amtierenden Vorsitzenden der OSZE, dem polnischen Außenminister, zum Leiter der Verifikationsmission ernannt wurde.[71] Den Europäern, die auch auf diesen Posten spekuliert hatten, blieben die Stellvertreter-Posten. Erster Stellvertreter wurde der Franzose Gabriel Keller. Weitere Stellvertreter waren ein Brite, ein Russe, ein Italiener, ein Deutscher und ein Norweger.
Bereits am 17. Oktober traf eine 13-köpfige Gruppe der OSZE in Belgrad ein, um mit der jugoslawischen Seite die Stationierung der Mission vorzubereiten. Am gleichen Tag begann die NATO mit der Luftüberwachung. Vom 18. bis 21. Oktober erkundeten die OSZE-Experten die Möglichkeiten der Stationierung der KVM im Kosovo. Die serbischen Behörden im Kosovo waren auf allen Ebenen sehr kooperativ und unterstützten die Gruppe während des gesamten Aufenthalts in jeder Beziehung. Die Gruppe hatte freie und ungehinderte Bewegungsmöglichkeiten. Sie kam zu dem Ergebnis, dass es im gesamten Kosovo genügend Möglichkeiten gab, die KVM und ihre Einrichtungen unterzubringen.[72]

---

71 Wer in diesem Falle die Entscheidung getroffen hat, macht Holbrooke klar: „That led immediately to Ambassodor Walker's designation by Madeleine (Albright, d. Verf.) as the head of this mission." (Marc Weller, Crisis, a.a.O., S. 297).
72 Vgl. Report on the Activities of the Secretariat's Technical Assessment Team Visit to Kosovo - 18-21 October, Archiv Loquai.

Am 25. Oktober 1998 beschloss der Ständige Rat der OSZE die Errichtung der Kosovo-Mission, nachdem einen Tag vorher der UN-Sicherheitsrat mit der Resolution 1203 den Weg dafür freigemacht hatte. Der Aufbau der KVM wurde sehr systematisch durchgeführt. Die Planung übernahm ein *ad hoc* eingerichteter Stab in Wien, zu dem einzelne Länder Personal abstellten. Die Briten reagierten hier am schnellsten. Auch in dem Bestreben, wichtige Spitzenpositionen zu besetzen, brachten sie einen General mit Bosnien-Erfahrung und fünf qualifizierte Stabsoffiziere sofort vor Ort. Auch Deutschland steuerte rasch qualifiziertes Personal bei. In Pristina/Prishtina richteten die Norweger das Hauptquartier ein, die Italiener bauten ein Ausbildungszentrum im östlichen Kosovo, in Brezovica/Brezovice, auf. Ab Mitte November wurden große Teile des Stabes von Wien nach Pristina/Prishtina verlegt, in Wien blieb nur noch eine kleine Unterstützungseinheit mit einem Lagezentrum. Der weitere Aufbau der KVM setzte sich dann systematisch von oben nach unten fort.

Es war klar, dass ein sofortiges Erscheinen der OSZE-Verifikateure vor Ort unter den gegebenen Umständen nicht möglich war. Um dennoch eine begrenzte Überwachung zu ermöglichen, wurde mit der BRJ vereinbart, dass die im Sommer 1998 eingerichteten diplomatischen Beobachtermissionen (KDOM - Kosovo Diplomatic Observer Mission) kurzfristig verstärkt werden, Beobachtungstätigkeit für die OSZE durchführen und später in der OSZE-Mission aufgehen. So war wenigstens für eine Übergangszeit eine begrenzte internationale Präsenz vor Ort.

Die Ankunft der OSZE in Pristina/Prishtina, Anfang November zunächst mit norwegischem Stabspersonal für das Hauptquartier, wurde von den Offiziellen vor Ort begrüßt. Sowohl die politische Führung der Albaner als auch die Spitzen der serbischen Verwaltung und Polizei versprachen dem norwegischen Chef des Stabes volle Kooperation. Allerdings zeigten sich auch beide Seiten enttäuscht, dass die OSZE im Lande selbst noch nicht in Erscheinung getreten war. Die gemäßigten Albaner und die serbische Provinzverwaltung setzten große Hoffnungen in die internationalen Verifikateure (4. November 1998).[73]

Schon am 9. November wies das jugoslawische Außenministerium in einem Non-Paper auf einige Punkte der KVM-Vereinbarung hin, die wohl bisher nicht zur jugoslawischen Zufriedenheit erfüllt worden waren. So wurde eine gleiche Repräsentation aller Teilnehmerstaaten in der KVM angemahnt, die Vorlage von Berichten an die BRJ und deren Teilnahme an der Diskussion wurde betont, und die Einrichtung einer ständigen offiziellen Verbindung zwischen Belgrad und Wien sowie die Eröffnung eines Verbindungsbüros in Belgrad wurden angesprochen. Weiterhin wies das Non-Paper darauf hin, dass das Mandat der Mission Schulung der Polizei, Menschenrechtsangele-

---

73 Die Datumsangaben beziehen sich auf den jeweiligen Tagesbericht der KVM.

genheiten, Justizverwaltung und die Medien nicht einschließe. Dieser Hinweis war zutreffend.[74] Insgesamt deutete dieses Papier eine gewisse Unzufriedenheit mit dem in Gang befindlichen Aufbau der Mission und mit der Zusammenarbeit zwischen der BRJ und der OSZE an.

Für die OSZE patrouillierten bis auf weiteres die diplomatischen Beobachter. Aufgrund ihrer geringen Zahl - Mitte November etwa 300 - konnten sie nur in besonders kritischen Gebieten tätig werden. So erreichten sie im Gebiet von Malisevo/Malisheve, wo im Sommer besonders harte Kämpfe getobt hatten, eine Absprache zwischen der Polizei und der UCK. Danach kontrollierte die Polizei die Hauptstraßen, während die Nebenstraßen unter der Kontrolle der UCK standen. Allerdings befolgten nicht alle UCK-Kämpfer diese Entflechtung (18. November 1998). Als eine vertrauensbildende Maßnahme war eine Abmachung mit der serbischen Sonderpolizei gedacht. Um der albanischen Bevölkerung die Angst vor dieser besonders gewalttätigen Truppe zu nehmen, begleiteten Fahrzeuge der diplomatischen Beobachter die Polizei bei ihren Einsätzen (19. November 1998). Die UCK warnte jedoch vor der Fortsetzung dieser Praxis, da sie die Sicherheit der Diplomaten nicht garantieren könne (30. November 1998). Die OSZE stellte diese Begleitung, die auch ein Schutz der Polizei vor Angriffen der UCK war, ein.

Die Zusammenarbeit mit dem Leiter der jugoslawischen Verbindungsstelle lief gut an (19. November 1998). Auch mit der Polizei wurden vernünftige Arbeitsbeziehungen etabliert. Sie informierte die KVM über besondere Vorfälle, um eine Überprüfung zu ermöglichen. Die vereinbarten Waffeninspektionen bei der jugoslawischen Armee verliefen reibungslos, die Militärs verhielten sich höflich und professionell (26. November, 9. Dezember, 11. Dezember 1998).[75] Die Kooperation mit der UCK war unterschiedlich. Zwar wurde „von oben" eine Politik der Zurückhaltung angekündigt, doch hielten sich nicht alle Feldkommandeure daran. Die UCK beanspruchte wieder Hoheitsrechte in den von ihr kontrollierten Gebieten.

Die internationalen Beobachter fanden Anerkennung und erwarben Vertrauen bei der Bevölkerung und den Konfliktparteien. Sie waren weit mehr als Überprüfer der Einhaltung von Vereinbarungen. Vielmehr wirkten sie mäßigend auf beide Seiten ein, vermittelten in kritischen Situationen, brachten beide Seiten miteinander ins Gespräch, setzten sich für die internationalen Hilfsorganisationen ein, um deren Arbeit zu erleichtern, waren auch hilfreich beim Wiederaufbau der Infrastruktur (Elektrizitätsversorgung) und setzten die Freilassung von Gefangenen durch.

---

74 Non-Paper, Belgrad, 9. November 1998, Archiv Loquai.
75 Ein erfahrener Teilnehmer an diesen Inspektionen erklärte gegenüber dem Verfasser, dass die Art und Weise, wie sich die jugoslawischen Offiziere bei diesen Inspektionen verhielten, deutlich zeigte, dass „von oben" Weisung gegeben worden war, sich kooperativ zu verhalten.

Nach den OSZE-Berichten war die Situation im November zwar gespannt, die Waffenruhe hielt aber bis auf einzelne, zumeist von der UCK provozierte Schießereien, die UCK übernahm wieder die Kontrolle in ihren ehemaligen Hochburgen. Blickt man aus heutiger Perspektive auf diesen Beginn der KVM zurück, so kann man sich vorstellen, was mit einer raschen, dichten und flächendeckenden Präsenz der OSZE hätte erreicht werden können. Die Bereitschaft der Serben, den Waffenstillstand und die weitergehenden Verpflichtungen einzuhalten, war klar erkennbar. Die gemäßigten Kommandeure der UCK hielten ihre Kämpfer zurück. Die Voraussetzungen für eine Stabilisierung der Lage waren gegeben.

Doch bereits Anfang Dezember äußerten serbische Offizielle ihre Enttäuschung darüber, dass es nicht gelungen war, die UCK einzudämmen und von Attacken gegen die Polizei abzuhalten. Die Zusammenarbeit der KVM mit Armee und Polizei wurde schwieriger. Die Polizei trat wieder aggressiver auf (4./5. Dezember 1998).

Der Aufbau der OSZE-Mission verlief weiterhin nach Plan von oben nach unten, die KVM war zunächst vor allem damit beschäftigt, ihre Stabsarbeit zu organisieren und ihre internen Probleme zu lösen. Am 10. Dezember 1998 wurde das erste Regionalzentrum in Prizren offiziell eröffnet und für einsatzfähig erklärt. Die dort integrierten britischen diplomatischen Beobachter brachten ihre gepanzerten Fahrzeuge mit, so dass nun die KVM über insgesamt 22 derartiger Fahrzeuge verfügte, die für den Schutz der Verifikateure in diesem gefährlichen Terrain wichtig waren. In relativ rascher Folge wurden dann die Regionalzentren in Kosovska Mitrovica/Mitrovice (19. Dezember 1998), Pec/Peje (1. Januar 1999), Gnjilane/Gjilan (11. Januar 1999) und Pristina/Prishtina (12. Januar 1999) einsatzfähig. Parallel hierzu wurden Koordinierungszentren und Feldbüros aufgebaut. Doch die Struktur war, wie häufig kritisiert wurde, insgesamt zu kopflastig, zu viel Personal in den Stäben, zu wenig an der Front. Von einem „Überfluten des Kosovo mit Verifikateuren", wie Holbrooke es angekündigt hatte, konnte keine Rede sein.

Mit der Eskalation der Gewalt ab Mitte Dezember wurde auch die Arbeit der Verifikateure schwieriger und gefährlicher. Zwar gelang es der KVM immer wieder, gewaltsame Konflikte einzugrenzen und zu entschärfen, doch die anfangs gute Zusammenarbeit mit Polizei und Militär verschlechterte sich, serbische Offizielle und die serbische Zivilbevölkerung nahmen mehr und mehr eine feindselige Haltung ein. Auch die UCK ließ sich in ihren Aktivitäten immer weniger bremsen.

Am 11. Januar 1999 führte der neue Amtierende Vorsitzende der OSZE, der norwegische Außenminister Vollebaek, Gespräche mit Präsident Milosevic. Dabei erhob dieser schwere Vorwürfe gegen die OSZE-Mission. Die späte und unvollständige Stationierung habe dazu beigetragen, dass von der UCK geführte terroristische Angriffe wieder zugenommen hätten. Es habe seit

Mitte Oktober vier- bis fünfhundert terroristische Handlungen gegeben. Der Missionschef Walker sei weniger daran interessiert, Verbrechen der UCK zu untersuchen, als daran, die serbische Seite zu beschuldigen. Die Mission sei von den Amerikanern und der NATO beherrscht. Dies sei ein Bruch des Abkommens mit Holbrooke, da eine Bedingung gewesen sei, dass es sich um eine wirkliche OSZE-Mission mit einer breiten Beteiligung aller Länder handeln sollte. Als eine Verletzung des Abkommens bezeichnete Milosevic auch, dass einzelnen Ländern die Verantwortung für bestimmte Regionen zugewiesen worden sei und KDOM immer noch nicht voll in die KVM integriert sei. Ein Teil dieser Kritik war nicht unberechtigt. Tatsächlich hatten sich Amerikaner und Briten vor allem an Schaltstellen festgesetzt. Die NATO-Länder hatten auch ein deutliches personelles Übergewicht. Dies lag vor allem daran, dass andere Länder nur in sehr begrenztem Maße qualifiziertes Personal beisteuern konnten. Es war kein Geheimnis, dass Missionschef Walker nicht so sehr Leiter einer internationalen Mission war, sondern die amerikanische Kosovo-Politik durchzusetzen hatte und von Washington gesteuert wurde. Diplomatische Zurückhaltung war nicht gerade seine Stärke, seine häufigen Interviews, in denen er sich auch zu politischen Fragen äußerte, exponierten ihn unnötig. Die massive Kritik des jugoslawischen Präsidenten an der KVM und ihrem Leiter ließ jedenfalls nichts Gutes für die weitere Zusammenarbeit erwarten.

Die Folgezeit war keine geradlinige Entwicklung zu immer mehr Gewalt. Es gab schlimme Gewalttaten und zwischendurch Phasen der Beruhigung und Hoffnung. Doch keine der beiden Seiten gab sich nach einer Waffenruhe mit dem Status quo zufrieden. Allerdings war auch Positives zu berichten, wie z.B.

- gute Beziehungen und eine gute Zusammenarbeit zwischen KVM und den Sicherheitskräften (2./3. Januar, 16. März 1999),
- Absprachen zwischen der UCK und der Polizei und der Armee (6./7.Februar, 25. Februar, 4. März 1999),
- Freilassung von Gefangenen durch die UCK und die Polizei (13. Januar 1999, 24. Januar 1999),
- positive Beeinflussung des Ablaufs von Gerichtsverfahren durch die Anwesenheit von OSZE-Experten (25. Januar, 27. Januar, 8. Februar, 15. Februar 1999),
- Verbesserung der Sicherheitslage und des Sicherheitsgefühls der Bevölkerung infolge der Anwesenheit von OSZE-Verifikateuren vor Ort (26. Januar, 12. Februar, 16. Februar, 5. März 1999),
- Wiederherstellung der Elektrizitätsversorgung unter KVM-Aufsicht (2. März 1999).

Auch im Ständigen Rat der OSZE in Wien wurde die Bedeutung der KVM wiederholt hervorgehoben. So bezeichnete der EU-Beauftragte für die Kosovo-Verhandlungen, der österreichische Botschafter Petritsch, am 4. März die KVM als einzigen stabilisierenden Faktor im Kosovo. Sie habe in den letzten Wochen zur Eindämmung der Gewalt beigetragen. Walker selbst beschrieb wiederholt in Wien anhand von Beispielen, welch wichtige Funktion die Mission erfüllte. So stellte er am 11. März fest, die KVM genieße immer mehr Vertrauen in der Bevölkerung. Die Albaner hätten von Anfang an die Mission als schützende Truppe betrachtet. Diese Perzeption verstärke sich noch. Doch auch die lokale serbische Bevölkerung erkenne immer mehr die hilfreiche Rolle der OSZE an, wenn sie sich z.B. um serbische Vermisste kümmere oder andere praktische Hilfe leiste. Gleichzeitig beklagte Walker jedoch auch die schwierige Zusammenarbeit mit den Serben und die fehlende Bereitschaft der Konfliktparteien, ihre Verpflichtungen einzuhalten.

Die KVM war über ihre konkrete Aufgabe hinaus Objekt und Instrument einer weitergehenden Politik. In der Sitzung des NATO-Rats am 20. Januar 1999 vertraten die USA bereits die Auffassung, man solle die OSZE-Mission nicht um jeden Preis halten. Ihre Glaubwürdigkeit sei ohnehin schon schwer beschädigt. Am 1. Februar forderten die USA dann im Ständigen Rat der OSZE, es müssten Maßnahmen getroffen werden, um die OSZE-Beobachter bei drohenden Militärschlägen rasch abziehen zu können. Frankreich wandte sich jedoch gegen solche Maßnahmen, da man sich noch im Stadium der Logik von Verhandlungen befände. Diese amerikanische Intervention hinterließ den Eindruck, als sei die Zielrichtung der USA bereits auf eine militärische Intervention gerichtet. Wenige Tage später kamen die USA wieder auf diesen Punkt zurück. Sie mahnten einen Rückzugsplan der KVM an. Die Evakuierungsplanungen müssten so offen angelegt werden, dass Belgrad daraus Rückschlüsse auf die Entschlossenheit der NATO ziehen könne. Dem widersprach wieder Frankreich. Der OSZE-Vorsitz vertrat die Position, die KVM müsse so lange wie möglich im Kosovo bleiben.

Ab Mitte März wurden dann die Erörterungen im Ständigen Rat der OSZE über einen Abzug der KVM ganz konkret. Missionsleiter Walker berichtete über eine zunehmende Gefährdung des Personals der Mission und abnehmende Möglichkeiten, den Auftrag zu erfüllen. Russland erklärte, die KVM bleibe ein wichtiger Stabilitätsfaktor, und Deutschland sah bei einer frühzeitigen Evakuierung die Gefahr einer sich rapide verschlechternden Lage vor Ort. Andere Staaten plädierten für einen raschen Abzug. Schließlich wurde es dem Amtierenden Vorsitzenden, dem norwegischen Außenminister Vollebaek, überlassen, in Absprache mit dem Missionsleiter die Entscheidung über den Abzug zu treffen. Damit war die Entscheidungskompetenz von Wien zur NATO nach Brüssel transferiert.

Am 19. März befasste sich der NATO-Rat in Brüssel intensiv mit dem Schicksal der KVM. Man kam überein, die Verifikateure müssten so rasch wie möglich abgezogen werden. Der Abzug sollte Milosevic ein deutliches Signal der Entschlossenheit des Bündnisses geben. Zudem sei eine Evakuierung zum Schutz der Verifikateure geboten.

Am 20. März 1999 verließ die OSZE-Mission unbehindert das Kosovo. Die Begründung war, die OSZE habe immer weniger ihre Aufgaben erfüllen können und es sei zunehmend gefährlicher für die internationalen Verifikateure geworden. Diese Argumentation wird durch die Fakten nicht gestützt. Zwar hatte die jugoslawische Armee vertragswidrig eine 5-km-Zone entlang der Grenze eingerichtet, in der sich Verifikateure nur in Begleitung eines jugoslawischen Offiziers aufhalten sollten, die Zusammenarbeit zwischen Armee bzw. Polizei und der OSZE hatte sich verschlechtert, doch sie funktionierte im Prinzip noch. Vom 20. Februar bis zum 16. März gab es insgesamt zwölf Ereignisse, die eine Behinderung der Mission in der Aufgabenwahrnehmung oder eine Missachtung des diplomatischen Status ihrer Mitglieder darstellten, zweimal wurden Angehörige der Mission durch Polizisten und Soldaten bedroht bzw. tätlich angegriffen (OSZE-Monatsbericht März 1999, S. 12f.). Bei etwa 100 Einsätzen pro Tag wurden also etwa 0,5 Prozent der Einsätze behindert. Dies spricht nicht gerade für eine durchgehend massive Behinderung und schon gar nicht für eine von der politischen Führung der BRJ bewusst gesteuerte Politik gegenüber der Mission. Auch die Behauptung, „... und schließlich stellten die offiziellen Vertreter der BRJ die Zusammenarbeit vollständig ein",[76] ist falsch. Noch nach dem Abzug der Mission hielt der jugoslawische Verbindungsoffizier General Loncar Kontakt zur KVM in Mazedonien und berichtet über Ereignisse (20./21. März 1999, S. 3).

4. Hat die OSZE versagt?

Die ersten OSZE-Verifikateure kamen Ende November ins Kosovo. Am 16. November 1998 befanden sich dort 60 OSZE-Mitarbeiter im Hauptquartier und im Ausbildungszentrum sowie nahezu 300 Mitglieder der diplomatischen Beobachtermission, von denen etwa 60 Prozent Amerikaner waren. Einen Monat später war die Mission auf 803 Mitarbeiter angewachsen, allerdings fast die Hälfte davon lokale Kräfte (Kraftfahrer, Dolmetscher, Sekretärinnen u.ä.). Ungefähr ein Drittel des internationalen Personals waren Verifikateure im Einsatzgebiet. Zusammen mit den dann nur noch 200 diplomatischen Beobachtern waren dies viel zu wenige, um auch nur an den Brennpunkten des Geschehens eine permanente Präsenz sicherzustellen. Am 16. Februar 1999, also fünf Monate, nachdem das Abkommen zwischen der OSZE und der BRJ geschlossen worden war, belief sich die Zahl der interna-

---

76 OSZE Newsletter, Februar/März 1999, S. 1.

tionalen Mitarbeiter der OSZE auf 934, immer noch weniger als die Hälfte der angestrebten Zahl. Kurz vor Abzug der Mission, am 18. März 1999, waren etwa 65 Prozent der vereinbarten Höchststärke erreicht.

Zu diesem langsamen Personalaufwuchs kam noch, dass die internationalen Polizei- und Menschenrechtsexperten erheblich später als die zumeist militärischen Verifikateure vor Ort eintrafen und die entsprechenden Aufgabengebiete erst verspätet aufgenommen werden konnten. Darin zeigte sich auch das große Defizit, dass kein kurzfristig verfügbares Personalreservoir an zivilen Experten für solche Missionen vorhanden ist. In persönlichen Gesprächen wurden immer wieder die mitunter nicht sachgerechte Auswahl des Personals durch die Teilnehmerstaaten und die OSZE, mangelhafte Sprachkenntnisse sowie eine ungenügende Vorbereitung auf den Einsatz beklagt.[77] Die Ausbildung für den Einsatz war in der Tat sehr unterschiedlich. So wurden z.B. die deutschen militärischen Teilnehmer in einem besonderen Kurs bei der Bundeswehr, die zivilen Missionsteilnehmer überhaupt nicht vorbereitet. Ähnliches galt für andere Länder. Manche Länder schickten ihr Personal völlig unvorbereitet in den Einsatz. Diese Defizite konnten auch durch die Einweisung von knapp einer Woche vor Ort nicht behoben werden.

Der unbefriedigend langsame Personalaufwuchs korrespondierte mit Verzögerungen in anderen Bereichen. Die Sicherheit des unbewaffneten OSZE-Personals war eine Hauptsorge der Entsendestaaten und der OSZE. Zwar hatte die jugoslawische Seite die Garantie für die Sicherheit des Personals übernommen. Doch schien das Rettungssystem bei Notfällen wenig effizient zu sein. Die Schweiz stellte der OSZE daher einen Rettungshubschrauber zur Verfügung. Die jugoslawische Regierung verweigerte jedoch trotz Intervention auf höchster Ebene den Einflug des Helikopters und verwies auf das eigene Rettungssystem.[78] Die Appelle der OSZE an die Teilnehmerstaaten, mobile Sanitätstrupps mit Rettungsfahrzeugen zur Verfügung zu stellen, waren lange Zeit vergeblich. Erst am 7. Dezember 1998 traf als erstes Team ein deutscher Sanitätstrupp vor Ort ein.

Ein weiteres Problem waren die gepanzerten Fahrzeuge, die bei der vorhandenen großen Gefahr durch Minen und bewaffnete Angriffe wichtig für den Schutz des Personals waren. Die diplomatischen Beobachter hatten von Anfang an für etwa drei Personen ein gepanzertes Fahrzeug. Die OSZE-Mission erhielt das erste derartige Fahrzeug erst Ende November 1998 und verfügte

---

77 Das wird auch in einem Erfahrungsbericht zweier französischer Verifikateure deutlich. Marc Dickinson/Nicolas Kaczorowski, The OSCE Verifikation Mission to Kosovo December 1998 - March 1999. Personal Views by two „Verifiers", Nordatlantische Versammlung, Mai 1999, Archiv Loquai.
78 Die Belgrader Führung, die ja NATO-Flugzeugen Aufklärungsflüge im Kosovo gestattet hatte, demonstrierte am Fall des Schweizer Rettungshubschraubers ihre Halsstarrigkeit und Unflexibilität und verspielte damit weiteren internationalen Kredit durch ein unsinniges Prestigegehabe.

Ende Dezember über 40 solcher Fahrzeuge - für sieben Verifikateure ein Fahrzeug!
Am 2. Dezember kritisierte der deutsche Außenminister beim OSZE-Ministerratstreffen in Oslo die OSZE in ungewöhnlich scharfer Form. Fischer sagte: „Wir verkennen die Schwierigkeiten bei der Aufstellung der KVM nicht. Dennoch machen uns das schleppende Tempo, der Mangel an Transparenz und die Anlegung ungleicher Maßstäbe bei der Personalauswahl besorgt. Kernaufgaben der KVM sind bisher bei der Planung noch kaum in Angriff genommen worden. Dies gilt vor allem für den Polizeibereich." Der Minister hatte im Prinzip recht. Doch die deutsche Regierung hatte erst wenige Tage zuvor, nämlich am 25. November, den Einsatz von 40 deutschen Polizeibeamten beschlossen!
Es ist nicht zu verkennen, dass es organisatorische Mängel und andere Defizite in den Stabsorganen der OSZE gab. Doch diese organisatorischen Defizite waren von den Teilnehmerstaaten selbst verursacht. Insbesondere Amerikaner und Briten hatten alle Versuche blockiert, in Wien einen kleinen ständigen Planungs- und Führungsstab einzurichten. Deshalb musste ein solcher Stab für den Aufbau der KVM erst *ad hoc* etabliert werden, mit allen zu erwartenden Schwierigkeiten, Friktionen und zeitlichen Verzögerungen, die auch bei bestem Willen und außerordentlich hoher Einsatzbereitschaft des Personals nicht zu verhindern waren. Politische Einflussnahmen bei der Personalauswahl führten zu weiteren Verzögerungen. So wurde der Aufbau der Regionalzentren dadurch verzögert, dass sehr gut qualifizierte Kandidaten aus Deutschland nicht akzeptiert wurden, um andere Länder zum Zuge kommen zu lassen. Auch der Führungsstil des amerikanischen Leiters förderte nicht gerade einen raschen Aufbau der Mission. Er traf erst drei Wochen nach seiner Ernennung im Kosovo ein. Da er sich alle Entscheidungen über die Organisation und das Personal vorbehalten hatte, traten immer wieder Verzögerungen ein. Nicht selten mussten qualifizierte Kandidaten wochenlang warten, bis sie endlich akzeptiert wurden.
Doch das Hauptproblem lag bei den Teilnehmerstaaten selbst, in denen oft eine große Lücke zwischen verbaler Unterstützung der OSZE und den tatsächlich geleisteten personellen, materiellen und finanziellen Beiträgen bestand. Regierungen, die später tausende von Soldaten mit schwerem Gerät in das Kosovo schickten, hatten offenbar Probleme, wenige hundert unbewaffnete Verifikateure zügig verfügbar zu machen.
Nach den Erklärungen deutscher Politiker aller Couleur war die anspruchsvolle Aufgabe der OSZE von größter Bedeutung. Der Bundeskanzler maß in seiner Regierungserklärung am 10. November 1998 der OSZE „als der einzigen gesamteuropäischen Sicherheitsorganisation überragende Bedeutung zu". Sie habe sich bei der Befriedung des Kosovo „eine neue Qualität gesetzt".

Die Bundesregierung unterstütze diese Mission nach Kräften.[79] Außenminister Fischer meinte, die OSZE komme „erstmals in einer historischen Dimension zum Einsatz".[80] Die Bundesregierung sagte der OSZE 200 deutsche Verifikateure und Experten zu; dies entsprach dem deutschen Anteil am Haushalt der OSZE. Fischer betonte im Bundestag ausdrücklich, dies sei die Höchstgrenze.[81] Die Endsendung sollte im Dezember erfolgen.
Hoffmann meint, eine „unbewaffnete OSZE-Mission im Kosovo hielten die Europäer für eine Schnapsidee. Aber keiner sagte es laut. Sie kam ja von Holbrooke."[82] Skepsis war offenbar auch in der Führungsspitze des Auswärtigen Amtes vorhanden. In einer ARD-Sendung erklärt der Staatssekretär im Auswärtigen Amt Ischinger: „Eigentlich war vielen von uns schon im Herbst 1998 klar, dass dies nur eine Maßnahme war, mit der man vielleicht ein bisschen Zeit gewinnen konnte. Wir wussten, ohne militärische, ohne effektive militärische Drohung, wahrscheinlich sogar ohne Anwendung militärischer Gewalt würde Milosevic nicht nachgeben. Keiner wusste das besser als Dick Holbrooke selbst ... Wir haben im Grunde dadurch ein halbes Jahr verloren."[83] In Wien waren das aufopferungsvolle Bemühen der Fachleute in den Bonner Ministerien und in der Bundeswehr sowie ein gewisses Interesse der politischen Leitung durchaus erkennbar. Doch allererste politische Priorität, so wie man es eigentlich von einer rot-grünen Regierung erhofft hatte, schienen die OSZE und diese wichtige Mission in der neuen Bundesregierung nicht zu haben. Andernfalls hätte Deutschland, auch für die anderen ein Beispiel gebend, mehr Personal angeboten und sie auch materiell rascher unterstützt.

---

79 Protokoll der Sitzung des Bundestages vom 10. November 1998, S. 64.
80 Ebenda.
81 Vgl. Protokoll der Sitzung des Bundestages vom 18. November 1998, S. 359.
82 Gunter Hofmann, Wie Deutschland in den Krieg geriet, a.a.O., S. 18.
83 ARD-Sendung am 25. Oktober 1999, Balkan: Gewalt ohne Ende, Teil 1: Der Weg zum Krieg. Im Folgenden zitiert als: ARD 25. Oktober 1999.

V. Versuche einer politischen Lösung für den Konflikt durch Verhandlungen

1. Bilaterale Gespräche

Der Kosovo-Konflikt entwickelte sich lange Zeit im Schatten der anderen Kriege in Post-Jugoslawien. Er zog nur gelegentlich internationale Aufmerksamkeit auf sich. Auch bei den Verhandlungen in Dayton, die zu einer Friedensvereinbarung für Bosnien-Herzegowina führten, spielte das Kosovo keine maßgebliche Rolle. Der Versuch, den dort schwelenden Konflikt zu lösen, hätte wohl eine rasche Vereinbarung zur Beendigung des Krieges in Bosnien-Herzegowina verhindert oder zumindest erheblich verzögert. So blieb das Kosovo zwar weiterhin auf der internationalen Tagesordnung, doch zunächst eher als Thema unter dem Punkt „Sonstiges". Die 1989 begonnene Repressionspolitik der Serben gegen die Kosovo-Albaner und deren überwiegend gewaltloser Widerstand gegen die Unterdrückung setzten sich fort.

Für Deutschland jedoch war der ständige Zustrom von Flüchtlingen aus dem Kosovo ein Problem. Deshalb wurde auch immer wieder das Gespräch mit der jugoslawischen Seite aufgenommen. Als Beispiel sei hier das Treffen zwischen dem deutschen und dem jugoslawischen Außenminister am 23. September 1997 in Wien angeführt. Kinkel machte deutlich, dass Deutschland das Kosovo-Problem wegen des anhaltenden Flüchtlingsstroms und wegen seines latenten Konfliktpotentials auf den Nägeln brenne. Doch Milutinovic wies eine Einmischung schroff zurück. Das Problem könne allein zwischen Belgrad und den Albanern gelöst werden. Dritte Parteien könnten dabei nichts bewirken und seien im Übrigen auch nicht erwünscht. Dies sei ein prinzipieller Standpunkt.

Mit dem Beginn der gewaltsamen Auseinandersetzungen Ende 1997 wurde der internationale Druck auf die BRJ größer, um sie dazu zu bringen, ihre Repressionspolitik zu beenden und eine politischen Lösung des Konflikts anzustreben. Die Kontaktgruppe schaltete sich mit ihrer ersten Erklärung zum Kosovo am 24. September 1997 in den Konflikt ein. Sie rief beide Seiten zu „friedlichem Dialog" auf, warnte vor dem Rückgriff auf Gewalt, um politische Forderungen durchzusetzen, und forderte alle Seiten auf, ein „Minimum an Zurückhaltung" zu üben. Die Außenminister machten ihre Position bezüglich des Status des Kosovo klar: weder eine Unterstützung für die Unabhängigkeit noch eine Tolerierung des Status quo. Erreicht werden sollte ein verbesserter Status für das Kosovo innerhalb der BRJ, der die Rechte der albanischen Bevölkerung im Einklang mit den OSZE-Standards und der UN-Charta schützen sollte. Als ein erster wichtiger Schritt für eine Verringerung der

Spannungen galt der Beginn eines wirklichen Dialogs.[84] Diese Position der Kontaktgruppe zum Status der Provinz blieb die Orientierung in der folgenden Zeit; sie ging auch in die Resolutionen des Sicherheitsrats ein und war die offizielle Grundlage nationaler Positionen.

Eine gemeinsame Initiative des deutschen und des französischen Außenministers am 19. November 1997 versuchte, Präsident Milosevic zu einer Verhandlungslösung zu bewegen, im Gegenzug wurde Entgegenkommen im Außenhandel signalisiert. Doch die Belgrader Führung wies diese Initiative brüsk zurück. Die internationale Politik war durch die zunehmenden Gewalttaten alarmiert. Nach einem Treffen der Kontaktgruppe in Washington im Januar 1998 war klar, dass nun die Kosovo-Frage neben der Dayton-Implementierung als zweites prioritäres Thema in der Kontaktgruppe etabliert war. Die Belgrader Führung hat zu dieser Zeit eine große Chance verpasst, durch das Angebot eines ernsthaften Dialogs an die albanische Seite, durch substantielle politische Zugeständnisse an die gemäßigten Albaner und Zusammenarbeit mit der Kontaktgruppe einen politischen Prozess zur friedlichen Konfliktlösung einzuleiten und für relativ wenig Zugeständnisse politische Vorteile zu erlangen, insbesondere die allmähliche Integration in die europäischen politischen und wirtschaftlichen Strukturen. Für die jugoslawischen Hardliner reduzierte sich aber offenbar das Problem auf die Bekämpfung vereinzelter Terroristen. In maßloser Selbstüberschätzung glaubten sie, auf die Unterstützung der internationalen Gemeinschaft verzichten und ihr Haus alleine nach ihrer eigenen rigiden Hausordnung in Ordnung bringen zu können.

Auf dem Verhandlungswege gab es trotz aller Appelle keinerlei Fortschritt, an der Kriegsfront verschärften sich die Auseinandersetzungen Anfang 1998. Auf der Ministersitzung am 9. März 1998 in London beklagte die Kontaktgruppe das Fehlen jeglicher Fortschritte im Hinblick auf eine politische Lösung. Die Minister verurteilten die exzessive Gewaltanwendung der serbischen Polizei gegen die Zivilbevölkerung und die terroristischen Aktionen der UCK. Die kosovo-albanische Führung wurde aufgefordert, sich vom Terrorismus zu distanzieren. Diejenigen, die Geld, Waffen und Ausbildung für terroristische Aktivitäten bereitstellten, müssten diese Unterstützung beenden. Es wurden Sanktionen gegen Jugoslawien beschlossen und weitere angedroht, falls Belgrad nicht die Forderungen der Kontaktgruppe erfüllt.[85] An dieser Position und den Maßnahmen der Kontaktgruppe zeigte sich eine auch später feststellbare Unausgewogenheit in den Konsequenzen. Die Kontaktgruppe forderte beide Seiten zu einem friedlichen Konfliktlösungsverhalten auf, doch Sanktionen werden nur gegen die BRJ verhängt, die Unterstützung für die militanten Kosovo-Albaner, die aus Staaten der Kontaktgruppe selbst

---

84 Vgl. Marc Weller, Crisis, a.a.O., S. 234.
85 Vgl. ebenda, S. 351.

kam, wurde zwar verurteilt, aber faktisch geduldet, indem konkret dagegen nichts unternommen wurde.
Offenbar als eine Reaktion auf den politischen und wirtschaftlichen Druck aus der Kontaktgruppe lud die Belgrader Führung für den 13. März albanische Politiker zu einem Treffen in Pristina/Prishtina ein, doch diese erschienen nicht. Auch einer erneuten Einladung für den folgenden Tag kamen sie nicht nach. Die albanischen Führer betrachteten die Gesprächsangebote als „Farce" und wollten statt dieser Gespräche Verhandlungen unter internationaler Beteiligung über die Unabhängigkeit des Kosovo.[86] Diese Forderung nach internationaler Vermittlung leiteten die Albaner aus ihrer Unabhängigkeitserklärung im Jahre 1991 ab. Von diesem Zeitpunkt an hatte der Konflikt nach ihrer Auffassung einen zwischenstaatlichen Charakter und war internationalisiert. Um diese Position nicht zu stützen, lehnte Belgrad wiederum eine internationale Vermittlung ab.
Die fortschreitende Gewalt ließ nun auch den UN-Sicherheitsrat deutlicher in Erscheinung treten. Am 31. März verabschiedete er die Resolution 1160. Darin wird zunächst festgestellt, dass einige Fortschritte erzielt wurden, die jedoch nicht ausreichten. Wichtig ist, dass der Sicherheitsrat erklärt, nach Kapitel VII der Charta der UN tätig zu werden. Damit können auch Zwangsmaßnahmen ins Auge gefasst werden. Im Kern gibt der Sicherheitsrat die Forderungen der Kontaktgruppe wieder, so auch deren Eckpunkte, territoriale Unversehrtheit der BRJ und für das Kosovo einen verbesserten Status, der auch ein erheblich größeres Maß an Autonomie und sinnvoller Selbstverwaltung einschließt. Dieser Gleichklang zwischen Kontaktgruppe und Sicherheitsrat war auch nicht verwunderlich, denn vier Mitglieder der Kontaktgruppe waren gleichzeitig Ständige Mitglieder des Sicherheitsrats.
Am 23. April war die Bevölkerung Serbiens zu einem Referendum aufgerufen. Sie sollte darüber entscheiden, ob ausländische Vertreter in die Bemühungen zur Lösung des Kosovo-Problems einbezogen werden sollten. Das Ergebnis war ein 95-Prozent-Votum gegen eine Beteiligung des Auslands. Die Kosovo-Albaner hatten dieses Referendum boykottiert.
Der von der internationalen Gemeinschaft geforderte Dialog wurde auch weiterhin nur sehr zögernd aufgenommen. Am 26. April lud der serbische Vizepräsident den Albanerführer Rugova zu einem Treffen für den 28. April in Pristina/Prishtina ein. Dabei sollten die Modalitäten eines politischen Dialogs vereinbart werden.[87] Doch die Albaner erschienen nicht zu diesem Termin, weil sie die serbische Autorität über die Provinz nicht anerkannten. Unter sehr starkem amerikanischen Druck war Rugova schließlich damit einverstanden, sich mit Milosevic zu treffen[88]. Die UCK sah dies als Verrat an. Am

---

86   Vgl. Wolfgang Petritsch u.a., Kosovo, Kosova, a.a.O., S. 214.
87   Einladungsschreiben in: Marc Weller, Crisis, a.a.O., S. 352
88   Vgl. ebenda, S. 348.

15. Mai vereinbarten Milosevic und Rugova in Belgrad wöchentliche Arbeitskontakte. Es fand jedoch nur ein derartiges Treffen am 22. Mai in Pristina/Prishtina statt. Die albanische Seite verweigerte sich weiteren Treffen mit dem Argument, dass die Operationen der Sicherheitskräfte im Südwesten des Kosovo ihre Teilnahme daran unmöglich machten.

Damit war der bilaterale Dialog zum Erliegen gekommen. Welche Seite hierfür verantwortlich gemacht werden kann, ist hier nicht zu entscheiden. Die UCK bekräftigte während dieser Zeit immer wieder, dass ihr Ziel die Unabhängigkeit des Kosovo sei, und auch die gemäßigten Kosovo-Albaner hatten dieses Ziel nicht aufgegeben. Ob die Serben zu einem wirklichen politischen Dialog bereit waren, konnte nicht getestet werden, da die Kosovo-Albaner die militärischen Aktionen, die ihre Extremisten mit verursacht hatten, zum Anlass nahmen, den kaum begonnen Dialog einzustellen. Nicht ohne Einfluss auf die Dialogbereitschaft der Albaner könnte auch das Verhalten der NATO gewesen sein. Der Aufbau eines militärischen Drohpotentials, das einseitig gegen die Serben gerichtet war, mag die radikalen Albaner ermutigt haben, auf ein militärisches Eingreifen der Allianz zu setzen, wenn sich die Situation weiter verschlechterte.

Größtes Hindernis für die Aufnahme eines echten Dialogs waren wohl die albanische Forderung nach internationaler Vermittlung und die serbische Wiegerung, diese zu akzeptieren, weil die Belgrader Führung das Kosovo-Problem hartnäckig als eine innere Angelegenheit betrachtete.

2. Der so genannte Hill-Verhandlungsprozess

Nachdem sich der bilaterale Dialog als Sackgasse erwiesen hatte, verschob die Kontaktgruppe den weiteren Verhandlungsprozess auf die internationale Ebene. Sie tat dies jedoch nur mit einem halben Schritt, der auf die Position der BRJ Rücksicht nahm und das Tätigwerden von außerhalb formal auf eine schwache Vermittlungsfunktion reduzierte. Der US-Botschafter in Mazedonien, Christopher Hill, ein Vertrauter Holbrookes, wurde mit der Aufgabe eines „facilitators" betraut. Er handelte im Auftrag der Kontaktgruppe. Diese betonte, dass eine internationale Beteiligung an dem Dialog ein „wesentliches Element glaubwürdiger Verhandlungen" wäre.[89]

Zunächst schien es, dass das Kernproblem, die Statusfrage, als erstes behandelt werden sollte. Hill sollte in einer Shuttle-Diplomatie zunächst mit den Parteien ein Grundsatzpapier erarbeiten. Danach sollten auf dieser Grundlage Verhandlungen über die praktische Umsetzung der Grundsätze beginnen. Doch nachdem mit den Parteien die Grundsätze erörtert worden waren, wurde klar, dass man auf diesem Wege nicht weiterkommen würde. Deshalb änderte Hill sein Konzept. Zunächst sollten in einer dreijährigen Stabilisie-

---

89 Ebenda, S. 238.

rungsphase „normale" Bedingungen im Kosovo herbeigeführt und demokratische Institutionen - unten beginnend - auf allen Ebenen aufgebaut werden. Erst danach sollte die Statusfrage behandelt werden.

Am 3. September 1998 informierte Hill die OSZE in Wien über den Stand der Verhandlungen. Mit einer albanischen Verhandlungsgruppe sei grundsätzliches Einvernehmen über sein neues Konzept erzielt worden. Hill stellte die Bedeutung einer internationalen Präsenz während der Implementierungsphase heraus und meinte, die OSZE habe hierbei eine wichtige Rolle zu spielen. Die Verhandlungen würden als indirekte Gespräche fortgeführt, so Hill. Ein Problem sehe er in der Zersplitterung der albanischen Seite. Der politische Vertreter der UCK, Demaci, sehe in jeder vorübergehenden Vereinbarung eine Kapitulation und spreche sich dafür aus, den Kampf fortzusetzen.

Hill legte am 1. Oktober den Parteien einen ersten formellen und vollständigen Entwurf für ein Interimsabkommen vor.[90] Er klammerte die Statusfrage aus und verlangte beiden Seiten Kompromisse ab. Eine ausdrückliche Bestätigung der fortgesetzten Souveränität der BRJ oder Serbiens über das Kosovo wurde vermieden. Andererseits schien die staatliche Autorität vor allem bei den Kommunen und nicht auf der Ebene der staatlichen Institutionen des Kosovo zu liegen,[91] obwohl eine Reihe staatlicher Organe für das Kosovo vorgesehen waren. Eine wichtige abschließende Bestimmung bezog sich auf die Dauer der Vereinbarung. Nach drei Jahren sollte eine umfassende Überprüfung erfolgen. Jede Partei konnte dabei Vorschläge für zusätzliche Schritte einbringen, doch diese Vorschläge sollten nur mit Zustimmung aller Parteien wirksam werden. Ob es sich damit faktisch gar nicht um ein wirkliches Interimsabkommen handelte, weil es nur mit der Zustimmung beider Parteien beendet oder verändert werden konnte,[92] sei dahingestellt. Für die Albaner konnte bei einer derartigen Interpretation diese Bestimmung nicht akzeptabel sein, weil sie die angestrebte Unabhängigkeit unter ein serbisches Veto gestellt hätte.

Im Rahmen der Holbrooke-Milosevic-Vereinbarung vom 13. Oktober war es offenbar auch zu einer Einigung über Prinzipien einer politischen Lösung gekommen. In diesen elf Prinzipien,[93] die später noch eine große Rolle spielen sollten, wurde allerdings im Gegensatz zum ersten Hill-Entwurf ausdrücklich darauf verwiesen, dass jede Lösung für das Kosovo die territoriale Integrität und die international anerkannten Grenzen der BRJ achten müsse. Damit wurde bewusst das Statusproblem thematisiert, und zwar in voller Übereinstimmung mit allen bisherigen Positionen der internationalen Gemeinschaft.

---

90 Abgedruckt in: ebenda, S. 356.
91 Hierzu ausführlich: ebenda, S. 354.
92 Vgl. ebenda.
93 Wortlaut: ebenda, S. 279.

Außerdem wurde ein Zeitpan festgelegt.[94] Von amerikanischer Seite wird dieser politische Teil als einseitige Erklärung bzw. Verpflichtung von Milosevic bezeichnet. Doch Weller spricht einerseits von einer einseitigen Erklärung, andererseits aber auch vom „Holbrooke deal".[95] Danach sollte bis zum 2. November 1998 ein Abkommen über Kernelemente einer politischen Lösung im Kosovo fertiggestellt sein; angesichts der bisherigen Schwierigkeiten ein unrealistisch frühes Datum.

Am 15. Oktober, als die OSZE in Wien die Einrichtung der OSZE-Mission diskutierte, trat Hill im Ständigen Rat auf. Er erläuterte die Probleme des - nach seiner Einschätzung - langen und schwierigen Prozesses zur Befriedung des Kosovo. Von serbischer Seite seien bisher einige Zugeständnisse gemacht worden, wie autonome Regierung im Kosovo, lokale Polizei, begrenzte Amnestie für UCK-Kämpfer, Zulassung finnischer forensischer Experten zur Aufklärung von Verbrechen. Sorgen mache ihm vor allem die politische Zersplitterung der Albaner, die den Dialog erschwere. Für viele von ihnen sei Autonomie nichts anderes als Unabhängigkeit von der BRJ. Er versuche, durch die Vereinbarung einer Übergangszeit das Statusproblem zwar zunächst auszuklammern. Doch die Albaner wollten definitiv wissen, was nach dieser Zeit passiere.

Am 2. November gab Hill nach vielen Gesprächen in Belgrad und im Kosovo seinen zweiten Entwurf heraus, der den Status des Kosovo als eigene Entität verbesserte. Das Kosovo sollte danach einen Präsidenten erhalten - wohl ein Zugeständnis an Rugova, der mit dem „Chairman" aus dem ersten Entwurf nicht zufrieden gewesen war. Die Rolle der Gerichte wurde präzisiert, ebenso die Befugnisse der Kommunen.

Am 3. November erklärte sich die albanische Seite offiziell zu dem ersten Hill-Entwurf. Sie wies ihn als Grundlage für eine Diskussion zurück und betonte, dass sie sich erst dann an weiteren Gesprächen beteiligen wolle, wenn die BRJ die Forderungen gemäß der UN-Resolutionen erfüllt habe und dies durch eine noch zu gründende internationale Kommission bestätigt worden sei. Die Gespräche sollten außerdem in Genf geführt werden. Auch die Kosovo-Albaner stellten elf Prinzipien auf. Danach müsse ein Abkommen das unveräußerliche Recht der Selbstbestimmung anerkennen. Nach einer Interimszeit solle ein Referendum durchgeführt werden. Außerdem wurde festgestellt, das Kosovo habe bereits eine Eigenstaatlichkeit und Verfassungsorgane.[96] Auf der Grundlage dieser Position, die eigentlich ein Affront gegen Hill und die Kontaktgruppe war, konnte es zu keiner Einigung kommen. Die Kosovo-Albaner setzten sich in Gegensatz zu den Eckpunkten der internationalen Gemeinschaft, sie stellten Vorbedingungen für die Aufnahme von

---

94 Vgl. ebenda.
95 Ebenda, S. 350.
96 Vgl. ebenda, S. 369.

Gesprächen, deren Verwirklichung diese Gespräche auf die lange Bank schieben musste. Doch auch die Serben hielten sich nicht an den Termin 2. November, bis zu dem - gemäß dem Zeitplan - das Abkommen eigentlich schon abgeschlossen werden sollte. Ohne auf den ersten Entwurf Hills reagiert zu haben, reklamierte das jugoslawische Außenministerium am 10. November, es habe einen neuen Plan von Hill noch nicht erhalten.

Bewertet man die inzwischen eingetretene Lage objektiv, so zeigt sich: Den ersten Hill-Entwurf hat die albanische Seite rundweg abgelehnt, die jugoslawische Seite hat sich hierzu überhaupt nicht geäußert. Auch auf den zweiten Hill-Entwurf reagierte die jugoslawische Seite nicht direkt, sondern eher mit einem Ablenkungsmanöver, indem sie einen eigenen Entwurf[97] vorlegte und darin auf die bereits erwähnten elf Prinzipien rekurrierte. Dieser Vorschlag schob den Albanern außerdem eine für diese inakzeptable Minoritätenrolle zu und konnte daher auch kein ernsthafter Gegenvorschlag sein, der die Verhandlungen hätte voranbringen können.

Erneut in Wien, verbreitete Hill bei der OSZE am 18. November die Hoffnung, dass er noch vor Weihnachten eine Einigung zwischen Belgrad und den Kosovo-Albanern herbeiführen könne. Es sei nun gelungen, zumindest Teile der Albaner in die Verhandlungen einzubeziehen. Der Entwurf vom 1. November komme den Albanern erheblich entgegen. Er ziele auf eine Struktur innerhalb des Kosovo ab, die für die Albaner attraktiv sein müsste. Zugleich wolle er erreichen, dass sich auch die Serben im Kosovo zu Hause fühlen könnten. Als schwierigstes noch zu lösendes Problem identifizierte Hill die Polizeistruktur, denn beide Seiten wollten die Polizei kontrollieren. Nach Hills Eindruck genoß Rugova bei einem großen Teil der Bevölkerung Unterstützung. Für die Bevölkerung sei es wichtig, dass sie in ihre Dörfer habe zurückkehren können, am künftigen Status des Kosovo liege ihr weniger. Für die Teilnehmer an dieser Sitzung war die Diskrepanz zwischen dem Optimismus Hills bezüglich der frühen Erreichbarkeit eines Abkommens und den von ihm dargelegten großen Problemen auffallend. Man fragte sich, auf welche Weise in wenigen Wochen ein erfolgreicher Abschluss der Verhandlungen erreicht werden sollte.

Am 2. Dezember präsentierte der Leiter der albanischen Verhandlungsgruppe, Dr. Agani, eine Stellungnahme zum zweiten Hill-Entwurf. Er erkannte eine Verbesserung dieses Plans an. Den jugoslawischen Vorschlag vom 18. November wies er strikt zurück. Adem Demaci, der politische Repräsentant der UCK, erklärte am gleichen Tag auf einer Pressekonferenz in Pristina/Prishtina, die UCK werde ihre Waffen nicht niederlegen, bevor das Kosovo unabhängig sei. Gegen den Hill-Plan machte er zehn grundsätzliche Einwände geltend. Mit einer Interimsperiode erklärte er sich nur einverstanden, wenn das Kosovo während dieser Zeit den Status einer Republik erhielte,

---

97 Abgedruckt in: ebenda, S. 372ff.

eine Forderung, die von der Belgrader Führung keinesfalls akzeptiert werden würde.[98]

Am 2. Dezember präsentierte Hill seinen dritten Entwurf, der einige Veränderungen zugunsten der Serben brachte. Beide Seiten wiesen diesen Entwurf zurück.

Kurz vor Weihnachten, am 16. Dezember, zeichnete der österreichische Botschafter Petritsch, der Kosovo-Beauftragte der EU, bei der OSZE in Wien ein eher pessimistisches Bild vom Stand der Verhandlungen. Zentrales Problem sei die Heterogenität der kosovo-abanischen Seite, die sich bisher nicht auf eine Verhandlungsgruppe habe einigen können. Dabei gehe es nicht so sehr um Gegensätze in der Sache. Ziel aller Repräsentanten der Kosovo-Albaner sei unverrückbar und kompromisslos die Unabhängigkeit. Eine substantielle Bewegung hielt Petritsch nur für möglich, wenn von außen massiver Druck auf beide Seiten ausgeübt werde.

Der Hill-Prozeß war zum Stillstand gekommen. Während Hill und seine Mitarbeiter an einem neuen Entwurf arbeiteten, eskalierten im Kosovo die gewalttätigen Auseinandersetzungen. Die Albaner konnten sich weiterhin nicht auf eine gemeinsame Verhandlungsdelegation einigen.

Der neue Hill-Entwurf, sehr viel detaillierter als die früheren und mit Bestimmungen, die sich auf den Abzug der jugoslawischen Armee und Polizei bezogen, wurde am 27. Januar 1999 vorgelegt und ging dann unmittelbar in die Rambouillet-Verhandlungen ein.

Blickt man auf diese Phase, in der der Versuch, durch Verhandlungen eine politische Lösung zu erreichen, gemacht wurde, zurück, so fällt zunächst auf, dass es sich bei diesem Verhandlungsschema um ein zeitlich gestrecktes und örtlich erweitertes Dayton handelte. Hill reiste zwischen Belgrad und Pristina/Prishtina hin und her und versuchte, die unterschiedlichen Positionen anzunähern. Seine Grundlinie, die Antwort auf die Statusfrage in die Zukunft zu verschieben, scheiterte am Widerstand beider Parteien, die ihre jeweilige Position von Beginn an festgeschrieben haben wollten. Die Belgrader Führung beharrte auf dem von der internationalen Gemeinschaft anerkannten Prinzip der territorialen Integrität und war hier auch nicht bereit, taktische Zugeständnisse zu machen oder wenigstens verhandlungstechnisch flexibel zu agieren. Sie verspielte damit erneut durch Starrsinn und Unbeweglichkeit eine an sich vorteilhafte Position. Denn die eigene Grundsatzposition wurde von der internationalen Gemeinschaft gestützt, während die der Albaner dazu konträr war. Auch die gesamtserbische Betrachtung, nach der die Albaner in Serbien eine Minorität seien und keine Vorrechte gegenüber anderen Mino-

---

98   Die Forderung, für das Kosovo den Status einer Republik innerhalb der BRJ zu erhalten, kam immer wieder auf. Doch für die Belgrader Führung war eine solche Aufwertung des Kosovo schon deshalb nicht annehmbar, weil zu erwarten war, dass die Republik Kosovo unverzüglich aus der BRJ austreten würde. Außerdem war auch Montenegro gegen eine dritte Republik, weil damit dessen politisches Gewicht verringert worden wäre.

ritäten haben dürften, war nur geeignet, den Verhandlungsfortschritt zu blockieren. Letztlich ist der Hill-Prozess daran gescheitert, dass beide Seiten zu keinerlei substantiellen Kompromissen bereit waren und auch nicht wollten, dass die Statusfrage erst später gelöst werden sollte. Das Hill-Konzept war damit in eine Sackgasse geraten.

Unter dem Schutzschirm der jugoslawischen Intransigenz konnten die Kosovo-Albaner ihre im Gegensatz zur internationalen Gemeinschaft stehenden Grundpositionen weiterverfolgen. Sie spielten dabei sehr flexibel auf unterschiedlichen Ebenen, machten taktische Zugeständnisse, ohne ihr strategisches Ziel, die Unabhängigkeit, aufzugeben. Dabei erwies es sich als ein enormer Vorteil, dass sie keine konsolidierte Position hatten. So konnten die eher Gemäßigten taktische Zugeständnisse machen, während andere Extrempositionen bewahrten. Es war auch für die Albaner von Vorteil, dass keine geschlossene Verhandlungsdelegation zustande kam. So konnten die Hill-Verhandlungen immer wieder verzögert werden, bis eine solche Delegation formiert sein würde. Es ist verständlich, dass dies für die internationalen Verhandler unangenehm war. Doch für die Strategie der Albaner war dies ein so großer taktischer Vorteil, dass sie ihn hätten bewusst erzeugen müssen, wenn er nicht durch die tatsächliche Heterogenität und persönliche Animositäten ohnehin bestanden hätte. Als es darauf ankam - Rambouillet vor Augen -, fand das albanische Lager ja überraschend schnell eine Lösung für eine gemeinsame Delegation.

3. Die Verhandlungen von Rambouillet und Paris

Gunter Hofmann, der die geheimen Kosovo-Akten des Auswärtigen Amtes eingesehen hat, stellt fest: „... so ist es auch ein Ergebnis dieser Lektüre der Akten, daß der Öffentlichkeit nicht ein X für ein U vorgemacht worden ist. Man wusste im großen und ganzen Bescheid, ohne genasführt worden zu sein."[99] Zumach dagegen meint, „die offenen Fragen sind weiterhin von erheblicher Bedeutung und bedürfen einer restlosen, öffentlichen Aufklärung".[100]

Der Verhandlungsablauf und die Dokumente sind von Marc Weller, Rechtsberater der albanischen Delegation bei den Verhandlungen, ausführlich beschrieben und dargestellt worden.[101] Bündnis 90/Die Grünen haben eine Materialsammlung herausgebracht, vor allem um die „Rambouillet-Lüge" zu entkräften.[102] Auch Wolfgang Petritsch, österreichischer Diplomat und EU-

---

99 Gunter Hofmann, Wie Deutschland in den Krieg geriet, a.a.O., S 17.
100 Andreas Zumach, „80 Prozent unserer Vorstellungen werden durchgepeitscht", in: Thomas Schmid (Hrsg.), Krieg im Kosovo, Reinbek bei Hamburg 1999, S. 63-81, S. 64.
101 Marc Weller, Crisis, a.a.O.; ders., The Rambouillet Conference on Kosovo, in: International Affairs 2/1999, S. 211-251.
102 Bündnis 90/Die Grünen, Material zur Auseinandersetzung über das Rambouillet-Abkommen, Bonn 1999.

Beauftragter für das Kosovo, hat seine Sicht des Verhandlungsprozesses dargestellt.[103] Also genügend Informationen für die Beurteilung des Verhandlungsprozesses und die Ursachen für das Scheitern?
Auch über dieses Kapitel des Vorkriegstagebuchs liegt bisher nur ein Teil der Wahrheit der Öffentlichkeit vor. Wichtige Sachverhalte stehen nicht in den Veröffentlichungen. Das konnte der Verfasser aus wenigen offenen Quellen und persönlichen Gesprächen erkennen. Fragen ergeben sich auch aus der Verknüpfung und Gegenüberstellung öffentlich verfügbarer Informationen, manche Behauptungen entlarven sich selbst. Im Folgenden sollen nicht der technische Verhandlungsablauf und die Dokumente im einzelnen dargestellt werden. Die oben genannten Veröffentlichungen geben hierüber ein wohl insgesamt zutreffendes Bild. Vielmehr soll versucht werden, einige wenige durchgängige Probleme zu analysieren und dadurch auch etwas deutlicher Verhandlungsstrategien und -taktiken sowie die Rahmenbedingungen hierfür aufzuzeigen. Wenn nebenbei noch etwas Licht in bisher dunkle Ecken fällt, dann ist dies gewollt.

3.1 Die unmittelbare Vorgeschichte von Rambouillet

Nach dem „Massaker von Racak" wollten die Amerikaner sofort „auf der Basis des noch gültigen ‚ACTORD' (Activation Order, d. Verf.) mit den Bombardierungen der Volksrepublik [sic!] Jugoslawien beginnen. Dabei erwarteten sie die Beteiligung der anderen NATO-Staaten, auch Deutschlands. Ein politisches Ziel außer dem der Bestrafung war nicht erkennbar."[104] Man muss hier hinzufügen, dass eine objektive, unparteiische Untersuchung des Sachverhalts noch gar nicht stattgefunden hatte, sondern die Bestrafung der BRJ durch einen Krieg aufgrund eines Anfangsverdachts erfolgen sollte. Dies könnte man auch als internationale Lynchjustiz bezeichnen. Weiterhin ist in Erinnerung zu rufen, dass eine derart begründete deutsche Teilnahme an Luftangriffen völlig außerhalb des vom Bundestag gegebenen Mandats gelegen hätte. Ein so begründeter Krieg wäre ganz eindeutig ein Verstoß gegen alle Normen des Völkerrechts und des Grundgesetzes gewesen.
Nach Volmer, Staatsminister im Auswärtigen Amt, gelang es jedoch der deutschen Diplomatie, die anderen Außenminister dazu zu bewegen, statt einer schnellen Bombardierung den Verhandlungsprozess von Rambouillet zu organisieren. Deutschland habe auch den Verhandlungsprozess aus der NATO in die Kontaktgruppe verlagern wollen, um Russland einzubeziehen. Die Amerikaner, so Volmer, seien aber nur unter der Bedingung bereit gewesen, „ihren Ansatz direkter Luftschläge zugunsten des Verhandlungsansatzes

---

103 Wolfgang Petritsch u.a., Kosovo, Kosova, a.a.O.
104 Ludger Volmer, Krieg in Jugoslawien - Hintergründe einer grünen Entscheidung, in: Bündnis90/Die Grünen, Der Kosovo-Krieg, Bonn 1999, S. 59.

aufzugeben, wenn erstens das Verhandlungspaket einen festen unverhandelbaren Kern aufweisen würde und die anderen westlichen Partner zudem bekräftigten, dass ‚ACTORD' weiterhin Gültigkeit behielte und sofort angewendet werden könne, wenn der Verhandlungsprozess scheitern sollte. Dieses Zugeständnis mussten wir machen, um überhaupt den Rambouillet-Prozess in Gang zu bringen."[105] Entkleidet man diese Schilderung ihrer Rechtfertigungsformeln, so handelt es sich um nichts anderes, als eine Unterwerfung unter eine politische Nötigung. Die deutsche Politik lieferte sich den USA aus. Die USA verzichteten zunächst auf einen Bestrafungskrieg für eine Tat, für die es noch kein objektives Urteil gab. Sie erhielten dafür Blankovollmacht für einen zukünftigen Bestrafungskrieg, dessen Straftat sie selbst herbeiführen konnten. Doch völkerrechtliche Kriterien spielten für die USA beim Einsatz ihrer Streitkräfte ohnehin keine besonders große Rolle. Sie entschieden und entscheiden nach politischen Gesichtspunkten ihrer Interessenlage. Das Völkerrecht wird allenfalls bemüht, um den politisch motivierten Einsatz vor der Öffentlichkeit zu rechtfertigen. Und auf diesem Kurs fanden die USA viele Gefolgsleute.

Die Ereignisse im Vorfeld von Rambouillet sind durch ein Zusammenspiel von NATO und Kontaktgruppe geprägt. Die UN spielten nur durch den Generalsekretär eine die NATO unterstützende Rolle, hatten allenfalls einen indirekten Einfluss, jedoch kein wirkliches Gewicht. Den Diplomaten schwebte die Vorstellung eines Dayton II-Arrangements vor, für das Frankreich Schloss Rambouillet zur Verfügung stellen wollte. Die USA blickten mit einiger Skepsis auf das europäische Theater.

Sondierungen hatten ergeben, dass die Kosovo-Albaner bereit waren, an einer Konferenz in Klausur teilzunehmen, wenn die territoriale Frage nicht angesprochen und nur ein wirkliches Interimsabkommen als Verhandlungsziel angestrebt würde. Die BRJ war gewillt, auf der Grundlage der oben erwähnten elf Punkte in direkte Verhandlungen mit den Kosovo-Albanern einzutreten, hatte jedoch Bedenken gegen eine Konferenz unter Beteiligung der „UCK-Terroristen". Beide Parteien schienen jedoch im Prinzip bereit zu sein, der Vorladung nach Rambouillet zu folgen. Aus den schriftlichen Quellen ist nicht ersichtlich, dass es eines besonderen militärischen Drohpotentials oder gar einer Kriegsdrohung der NATO bedurfte, um sie an den Verhandlungstisch zu bekommen.

Die politischen Direktoren der Außenministerien der Kontaktgruppen-Länder kamen am 22. Januar 1999 in London zusammen, um die Konferenz vorzubereiten. Am 26. Januar traf die amerikanische Außenministerin ihren russischen Kollegen in Moskau. In einem ausgewogenen Statement wurde die BRJ aufgefordert, den Maßgaben des UN-Sicherheitsrats nachzukommen und das Abkommen mit der OSZE zu erfüllen. Doch auch von der UCK, de-

---

105 Ebenda, S. 60.

ren Provokationen signifikant zu den aufgekommenen Spannungen beigetragen hätten, wurde die Einhaltung von Verpflichtungen gefordert. Die Minister drängten die Parteien, intensiver an einer politischen Lösung zu arbeiten. Die Eckpunkte hierfür, substantielle Autonomie für das Kosovo und Erhaltung der territorialen Integrität der BRJ, wurden wiederholt.[106]
Albright schien jedoch mit diesem Ergebnis unzufrieden zu sein. Sie hatte wohl gehofft, Iwanow dazu bringen zu können, eine NATO-Führung bei der Implementierung eines Abkommens wenigstens stillschweigend zu tolerieren. Doch der russische Außenminister konnte dem nicht zustimmen. Aus Verärgerung wollte sie dann auch nicht persönlich am Kontaktgruppen-Treffen in London teilnehmen. Nach intensiven Gesprächen mit den Europäern gelang es der US-Diplomatie, unterstützt von den Briten, eine „Doppelstrategie" durchzusetzen, die Diplomatie und eine glaubhafte Drohung mit Gewalt kombinierte. Auch eine zweite Forderung der amerikanischen Außenministerin, die Befugnis zur Auslösung von Luftangriffen auf den NATO-Generalsekretär zu delegieren, erfüllten die NATO-Partner in der Kontaktgruppe, um Albright nach London zu bekommen. Durch ihre anfängliche Wiegerung, an diesem Treffen teilzunehmen, konnte die amerikanische Außenministerin taktisch geschickt einige noch ein wenig zögernde europäische Bündnispartner auf ihren Kurs bringen.
Am 28. Januar 1999 hatte der Generalsekretär der UN einen ungewöhnlichen Auftritt im NATO-Rat. Er verband die Bemühungen der NATO, der Kontaktgruppe und der UN und schien sogar die NATO zur Anwendung von Gewalt zu ermuntern.[107] Für den Vorsitzenden eines Gremiums, das von der NATO an den Rand gedrängt worden war, fürwahr ein bemerkenswerter Auftritt.
Am 29. Januar beschlossen die Außenminister der Kontaktgruppe über die „Vorladung" an die Parteien. Die Verhandlungen sollten auf der Grundlage von Prinzipien der Kontaktgruppe geführt werden, die als nicht verhandelbar galten. Diese Prinzipien wurden am Tag darauf spezifiziert, sie ähnelten auf frappierende Weise den bekannten elf Prinzipien vom 13. Oktober 1998! Innerhalb einer Woche sollten die Parteien mit den Verhandlungen beginnen, ihre Dauer war auf maximal 14 Tage begrenzt. Der Präsident des UN-Sicherheitsrats stellte sich mit einer Erklärung hinter die Forderungen der Kontaktgruppe.
Obwohl keine rechte Notwendigkeit zu erkennen war, erhöhte der NATO-Rat den militärischen Druck auf die Parteien weiter, indem er zwar verklausuliert, aber deutlich eine Kriegsdrohung aussprach. Der NATO-Generalsekretär übermittelte eine letzte Warnung an die Belgrader Führung und an Rugova und forderte sie auf, den Forderungen der internationalen Gemein-

---

106 Vgl. Marc Weller, Crisis, a.a.O., S. 414.
107 Vgl. ebenda, S. 398.

schaft nachzukommen.[108] Der jugoslawische Außenminister protestierte beim Präsidenten des UN-Sicherheitsrats und verlangte vergeblich eine Dringlichkeitssitzung. Doch am 6. Februar erschienen schließlich beide Parteien in Paris.
Was hatten die beiden Konfliktparteien nun erreicht? Die Kosovo-Albaner waren endlich dort, wohin sie politisch schon immer strebten. Der Kosovo-Konflikt war nun auch wirklich internationalisiert. Ein wichtiges Zwischenziel auf dem Wege zur Unabhängigkeit war erreicht. Die UCK saß mit am Verhandlungstisch, sie stellte nicht nur ein Drittel der Delegationsmitglieder, sondern auch - für viele westliche Diplomaten überraschend - den Delegationsleiter. Innerhalb eines Jahres hatte die UCK einen anerkannten offiziellen Status erreicht. Man sprach nicht mehr von albanischen Terroristen oder von der so genannten UCK sondern von der Befreiungsarmee. Die Kosovo-Albaner konnten schon damit hochzufrieden sein.
Die Belgrader Führung musste erneut eine für sie wichtige Position aufgeben. Der Kosovo-Konflikt war nun definitiv keine innere Angelegenheit Serbiens mehr, sondern er war auf der internationalen Bühne. Belgrad hat, wie schon so oft zuvor, eine überwiegend defensive Politik betrieben, sich auf eine formale Rechtsposition gestützt und Zugeständnisse viel zu spät und unter Zwang gemacht. Unter diesen Bedingungen waren dann auch keine Zugeständnisse mehr zu erwarten. Bei den anstehenden Verhandlungen war Belgrad ziemlich auf sich allein gestellt. Russland war allenfalls ein schwacher Verbündeter.

3.2 Der organisatorische Rahmen der Verhandlungen

Die Konferenz wurde am 6. Februar 1999 in Rambouillet mit einer Ansprache des französischen Präsidenten Chirac eröffnet. Die Arbeitssitzungen begannen einen Tag später. Die Dauer der Konferenz in Rambouillet, die zunächst auf eine Woche angesetzt war, wurde zweimal verlängert und endete am 23. Februar 1999. Am 15. März wurden die Verhandlungen in Paris, im Centre Kléber, wieder aufgenommen. Am 19. März wurden sie suspendiert. Als Ko-Vorsitzende der Verhandlungen fungierten der französische Außenminister Védrine als Gastgeber und der britische Außenminister Cook für die Kontaktgruppe. Verhandler waren der Amerikaner Hill, der Österreicher Petritsch und der Russe Majorskij. Die Delegation der Kosovo-Albaner umfasste 16 Teilnehmer, ein Drittel waren Mitglieder der UCK, ein weiteres Drittel ihr nahestehende Personen, Verhandlungsführer wurde das UCK-Mitglied Thaci (formal war er der Leiter der aus den Vertretern von drei Gruppierungen gebildeten Führungsgruppe). Die serbische Verhandlungsgruppe bestand aus 13 Mitgliedern, deren Zusammensetzung im Laufe der Konfe-

---

108 Vgl. ebenda, S. 418.

renz wechselte. Verhandlungsführer war der stellvertretende serbische Ministerpräsident Markovic. Zwar gehörten auch Experten des jugoslawischen Außenministeriums dieser Delegation an, doch sollte sie unter serbischer Führung stehen, um zu betonen, dass es sich nach jugoslawischer Auffassung um ein innerserbisches Problem handelte.[109] Die Verhandlungen in Rambouillet waren als Klausur konzipiert. Die französischen Organisatoren taten alles, um Kontakte mit der Außenwelt, insbesondere mit den Medien, zu verhindern. Doch die Parteien unterliefen dies mit ihren Mobiltelefonen. Deshalb sah man von diesen vergeblichen Versuchen einer Kontaktsperre in Paris dann ab.

3.3 Die Frage der Implementierung eines Abkommens

Die Kontaktgruppe hatte Prinzipien aufgestellt, die den Parteien vor dem Beginn der Verhandlungen übermittelt wurden und als nicht verhandelbar galten. Das heißt, mit der Teilnahme an den Verhandlungen galten diese Prinzipien als von den Parteien anerkannt. Unter dem Punkt „Implementierung" heißt es u.a.: „Teilnahme der OSZE und anderer internationaler Gremien, soweit notwendig".[110] Diese Formulierung war eine bewusste Täuschung Russlands und der BRJ. Beide mussten durch die ausdrückliche Benennung der OSZE und die eher beiläufige Erwähnung anderer Gremien den Eindruck haben, dass die Implementierung weiterhin zumindest unter der Verantwortung der OSZE überwacht würde. Tatsächlich waren wesentliche Teile des Implementierungsteils, der eine NATO-Truppe vorsah, bereits vor dem Beginn der Verhandlungen formuliert. Auch die albanische Seite war über die Grundzüge informiert. Deshalb hatte sie auch darauf verzichtet, diese für sie essentielle Forderung in ihrer Stellungnahme zur Einladung noch einmal hervorzuheben.[111]

Selbst der zu den drei Verhandlern gehörende russische Diplomat Majorskij hatte keinen Entwurf des Implementierungspapiers in den Händen. Er beklagte sich nach der offiziellen Eröffnung der Verhandlungen noch am 6. Februar 1999 beim französischen Außenminister Védrine, er habe zwar von einem solchen Papier gehört, sei jedoch über den Inhalt nicht informiert. Es ist fraglich, ob ein russischer Diplomat in Rambouillet erschienen wäre, wenn Russland über die Absichten des Westens voll informiert gewesen wäre. Doch für die NATO-Mitglieder der Kontaktgruppe war es wichtig, dass Russland überhaupt in Rambouillet erschien.

Die Täuschung wird zumindest noch einige Zeit fortgesetzt. Im Abkommensentwurf vom 6. Februar steht noch nichts von einer NATO-Verantwortung

---

109 Ausführlich zu den Verhandlungsdelegationen: Wolfgang Petritsch u.a., Kosovo, Kosova, a.a.O., S. 279f.
110 Marc Weller, Crisis, a.a.O., S. 417.
111 Vgl. ebenda.

für die Implementierung.[112] Allerdings wird die Zuständigkeit der OSZE auf die zivile Implementierung begrenzt. Im Entwurf vom 18. Februar wird überhaupt keine Organisation unter "Implementierung" genannt.[113] Im Entwurf vom 23. Februar erscheint dann erstmals ein Kapitel 7. Darin werden im Detail die militärischen Regelungen und Begrenzungen aufgeführt, die gelten sollten. Im Annex A werden Waffenlagerstätten definiert, im Annex B wird der Status der NATO-Truppen festgelegt.[114] Noch am 16. Februar hatte der Sprecher der Kontaktgruppe bei einer Presseunterrichtung auf die Frage eines Journalisten nach einer NATO-Präsenz im Kosovo geantwortet: „I don't have any particular information on anything about NATO."[115] Am 19. Februar wurde dann das Kapitel 7 über die militärische Implementierung vorgelegt, also zwei Tage vor dem geplanten Ende der Konferenz.

Von deutschen Politikern wurde wiederholt behauptet, die Verhandlungen könnten gar nicht an der militärischen Implementierung gescheitert sein, weil darüber überhaupt nicht verhandelt worden sei. Dies ist nur die halbe Wahrheit. Richtig ist, dass die Serben eine ausländische militärische Implementierungstruppe rundweg ablehnten. Deshalb haben sie es auch abgelehnt, über Durchführungsdetails einer militärischen Implementierung zu verhandeln. Richtig ist auch, dass die USA es zunächst überhaupt abgelehnt haben, über die militärische Implementierung zu sprechen. Das Implementierungspapier sollte so, wie es war, von den Parteien akzeptiert werden. In Paris waren dann die Stellungnahmen zu den entsprechenden Vertragsbestimmungen auf technische Details begrenzt. Richtig ist auch, dass Russland mit dem Kapitel 7 - militärische Implementierung - nicht einverstanden war und auch Kapitel 2 über die Polizei nicht akzeptierte, weil es Hinweise auf Kapitel 7 enthielt. Der russische Verhandler Majorskij durfte sich daher auch auf ausdrückliche Weisung seines Außenministers nicht an den diesbezüglichen Verhandlungen beteiligen. Dies war den übrigen Verhandlern auch recht; die Hauptsache war, Majorskij blieb in Rambouillet, und ein Eklat wurde vermieden.

In sich widersprüchlich war auch die von den USA als *conditio sine qua non* eingeführte Bedingung, dass das Abkommen und die Implementierungsdokumente als ein unauflösbares Paket gelten und zur gleichen Zeit verabschiedet werden müssten. Im Widerspruch dazu wurde dieses Paket von Anfang an aufgeschnürt, da ja zuerst nur über einen Teilentwurf verhandelt wurde, der die Implementierungsteile nicht enthielt. Diese wurden erst kurz vor Schluss der Verhandlungen auf den Tisch gelegt - ein sehr durchsichtiger Versuch einer Überrumpelungstaktik.

Von jugoslawischer Seite wurde durchgängig argumentiert, man müsse zunächst über das verhandeln, was implementiert werden solle und dann über

---

112 Vgl. ebenda, S. 422.
113 Vgl. ebenda, S. 434.
114 Vgl. ebenda, S. 453.
115 Ebenda, S. 432.

die Implementierung. Diese auf Zeitgewinn angelegte Taktik, die logisch begründet war und auch der Eröffnungstaktik der Verhandler entsprach, war zunächst nicht ganz erfolglos. Die Serben verschleppten die Verhandlungen über den politischen Teil und verschoben damit auch die Gespräche über die Implementierung ans Ende der Konferenz. Als auch einige Vertreter der Kontaktgruppe im Aufschnüren des Pakets einige Meriten sahen, drohte die amerikanische Außenministerin damit, dass sich die USA dann aus der Implementierung zurückziehen würden. Unter keinen Umständen seien die USA bereit, die politischen und die Implementierungskapitel zu verschiedenen Zeiten zu verabschieden. Mit dieser Drohung setzten sich die USA auch durch.

Erst zwei Tage vor dem geplanten Abschluss der Konferenz wurde der Plan einer Implementierungstruppe auf den Verhandlungstisch gelegt. Doch beide Konfliktparteien wussten schon vorher, dass die militärische Implementierung von der NATO übernommen werden sollte. Die albanische Seite war darüber schon vor Konferenzbeginn informiert worden, die jugoslawische Seite erfuhr davon spätestens beim Gespräch des deutschen Außenministers mit der serbischen Verhandlungsdelegation am 14. Februar. Fischer machte dabei klar, dass eine NATO-Truppe unerlässlich sei. Auch bei den Gesprächen des Verhandlers Hill am 17. Februar in Belgrad wurde Milosevic diese Forderung präsentiert und betont, dass es ohne eine NATO-Implementierungstruppe kein Abkommen geben werde. Doch nicht minder klar und entschieden war die jugoslawische Antwort: Eine militärische Implementierungstruppe komme nicht in Frage, schon gar nicht eine NATO-Truppe.

Sicherlich sind die Verhandlungen nicht allein an der Bedingung einer NATO-Implementierungstruppe gescheitert. Aber es ist völlig unstrittig, dass Belgrad zu keiner Zeit bereit war, eine solche NATO-Truppe zu akzeptieren, geschweige denn einzuladen. Die Argumentation Fischers und seines Hauses, in Rambouillet sei über eine solche Truppe nicht verhandelt worden, „folglich ist es unsinnig, zu behaupten, an diesem Vorschlag seien die Verhandlungen gescheitert",[116] widerspricht den Tatsachen und der Logik. Es war ja von vornherein allen klar, dass die Belgrader Führung eine NATO-Implementierungstruppe nicht hinnehmen würde. Sonst hätte man sich doch das ganze diplomatische Manöver mit den Implementierungsteilen sparen können. Bei den Verhandlungen wollten die Serben, da sie ja eine Implementierungstruppe ablehnten, konsequenterweise auch nicht über die technische Durchführung einer Stationierung sprechen. Im übrigen waren die Passagen zur militärischen Implementierung keine „Vorschläge", die sozusagen zur Verhandlung freigegeben waren, sondern eine Vorgabe, die allenfalls im technischen Detail noch verhandelbar war.

---

116 Die Zeit 16/1999, S. 3.

Eine eigenartige Variante der Rechtfertigung präsentierten die Grünen-Abgeordneten Beer, Lippelt und Sterzing, als sie feststellten: „Es ging nie um eine Stationierung von Truppen auf dem Gebiet der Bundesrepublik Jugoslawien, sondern nur um den Transit durch Teile dieses Gebiets in den Kosovo."[117] Natürlich ging es um die Stationierung von NATO-Truppen auf dem Gebiet der BRJ, denn das Kosovo war ja ein Teil dieses Gebietes. Es ging auch nicht um einen Transit durch die BRJ in ein anderes Land: das Kosovo. Deshalb ist hier auch der Verweis auf das Dayton-Abkommen fehl am Platze. Dieses Beispiel zeigt entweder die Ignoranz oder die Manipulationsbereitschaft mancher Politiker.

Eine objektive Betrachtung kann gar nicht leugnen, dass die unabdingbare Forderung nach einer NATO-Implementierungstruppe ganz entscheidend zum Scheitern der Verhandlungen beigetragen hat. Alle gegenteiligen Behauptungen gehen an der Realität vorbei und machen der Öffentlichkeit ein X für ein U vor.

3.4 Handlungsoptionen der Parteien und die Folgen

Nach dem Verhandlungskonzept der Kontaktgruppe gab es eigentlich nur wenig zu verhandeln. Die wesentlichen Inhalte der angestrebten Friedensvereinbarung waren von den Konfliktparteien zu akzeptieren. Verhandelbar war „nur" die Ausgestaltung der Prinzipien. Doch auch hier waren, wie die bisherige Verhandlungsgeschichte ja zeigte, heftige Auseinandersetzungen zu erwarten. Letztendlich waren aber die Konfliktparteien mit wenigen Entscheidungsmöglichkeiten konfrontiert. Es ging darum, ob ein am 23. Februar 1999 von den „Verhandlern" auf den Tisch gelegter Entwurf für ein Interimsabkommen unterschrieben werden sollte oder nicht.

Im Folgenden ist systematisch zusammengestellt, welche Konsequenzen bei den vier möglichen Konstellationen vorauszusehen waren, die sich ergaben, wenn eine Partei unterschrieb oder nicht unterschrieb.

Unterschrift durch:

	BRJ	Kosovo-Albaner	
1	ja	ja	NATO-Protektorat im Kosovo
2	ja	nein	NATO-Protektorat im Kosovo
3	nein	ja	NATO-Luftkrieg gegen BRJ
4	nein	nein	NATO-Luftkrieg gegen BRJ ???

---

117 Bündnis 90/Die Grünen, Der Kosovo-Krieg, a.a.O. S. 87.

(1) NATO-Protektorat Kosovo
Faktisch wird das Kosovo mit Zustimmung beider Parteien für einige Jahre zu einem NATO-Protektorat. Es gibt noch einen Rest staatlicher serbischer Autorität im Kosovo sowie eine Restgröße der jugoslawischen Armee von weniger als 3.000 Soldaten zur Grenzsicherung. Das Kosovo hat unter dem Schutz der NATO weitgehende Autonomie und Unabhängigkeit.

(2) NATO-Protektorat Kosovo
Bei alleiniger Zustimmung der BRJ kann die NATO ohne weiteres Truppen im Kosovo stationieren und hätte dies wohl auch getan. Doch die Kosovo-Albaner würden als Verweigerer vor der Weltöffentlichkeit in ein schlechtes Licht geraten. Eine militärische Bestrafungsaktion durch die NATO ist zwar auszuschließen, allerdings würde die UCK an die NATO-Truppen geraten, wenn sie ihre Angriffe fortsetzte.

(3) NATO-Luftkrieg gegen die BRJ
Hier sind eindeutig für die NATO die Voraussetzungen für die Auslösung eines Luftkriegs gegen die BRJ erfüllt. Die NATO greift in den Bürgerkrieg gleichsam als die Luftwaffe der UCK ein.

(4) NATO-Luftangriffe gegen die BRJ ???
Nach Ankündigungen der amerikanischen Außenministerin würde es auch in diesem Fall zu NATO-Luftangriffen gegen die BRJ kommen. Doch würden sich hieran evtl. nicht alle NATO-Partner beteiligen. Es könnte eine schwierige politische Situation für das Bündnis entstehen.

Welche Handlungskonsequenzen ergeben sich aus dieser Situation für die Hauptakteure?

Für die BRJ ist keine der Möglichkeiten mit den bisher vertretenen Positionen vereinbar. Einem NATO-Protektorat zuzustimmen, würde eine kampflose Kapitulation bedeuten. Nach den bisherigen jugoslawischen Äußerungen wäre ein Krieg für die BRJ noch eher hinzunehmen als eine kampflose Unterwerfung. Ihr bleibt eigentlich nur die Möglichkeit, die Entscheidung zu verzögern und im Verlaufe der Verhandlungen bessere Ausgangsbedingungen zu schaffen.

Die Verhandlungstaktik der Serben zeigte auch tatsächlich, dass sie auf Zeitgewinn aus waren. Zweimal versuchte die Belgrader Führung eine Veränderung der Bedingungen zu erreichen. Zunächst schlug die serbische Seite während der Verhandlungen vor, die Implementierung einer auf 5.000 bis 6.000 Mitglieder verstärkten OSZE-Mission zu übertragen. Den Verifikateuren könnte auch gestattet werden, leichte Waffen zu tragen. Einen zweiten Vorschlag machte Milosevic in einem Gespräch mit Hill am 17. Februar. Er sprach sich dafür aus, für die Implementierung einen gemeinsamen Stab aus NATO und der jugoslawischen Armee zu bilden. Beide Vorschläge wurden rundweg abgelehnt. Letztendlich mussten die Serben zwischen Krieg und freiwilliger Kapitulation entscheiden. Nach ihren bisherigen Einlassungen konnte es nicht überraschen, dass sie sich für Krieg entschieden.

Doch nicht nur verhandlungsstrategisch waren die Serben in einer ungünstigen Lage, sondern auch verhandlungstaktisch. Auf albanischer Seite arbeiteten englische und amerikanische Berater, die die Verhandlungsdokumente gut kannten. So schrieben diese Berater im Namen der Albaner Briefe an ihre Kollegen in der Kontaktgruppe und bei den Verhandlern. Die Albaner erhielten Dokumente auch früher als die Serben. NATO-Vertreter erläuterten ihnen die Teile des Abkommens, die sich mit der militärischen Implementierung befassten.

Die Kosovo-Albaner waren in einer komfortablen Situation. Im Grunde waren alle Möglichkeiten für sie akzeptabel. Die günstigste war die Option 3. In diesem Fall würde der Bürgerkrieg durch den Einsatz der NATO-Luftwaffe rasch zugunsten der Albaner entschieden. Das Kosovo wäre dann faktisch unabhängig und von allen Formen jugoslawischer und serbischer staatlicher Autorität befreit. Deshalb war es auch nicht verwunderlich, dass die Kosovo-Albaner konsequent auf diese Option hinarbeiteten.

Für die NATO war die Option 1 die günstigste. Die Allianz hätte beweisen können, dass sie schon durch die Androhung des Einsatzes militärischer Mittel ihre politischen Ziele erreichen kann. Zum 50-jährigen Jubiläum in Washington wäre das Bündnis in ungetrübtem Glanz erstrahlt. Option 2 hätte man ebenfalls hinnehmen können, im Vertrauen darauf, mit den Kosovo-Albanern schon fertig zu werden. Doch auch Option 3 war noch akzeptabel. Die BRJ hätte als allein Schuldiger für das Scheitern der Verhandlungen verantwortlich gemacht werden können. Angesichts der militärischen Kräfteverhältnisse konnte gar kein Zweifel daran bestehen, dass die Allianz den Krieg gewinnen würde. Bei Option 4 wäre es wohl auch zu einem Luftkrieg gegen Serbien gekommen. Eine von den Serben zu verantwortende humanitäre Katastrophe hätte dann als Kriegsgrund dienen können. Doch die Entscheidungsprozesse im Bündnis wären schwieriger geworden. Konflikte zwischen den Bündnispartnern hätten offen ausbrechen können. Aus diesem Grunde kam es für die NATO darauf an, diese für sie ungünstigste Option auf jeden Fall zu vermeiden.

4. Letzte Versuche, eine friedliche Lösung zu erreichen

Westliche Politiker, insbesondere auch die Bundesregierung, werden nicht müde zu erklären, sie hätten alles getan, um einen Krieg zu verhindern. Man habe „nichts, aber auch gar nichts unversucht gelassen, eine friedliche Lösung des Kosovo-Konfliktes zu erzielen".[118]

---

118   Bundeskanzler Schröder am 26. März 1999 im Deutschen Bundestag, Protokoll S. 2571.

In Rambouillet wurde zweifellos intensiv verhandelt. Auch die Außenminister haben sich in die Verhandlungen eingeschaltet und in Gesprächen mit den Konfliktparteien versucht, eine Annäherung der Positionen zu erreichen. So hatte auch der deutsche Außenminister am 14. Februar, unmittelbar nach der Kontaktgruppen-Sitzung in Paris, Gespräche mit der albanischen und der serbischen Verhandlungsdelegation geführt. Die Albaner betonten dabei ihre bisherigen Positionen: NATO-Implementierungstruppe, Unabhängigkeit des Kosovo nach einer Übergangszeit. Fischer machte deutlich, dass es für die Forderung nach Unabhängigkeit keine Unterstützung gebe. Im Gespräch mit den Serben warnte Fischer vor einer Fortsetzung der bisherigen jugoslawischen Politik, die zwar taktisch schlau, doch strategisch kontraproduktiv sei und dazu führen werde, dass man das Kosovo ganz verlieren werde und die Serben die Provinz verlassen müssten. Das vorgesehene Interimsabkommen würde die territoriale Integrität erhalten. Die Implementierung des Abkommens müsse durch eine NATO-geführte Truppe durchgesetzt werden, die auch die Sicherheit des serbischen Bevölkerungsanteils garantiere. Die serbische Seite machte klar, dass sie dem vorliegenden Abkommensentwurf nicht zustimmen könne. Insbesondere werde eine militärische Implementierungstruppe abgelehnt. Man könne sich jedoch eine beträchtliche Verstärkung der OSZE-Mission vorstellen, gegebenenfalls auch mit einer leichten Bewaffnung der Verifikateure. Insgesamt zeigten diese Gespräche, dass beide Parteien auf ihren Standpunkten beharrten und sich in der ersten Woche der Verhandlungen keine Annäherung ergeben hatte.
Einen Tag vor Ende der Verhandlungen appellierte der deutsche Außenminister als EU-Ratspräsident in einem Schreiben an den jugoslawischen Präsidenten, sich der Tagweite der anstehenden Entscheidung bewusst zu sein. Er habe die Wahl zwischen Frieden oder innerem Chaos und internationaler Isolation. Fischer beschwor Milosevic, die letzte Gelegenheit zu nutzen und die vorgeschlagene Friedensvereinbarung innerhalb der vorgegebenen Zeit zu akzeptieren. Für ein Scheitern des Friedensprozesses werde Jugoslawien einen hohen Preis zu zahlen haben. Milosevic wurde eine Revision der Sanktionen in Aussicht gestellt und als erster Schritt die Zulassung der staatlichen jugoslawischen Fluggesellschaft zum internationalen Flugverkehr zugesagt. Innerhalb einer längerfristigen Perspektive einer Wiedereingliederung in die internationale Kooperation und in internationale Organisationen wurde die Möglichkeit aufgezeigt, den jugoslawischen Status allmählich zu verbessern. Dies könne mit einer vorläufigen Zulassung als Beobachter bei der OSZE beginnen.[119] Von jugoslawischer Seite aus gesehen, konnten diese diplomatisch verklausulierten Anreize eher als Affront erscheinen. Dies wird insbesondere deutlich an dem Vorschlag, einen vorläufigen Beobachterstatus in der OSZE einzunehmen.

---

119 Vgl. Wolfgang Petritsch u.a., Kosovo, Kosova, a.a.O., S. 306.

Das am 23. Februar in Rambouillet erreichte Ergebnis fand eine unterschiedliche Interpretation und Bewertung. In den USA wurde es überwiegend negativ beurteilt. Die Regierung geriet unter Druck. Viele betrachteten Rambouillet als Misserfolg der amerikanischen Diplomatie, und man machte Albright dafür verantwortlich. In Russland schien man zufrieden, dass das „Konzept Albright", die Politik der Stärke und der militärischen Drohungen, offenbar gescheitert war. Weller, selbst Teilnehmer an der Konferenz, stellt fest, in mancher Hinsicht sei die Konferenz mehr ein Trümmerfeld als ein großer Plan gewesen, der darauf abzielte, die Parteien zur Vernunft zu bringen. Sie sei ein heroischer Fehlschlag gewesen, in einer bestimmten Phase schien sie jedoch einem Erfolg nahe zu kommen.[120]

Anders dagegen stellten sich die Verhandlungen für die unmittelbar Verantwortlichen dar, den französischen und den britischen Außenminister. Sie zeichneten ein sehr positives Bild des Verhandlungsergebnisses und der wieiteren Verhandlungsaussichten.[121] Petritsch meint sogar, 95 Prozent des politischen Teils des Abkommens seien *de facto* ausgehandelt gewesen und die restlichen fünf Prozent erschöpfend behandelt worden.[122] Wie Petritsch zu dieser Bilanz kommt, ist überhaupt nicht nachzuvollziehen. Nach den Quellen stand außer Zweifel, dass die serbische Delegation noch schwerwiegende Einwände gegen den politischen Teil hatte, die sie ja auch in ihrer ersten Stellungnahme zum Abschluss der Konferenz deutlich gemacht hatte. Was die serbischen Stellungnahmen am 23. Februar zum Abschluss der Konferenz betrifft, so wurde damit ein schon beinahe absurdes Spiel getrieben. In einem ersten Brief von 13 Uhr stellte die serbische Delegation zwar große Fortschritte bei den Verhandlungen fest, führte aber dann mehrere wesentliche Bereiche auf, in denen noch keine Einigung erzielt werden konnte. Dieser erste Brief, so gab man den Serben zu verstehen, würde als Ablehnung des Vertrages gewertet werden. Darauf kamen um 14.30 Uhr ein zweiter, allgemeiner gehaltener Brief und um 16.00 Uhr ein dritter Brief der Serben, der noch etwas konzilianter war.[123] Es konnte jedoch kein Zweifel bestehen, dass es auch für den politischen Teil des Abkommens noch erhebliche Divergenzen gab. Der noch kritischere Teil der militärischen Implementierung war überhaupt noch nicht verhandelt worden. Die serbische Seite hatte sich lediglich bereit erklärt, in Paris Ausmaß und Art („scope and character") einer internationalen Präsenz zu diskutieren.

Die überzogen positive Darstellung des Konferenzergebnisses muss man auch ganz klar in ihrer Funktion als ein Mittel der Schuldzuweisung für das absehbare Scheitern sehen. So konnte der serbischen Seite dann leicht ein

---

120 Vgl. Marc Weller, Crisis, a.a.O., S. 392.
121 Vgl. ebenda, S. 471.
122 Vgl. Wolfgang Petritsch u.a., Kosovo, Kosova, a.a.O., S. 318.
123 Vgl. ebenda, S. 310ff.

Zurückweichen hinter den angeblich bereits gefundenen Konsens vorgeworfen werden.
Am 5. März veröffentlichte Belgrad eine Erklärung des serbischen Präsidenten Milutinovic, die hart und aggressiv Position bezieht. Ein großes, durch die USA veranstaltetes Täuschungstheater stehe bevor. Es werde eine Unterschrift unter ein Abkommen verlangt, dessen Hauptteile noch nicht einmal diskutiert worden seien. Den USA, einigen Kontaktgruppen-Ländern und Hill werden Täuschungen, Fälschungen und Manipulationen vorgeworfen. Der Druck, mit dem auf die Stationierung von Truppen hingearbeitet würde, enthülle die wahren Ziele, nämlich einen strategisch wichtigen Teil Europas unter dem Vorwand zu besetzen, Frieden zu bringen.[124] Inhalt und Sprache dieser Erklärung machten deutlich, dass mit der jugoslawischen Führung eine Vereinbarung aufgrund des vorliegenden Abkommensentwurfs nicht zu erreichen war.
Die Anstrengungen der USA richteten sich zwischen Rambouillet und Paris vor allem auf die Albaner. Im Auftrag von Albright reiste Senator a.D. Dole nach Pristina/Prishtina (von der Belgrader Führung war er nicht empfangen worden), um die UCK-Vertreter persönlich nach Washington einzuladen. Während man die albanische Seite mit dem „Zuckerbrot" lockte, hatte man für die jugoslawischen Gesprächspartner allenfalls hartes, trockenes Brot. Die Europäer waren bereit, bei der Aufhebung der Sanktionen noch relativ weit zu gehen. Doch die USA wollten dies lediglich für den Teil der Sanktionen zusagen, die unmittelbar im Zusammenhang mit der Krise im Kosovo verhängt worden waren.
Die deutsche Diplomatie war ebenfalls aktiv, auch in ihrer Eigenschaft als EU-Präsidentschaft. Am 8. März traf der deutsche Außenminister in Belgrad mit der dortigen Führung zusammen. Er wiederholte dabei seine bisherigen Positionen. Von jugoslawischer Seite wurden weitgehende Änderungswünsche für den politischen Teil des Abkommens angemeldet, eine internationale Friedenstruppe wurde entschieden abgelehnt. Beide Seiten wichen von ihren Positionen nicht ab, es kam zu keinerlei Annäherung der Standpunkte.
Am gleichen Tag noch führte Fischer Gespräche mit der Führung der Kosovo-Albaner in Pristina/Prishtina. Diese erklärten ihre Bereitschaft, das Abkommen zu unterzeichnen und stellten dies auch für die UCK in Aussicht. Sie betonten jedoch auch, sie könnten dem Abkommen nur zustimmen, weil die Herrschaft der Serben über das Kosovo nur von begrenzter Dauer sei und eine NATO-Truppe im Kosovo stationiert werde. Am 9. März warb der deutsche Außenminister in Tirana bei der albanischen Staatsführung für die Unterzeichnung des Abkommens noch vor der Wiederaufnahme der Gespräche in Paris. Wie schon in Pristina/Prishtina am Vortage bezeichnete er es als historischen Fehler, dass die Kosovo-Albaner nicht schon in Rambouillet un-

---

124 Vgl. ebenda, S. 323f.

terzeichnet hätten, weil damit das bereits aufgebaute Drohpotential nicht genutzt werden konnte und der Druck gegenüber Belgrad verringert worden sei. Fischer zerstreute die Bedenken seiner albanischen Gesprächspartner in Bezug auf die Implementierung. Man werde sich von einer NATO-geführten Truppe auf keinen Fall abbringen lassen.
Die weitere vergebliche Reisediplomatie ist bei Petritsch ausführlich dargestellt.[125] Auch die Verhandlungen in Paris konnten zu keinem Ergebnis kommen, da keine der Parteien zu einem wirklich großen Schritt auf einen Kompromiss hin bereit war. Die Albaner hatten einen solchen Schritt nicht nötig, da sie ohnehin in einer günstigen Position waren. Für die Serben bedeutete ein solcher Schritt offenbar die Unterwerfung unter ein Diktat, zu der sie nicht bereit waren.
So wird auch Holbrooke, als er am 23. März 1999 zu seinem vorerst letzten Treffen mit Milosevic nach Belgrad flog, wohl nicht mit einem Einlenken des jugoslawischen Präsidenten gerechnet haben. Dieser Besuch hatte auch vielmehr andere Zwecke zu erfüllen. Für Clinton und die amerikanische Regierung kam es darauf an, den noch eher negativ eingestellten Kongress umzustimmen. Denn noch waren viele amerikanische Abgeordnete und Senatoren gegen ein militärisches Eingreifen der NATO. Mit dem Holbrooke-Besuch konnte gezeigt werden, dass man auch wirklich alles getan hatte, um einen Krieg zu vermeiden. Tatsächlich schwenkte darauf auch die Stimmung in den USA um. Auch für die Verbündeten der USA und deren Rechtfertigung der Politik in der Öffentlichkeit war die erfolglose Holbrooke-Mission ein Beweis für die Unnachgiebigkeit und die Böswilligkeit des jugoslawischen Präsidenten Milosevic.

5. Gewinner und Verlierer

Die Frage nach Gewinnern und Verlierern kann hier nur so beantwortet werden, dass man aufzeigt, wer in welchem Maße seine Ziele durchsetzen konnte.
Der große Gewinner waren die Kosovo-Albaner, insbesondere die UCK, die zur bestimmenden Kraft im Kosovo, auch am Verhandlungstisch, herangewachsen war. Sie hat das Maximum dessen, was möglich war, erreicht: eine Entscheidung im Bürgerkrieg durch den Gewinn eines mächtigen Bündnispartners, der durch seine Kriegsteilnahme die militärischen Kräfteverhältnisse radikal verändert hat. Es ist frappierend, mit welcher Geradlinigkeit und Konsequenz dieses Ziel verfolgt wurde. Die späte Vertragsunterschrift in Paris war eine taktische Meisterleistung. Durch eine frühzeitige Unterschrift in Rambouillet hätte man der Kontaktgruppe ja ein diplomatisches Druckmittel gegenüber der BRJ gegeben, den Vertrag ebenfalls zu unterschreiben. Doch

---

125 Vgl. ebenda, S. 318ff.

gerade dies konnten die albanischen „Strategen" nicht wollen. Die zahlreichen Versuche der Amerikaner und der Kontaktgruppe, den albanischen Verhandlungsführer Thaci zu einer frühzeitigen Unterschrift zu bewegen, entbehren nicht einer gewissen Komik. Der Hinweis des deutschen Außenministers, die albanische Seite solle endlich unterschreiben, damit Belgrad unter Druck gesetzt werden könne, das Gleiche zu tun, konnte die Albaner nur in ihrem Widerstand bestärken. Westliche Politiker waren offenbar unfähig, das strategische Ziel der UCK zu begreifen. In den Augen eines Fischer-Beraters waren die Albaner „ein wilder Haufen und der Sache nicht gewachsen".[126] Doch dieser „wilde Haufen" hatte ein klares Ziel vor Augen, verfolgte es mit einer konsequenten Taktik und instrumentalisierte jene, die mit Vorurteilen und Ignoranz auf „einen wilden Haufen" und „den Balkan" blickten.

Die BRJ war objektiv gesehen der eigentliche Verlierer. Natürlich waren schon die Startvoraussetzungen für einen Erfolg sehr schlecht. Nicht ohne Grund äußerte der französische Staatspräsident Chirac bei einem informellen Treffen vor seiner Eröffnungsrede in Rambouillet am 6. Februar 1999 seine Besorgnis, dass die Kontaktgruppe die Serben zu sehr benachteilige. Auch der französische Außenminister meinte bei anderer Gelegenheit noch vor Beginn der Verhandlungen, in den erarbeiteten Papieren bestehe Nachbesserungsbedarf, da hier die serbischen Souveränitätsansprüche nicht genügend berücksichtigt seien. Zwar wurden im Laufe der Verhandlungen einzelne Textelemente verändert und hin- und hergeschoben, um Besorgnisse der Parteien zu besänftigen. Doch entscheidend mag wohl gewesen sein, dass die Serben den Eindruck gewannen, sie sollten durch taktische Tricks überrumpelt werden, ein NATO-Protektorat über das Kosovo nicht nur hinzunehmen, sondern sogar zu wollen.[127] Die Serben wurden aber auch zu Gefangenen ihrer eigenen Propaganda gegen die NATO, mit der sie ihr Land überzogen hatten. Einer in ihren Augen schmählichen Kapitulation konnte sich die Belgrader Führung nicht unterwerfen. Augstein hat schon im Prinzip Recht, wenn er feststellt: „Die USA hatten in Rambouillet militärische Bedingungen gestellt, die kein Serbe mit Schulbildung hätte unterschreiben können."[128] Dabei ist nicht zu übersehen, dass ein NATO-Protektorat durchaus objektive Vorteile für die BRJ gehabt hätte. Sicher hätten einzelne bewaffnete Elemente der UCK den bewaffneten Kampf fortgeführt und hätten es dann mit NATO-Truppen zu tun bekommen. Ein Argument, mit dem der Westen der Belgrader Führung eine Zustimmung schmackhaft machen wollte, war ja auch, die NATO werde den jugoslawischen Sicherheitskräften die Arbeit mit der UCK abnehmen. Auch politische Vorteile hätten sich für die BRJ erge-

---

126 Der Spiegel 11/1999, S. 209.
127 Im Abkommensentwurf heißt es „invite NATO to constitute and lead a military force ...", Marc Weller, Crisis, a.a.O., S. 453ff., S. 464.
128 Rudolf Augstein, Arroganz der Macht, in: Der Spiegel 18/1999, S. 24.

ben können, wenn es zu einer erfolgreichen Kooperation mit der NATO gekommen wäre. Aufhebung von Sanktionen, stufenweise Aufnahme in die OSZE, Heranführung an die EU wären möglich gewesen. Die Zusammenarbeit zwischen der jugoslawischen Armee und den Soldaten aus NATO-Ländern hätte Vorurteile abgebaut. Doch ein übergroßes Misstrauen der jugoslawischen Führung gegen eine in ihren Augen von den USA und deren Interessen beherrschte NATO ließ diese möglichen Vorteile nicht zur Geltung kommen.[129] Allerdings gewinnt man auch den Eindruck, dass führende NATO-Länder nicht auf einen Kompromiss aus waren, sondern eine bedingungslose Kapitulation der Belgrader Führung wollten. So traf Belgrad schließlich die Entscheidung für die objektiv schlechtere von zwei schlechten Möglichkeiten. Dabei mag eine fatalistische Grundhaltung, einem Krieg ohnehin nicht aus dem Weg gehen zu können, eine Rolle gespielt haben.[130]

Die NATO war als Organisation an den Verhandlungen offiziell nicht beteiligt.[131] Doch faktisch handelte die Kontaktgruppe für die NATO, da Russland in den Verhandlungen praktisch keine gestaltende Rolle spielte. In der „Mini-NATO" der Kontaktgruppe gaben die USA den Ton an. Zu Beginn hatten die Europäer sich noch auf ein UN-Mandat für die NATO-Implementierungstruppe eingeschworen. Doch mit dem klaren amerikanische Wort, dies komme für die USA überhaupt nicht in Frage, war diese Diskussion beendet.

Die NATO-Kriegsdrohung schwebte über der Konferenz; welche reale Bedeutung sie im täglichen Konferenzgeschehen hatte, ist jedoch nicht klar ersichtlich. Letztlich erreichte das Bündnis nicht das, was es eigentlich wollte: die jugoslawische Kapitulation durch eine bloße Kriegsdrohung. Doch das Ergebnis schien für die NATO immer noch akzeptabel zu sein. Wichtig war für die USA und für die NATO, dass es nun zu einer Entscheidung kam; denn die schlechteste Lösung wäre ja ein offener Ausgang mit einem Fortgang der Gewalttaten im Kosovo gewesen. Insgesamt kann man die NATO zu den Gewinnern zählen, vor allem auch deshalb, weil sie, ohne direkt anwesend zu sein, eine dominante Rolle im Verhandlungsgeschehen spielen konnte. Einen persönlichen Sieg konnte schließlich auch die amerikanische Außenministerin für sich verbuchen. Sie war es, die entschlossen und zielgerichtet alle NATO-Europäer auf ihren kompromisslosen Kurs zwang und zwischenzeitliche Abweichversuche rigoros unterband.

Die EU dagegen zählte zu den Verlierern, nicht so sehr im Hinblick auf das materielle Ergebnis, sondern hinsichtlich der Rolle im Verhandlungsgeschehen. Im Grunde hatte die EU bei den Verhandlungen kein eigenständiges

---

129 Auf amerikanischer Seite sah man in einem demokratischen Kosovo einen Katalysator für Demokratisierungsprozesse in ganz Jugoslawien, an deren Ende schließlich die Ablösung der postkommunistischen Belgrader Führungselite stehen sollte. Insofern hatte die Belgrader Führung schon Recht, wenn sie eine „hidden agenda" vermutete.
130 Siehe hierzu Anhang 6, Gespräch Holbrooke - Milosevic am 23. März 1999.
131 In Paris waren NATO-Offiziere aus Brüssel zugegen, um Erläuterungen zur militärischen Implementierung geben zu können.

Profil. Am Rande der Verhandlungen entfachte sie sogar noch einen Streit um die zukünftige Führung einer Implementierungsorganisation. Die deutsche EU-Präsidentschaft begnügte sich offenbar mit ihrem Anfangserfolg, einen Beitrag zum Zustandekommen der Konferenz geleistet zu haben und mit dem österreichischen Diplomaten Petritsch einen der drei Verhandler zu stellen. Natürlich sieht dies Petritsch ganz anders. In seinem Buch schildert er, in welchem Maße er persönlich der EU Geltung verschaffen und das Verhandlungsgeschehen steuern konnte. Doch dies ersetzte nicht die deutsche Präsidentschaft, die sich ja weitgehend zurückgezogen hatte bzw. von Briten und Franzosen in den Hintergrund gedrängt worden war. Wie die USA mit der EU umgingen, zeigte sich daran, dass Pretritsch bei der Hill-Reise zu Milosevic am 16. Februar zusammen mit seinem russischen Kollegen in Paris „vergessen" wurde.[132] Letztlich haben sich die Europäer mit keiner ihrer Positionen durchgesetzt, wenn diese von den amerikanischen abwichen. Fischer hat recht, wenn er feststellt: „Je länger der Rambouillet-Prozeß gedauert hat, desto mehr hat sich der Unterschied zwischen den USA und den Europäern verringert."[133] Doch dies war keine gegenseitige Annäherung, sondern ein Einschwenken der Europäer auf die amerikanische Linie.

So kann man mit Blick auf die Rolle der internationalen Organisationen feststellen: Vereinte Nationen und OSZE spielten bei den Verhandlungen keine Rolle, die EU eine marginale. Absolut dominant war die NATO, zwar nicht durch direkte Anwesenheit, doch durch das Gewicht ihrer Führungsmacht, der USA, und durch die Führungskraft und Entschlossenheit der amerikanischen Außenministerin.

Russland begnügte sich mit einer abwartenden, ja schwachen Rolle. Zwar war der russische Diplomat Majorskij einer der drei Verhandler. Doch diese Verhandler hatten ja nur ein begrenztes Mandat. Für die westlichen Mächte war es wichtig, dass Russland überhaupt dabei war und es den Anschein hatte, die Kontaktgruppe sei geschlossen. Ansonsten kümmerten sie sich kaum um russische Positionen. Man nahm zur Kenntnis, dass Russland strikt gegen eine militärische Implementierungstruppe war, wenn Belgrad dem nicht zustimmte, berücksichtigte diese Position aber nicht. Dass die russische Führung Majorskij nicht zurückgezogen hat, ist schon recht verwunderlich. Von russischer Seite habe man so gehandelt, wird berichtet, um die Konferenz nicht platzen zu lassen. Zwei späte, schon fast verzweifelt anmutende und von vornherein aussichtslose Versuche machte die russische Diplomatie noch, um das Geschehen zu beeinflussen. Am 22. März habe, so Petritsch, Majorskij bei einem Treffen der drei Verhandler mit der Belgrader Führung einen überraschenden, nicht abgestimmten Vorstoß gemacht. Er habe Milosevic „das nochmalige Aufschnüren des Abkommens" offeriert und „den ge-

---

132 Vgl. Gunter Hofmann, Wie Deutschland in den Krieg geriet, a.a.O., S. 20.
133 Die Zeit 16/1999, S. 3.

samten politischen Teil zur Disposition" gestellt. Majorskij habe Milosevic aufgefordert, seine Verhandler mit der Fortführung der Gespräche zu betrauen. Doch Milosevic habe dieses überraschende Angebot unbeeindruckt gelassen. Er habe den Rambouillet-Vertrag als Betrug bezeichnet und abschließend gemeint, man werde unter Umständen mit den drei Verhandlern noch Kontakt aufnehmen.[134] Ob diese Version die Wirklichkeit wiedergibt, darf in Zweifel gezogen werden. Eines aber ist sicher, dass nämlich die westlichen Kontaktgruppenmitglieder einem „nochmaligen Aufschnüren" des Verhandlungspakets, das ja überhaupt noch nicht aufgeschnürt worden war, auf keinen Fall zugestimmt hätten. So soll doch die Geschichte vor allem zeigen, wie störrisch, unnachgiebig und verantwortungslos Milosevic war. Ein allerletzter russischer Versuch wurde dann von Primakow unternommen, als er am 23. März Holbrooke anbot, mit ihm zusammen den politischen Teil in Belgrad zu verhandeln. Doch darüber wurde offenbar im NATO-Rat noch nicht einmal gesprochen. Vor dem Hintergrund der eigenen Probleme mit Tschetschenien kam es Russland vor allem darauf an, keinen Präzedenzfall für ein vom Sicherheitsrat nicht autorisiertes militärisches Eingreifen entstehen zu lassen, zumindest sich einem solchen Fall zu widersetzen und ihn zu einem Bruch des Völkerrechts zu erklären. Daneben spielte sicher auch eine Rolle, dass Russland an einer Totalkonfrontation mit dem Westen nicht gelegen sein konnte, war es doch von seiner finanziellen Unterstützung abhängig. Mandelbaum charakterisiert Rambouillet/Paris wie folgt: „Geführt von der amerikanischen Außenministerin Madeleine K. Albright, lud die NATO die Serben und die UCK in das französische Schloss Rambouillet vor, präsentierte ihnen einen detaillierten Plan für politische Autonomie im Kosovo unter NATO-Schirmherrschaft, forderte beide auf, dem zuzustimmen und drohte mit militärischer Vergeltung, wenn einer von beiden sich weigere. Die Amerikaner verhandelten darüber mit der UCK, erhielten ihre Zustimmung zum Rambouillet-Plan, und als die Serben auf ihrer Weigerung beharrten, warteten die Amerikaner den Abzug der OSZE-Beobachter ab und begannen dann zu bomben."[135]

---

134 Vgl. Wolfgang Petritsch u.a., Kosovo, Kosova, a.a.O., S. 349.
135 Michael Mandelbaum, A Perfect Failure, in: Foreign Affairs September/October 1999, S. 2-8, S. 4.

VI. Die Rolle der NATO

1. Entwicklungsphasen des NATO-Engagements

Das Kosovo kam erst im Laufe des Jahres 1998 auf einen vorderen Platz der internationalen Tagesordnung. Es wurde immer mehr zu einer Arena, in der die Politik der NATO exemplarisch angewandt und auch getestet wurde, in der Konflikte zwischen der NATO und Russland sich offen zeigten, in der auch die unterschiedliche Politik einzelner Länder gegenüber der NATO ihren Ausdruck fanden. Schließlich setzte sich das übermächtige Militärbündnis selbst politisch bei der Lösung des Kosovo-Problems so unter Erfolgszwang, dass die eigene Zukunft davon abzuhängen schien.
In der nun folgenden Analyse soll nicht im Einzelnen jeder Schritt des Entscheidungsprozesses nachvollzogen werden. Vielmehr wird hier versucht, Phasen, in denen wichtige Entscheidungen komprimiert sind, zu untersuchen und darzustellen, wie die NATO einen Weg beschritt, der vom heutigen Standpunkt aus gleichsam zwangsläufig zum Krieg führte.
Als sich die NATO-Außenminister am 16. Dezember 1997 zu ihrer Herbsttagung in Brüssel trafen, schien es auf dem politischen Kalender des Bündnisses für die nächsten zwei Jahre wichtigere Dinge als das Kosovo zu geben. Für 1998 und die erste Hälfte 1999 standen bedeutende Entscheidungen für die Zukunft der Allianz an. Die territoriale Erweiterung des Bündnisses nach Osten sollte durch die Aufnahme Polens, Ungarns und der Tschechischen Republik vollzogen werden. Die Hinwendung zu neuen Aufgaben außerhalb des Verteidigungsauftrags war zu konzipieren. Eine neue Strategie sollte Ziele und Aufgaben der NATO „neu" festlegen und generelle Aussagen machen, wie diese Vorgaben zu erfüllen waren. Von einer Strukturreform versprach man sich eine größere organisatorische Effizienz. Nicht zuletzt stand im April 1999 der 50. Geburtstag des Bündnissees an, der an der Geburtsstätte in Washington die Erfolgsbilanz ziehen und Perspektiven für die Zukunft aufzeigen sollte.
Ausgangs des Jahres 1997 streiften die Außenminister bei der Sitzung des NATO-Rats das Kosovo-Problem nur am Rande. Sie brachten ihre Sorge über die Eskalation der ethnischen Spannungen zum Ausdruck und appellierten an die Konfliktparteien, durch verantwortungsbewussten Dialog Lösungen anzustreben.[136]
Das Außenministertreffen in Luxemburg am 28. Mai 1998 wird allgemein als ein Wendepunkt in der Rolle der NATO in der Kosovo-Krise gesehen. Bisher

---

136 Vgl. Ministertagung des Nordatlantikrates am 16. Dezember 1997 in Brüssel. Kommuniqué, in: Presse- und Informationsamt der Bundesregierung (Hrsg.), Bulletin 4/1998, S. 25-31, S. 30 (im folgenden zitiert als: Bulletin).

hatte die Allianz die anderen Organisationen bei ihren Lösungsversuchen verbal unterstützt und begleitet. Nun wurden schon in der Vorbereitung auf Luxemburg in den Stäben der NATO Konzeptionen erarbeitet, mit welchen Maßnahmen das Bündnis in den Konflikt eingreifen könnte. Dabei erregten die Deutschen erhebliches Aufsehen. Mit dem Argument, man müsse dem Kosovo-Problem dort begegnen, wo die Ursachen liegen, schien Deutschland ene direkte Intervention im Kosovo zu befürworten. Die übrigen Bündnispartner dachten an stabilisierende Maßnahmen im Grenzgebiet Mazedoniens und Albaniens, wie z.B. gemeinsame Übungen, die auch von der BRJ als ein politisches Signal für die Bereitschaft des Bündnisses, sich zu engagieren, verstanden werden konnten. Selbst den Briten und Amerikanern schien das deutsche Vorpreschen für eine direkte Intervention im Kosovo nicht geheuer. In diesem Zusammenhang ist auch darauf hinzuweisen, dass die USA zunächst zögerten, sich im Kosovo-Konflikt überhaupt zu engagieren. Für sie war dieser Konflikt vor allem eine Sache der Europäer. Doch die Europäer, und hier insbesondere die Deutschen, drängten die Amerikaner, sich vermehrt einzubringen.[137] „‚Jetzt ist amerikanische Führungskraft gefragt', bedrängt Wolfgang Ischinger, damals noch in Diensten des Ministers Klaus Kinkel, seinen Kollegen Strobe Talbott in Washington."[138]

Das Kommuniqué von Luxemburg enthält eine Erklärung zum Kosovo, die fast so umfangreich íst wie der übrige Text.[139] Die Minister äußern darin ihre tiefe Besorgnis über die Entwicklung. Beide Seiten werden aufgefordert, im Zuge der begonnenen Kontakte schnell konkrete Maßnahmen zu vereinbaren. Es kommt auch zu einigen konkreten Beschlüssen. Im Rahmen des Programms Partnerschaft für den Frieden sollten Aktivitäten in Albanien und Mazedonien, im Wesentlichen gemeinsame Übungen, durchgeführt werden. Diese Maßnahmen waren zur Beruhigung der beiden Länder und auch als Warnung an Jugoslawien gedacht. Sie waren ein politisches Signal und hatten keinen militärischen Wert. Als wichtigstes Ergebnis brachte Luxemburg einen Untersuchungs- und Planungsauftrag an die Militärs (Ziff. 6 der Erklärung zum Kosovo).

Bei den folgenden Erörterungen über den direkten Einsatz von NATO-Streitkräften im Kosovo, was zum Krieg gegen die BRJ führen musste, wandte sich Griechenland strikt gegen eine solche Option. Deutschland dagegen insistierte darauf, dass der Kern des Problems im Kosovo selbst liege und nicht in den Nachbarländern. Man müsse sich alle Optionen offen halten und dürfe nicht von vorneherein eine direkte Intervention im Kosovo ausschließen. Zu einer Zeit, als die anderen Mitgliedsländer noch nicht daran dachten, machte

---

137 Vgl. Jürgen Elsässer, Deutschland als Brandstifter, in: Jürgen Elsässer (Hrsg.), Nie wieder Krieg ohne uns, Hamburg 1999, S. 50-62, S. 60.
138 Gunter Hofmann, Wie Deutschland in den Krieg geriet, a.a.O., S. 20.
139 Vgl. Bulletin 41/1998, S. 542ff.

sich die deutsche Politik zu einer Speerspitze für einen direkten militärischen Einsatz der NATO im Kosovo.

Nach außen gab sich die NATO damit zufrieden, die Nachbarländer der BRJ, Mazedonien und Albanien, zu beruhigen. Gemeinsame Übungen, die Einrichtung einer symbolischen NATO-Präsenz in Albanien, mehrstündige Luftwaffenmanöver und ein Besuch eines NATO-Flottenverbandes in Albanien sollten der Belgrader Führung zeigen, dass die NATO mit allen drei Teilstreitkräften militärisch auf Tuchfühlung zur BRJ ging. Intern planten die Militärs Operationen der Luft- und Landstreitkräfte, übrigens ohne politische Leitlinie. Diese Planungen waren im Sommer 1998 abgeschlossen.[140]

Die zweite Phase des NATO-Engagements führte schon zu einer konkreten Kriegsdrohung. Während der Sommerpause hatte US-Außenministerin Albright die Europäer auf Kurs der US-Position gebracht, bei einer militärischen Intervention im Kosovo notfalls auf ein Mandat des UN-Sicherheitsrats zu verzichten.[141] Es war vorauszusehen, dass die erneute Befassung der NATO auf der Eskalationsleiter eine große Stufe weiter nach oben führen würde. Eine Art Legitimation für die formalen Eskalationsschritte der NATO war die Resolution 1199 des UN-Sicherheitsrats vom 23. September 1998. Darin hob dieses Gremium die Kosovo-Krise auf eine neue Stufe des internationalen Konfliktmanagements, indem von einer drohenden humanitären Katastrophe die Rede war und festgestellt wurde, dass die Verschlechterung der Situation im Kosovo eine Bedrohung des Friedens und der Sicherheit in der Region darstellt. Geradezu paradigmatischen Charakter für die spätere Entwicklung hatten die Erklärungen Russlands und der USA im Sicherheitsrat zu dieser Resolution. Der russische Botschafter Lawrow stellte die Verantwortung beider Konfliktparteien für die eingetretene Lage und die Aufforderungen der Resolution an beide Parteien heraus. Er kritisierte die fortgesetzte finanzielle und materielle Unterstützung kosovarischer Extremisten von außerhalb des Kosovo. Lawrow betonte, dass der Sicherheitsrat zum gegebenen Zeitpunkt keine Gewaltanwendung autorisiert habe. Er schloss mit der Warnung vor den Folgen einer einseitigen Gewaltanwendung. Dagegen schrieb der amerikanische Botschafter Burgleih die Schuld ausschließlich der jugoslawischen Seite zu und bezog sich nur auf die gegen Belgrad gerichteten Erklärungen der Resolution. Er informierte den Sicherheitsrat, dass die NATO-Planungen für ein militärisches Eingreifen in den Konflikt nahezu abgeschlossen seien.

---

140 Hierzu äußerten sich die verantwortlichen Generale Naumann und Clark in der ZDF-Sendung vom 21. September 1999 etwas widersprüchlich. Naumann meinte, im September seien die Planungen begonnen worden, nach Clark waren sie bereits Ende Juni 1998 beendet.
141 So Holbrooke auf einer Pressekonferenz am 28. Oktober 1998, vgl. Marc Weller, Crisis, a.a.O., S. 296.

Katalysatoren für den Konsultations- und Entscheidungsprozess im Bündnis waren die Amerikaner und die Briten. In diesem Zusammenhang lohnt sich auch ein Blick auf die innenpolitische Szene in den USA. Die US-Regierung bereitete den Kongress auf eine militärische Intervention vor und erhielt positive Reaktionen, zumindest für Luftangriffe. Die auch für diplomatische Beobachter überraschende „plötzliche Dynamik" ging von drei Antriebselementen aus: Der britische Außenminister Cook rief am 29. September die US-Außenministerin zu einem härteren Vorgehen auf, das Weiße Haus wollte - wie kolportiert wird - von der Lewinsky-Affaire des Präsidenten ablenken, und die Medien setzten die Regierung unter Handlungsdruck. In Washington dachte man schon bald an ein Ultimatum an die Belgrader Führung. In den Diskussionen zur Resolution 1199 war auch klar geworden, dass Russland einen militärischen Einsatz im Kosovo nicht tolerieren würde. Die NATO musste also, wollte sie das Eskalationspotential ausschöpfen, ohne ein Mandat des Sicherheitsrats auskommen. Dies warf erhebliche politische und rechtliche Probleme auf. Zwar bescheinigte sich die NATO in einem eigenen Rechtsgutachten, dass ein Krieg gegen die BRJ unter den gegebenen Umständen als eine Art Nothilfemaßnahme und auf der Grundlage einer Resolution des Sicherheitsrats völkerrechtskonform wäre, doch die Argumentation stand auf eher schwachen Füßen.

Am 24. September 1998 stimmte der NATO-Rat zu, die Stufe ACTWARN (Activation Warning) im NATO-internen Mobilisierungssystem auszulösen. Damit konnte der NATO-Oberbefehlshaber Europa die Mitgliedsländer offiziell auffordern, diejenigen Kontingente zu melden, mit denen sie sich an der Militäraktion beteiligen würden. Dies ist zunächst eine nach innen gerichtete Maßnahme. Allerdings war sie auch als politisches Signal an die Belgrader Führung gedacht, das die Entschlossenheit des Bündnisses demonstrieren sollte. Deshalb wurde sie auch öffentlich angekündigt. In seiner Presseerklärung[142] betonte der NATO-Generalsekretär, Milosevic müsse die Unterdrückungsmaßnahmen gegen die Bevölkerung einstellen, nach einer politischen Lösung des Konflikts suchen und sofortige Schritte unternehmen, um die humanitäre Lage zu verbessern. Kennzeichnend für diese Erklärung ist, dass die UN-Resolution nur einseitig ausgelegt und eine Forderung an die Kosovo-Albaner nur am Rande erwähnt wird. Solana war damit, wie schon gewohnt, voll auf der amerikanischen Linie.

Am 8. Oktober gab Clinton bekannt, er habe die amerikanische Vertretung bei der NATO angewiesen, für die Autorisierung von Luftangriffen gegen Serbien zu stimmen, falls Präsident Milosevic fortfahre, sich der internationalen Gemeinschaft zu widersetzen.[143] Auch diese öffentliche Mitteilung einer Weisung an die amerikanische NATO-Vertretung sollte den Druck auf

---

142 Vgl. Marc Weller, Crisis, a.a.O., S. 277.
143 Vgl. ebenda, S. 278.

die Belgrader Führung erhöhen und sie von der Ernsthaftigkeit der Drohung überzeugen. Auch die amerikanische Außenministerin drohte öffentlich Milosevic mit schwersten Folgen, falls er die Forderungen der internationalen Gemeinschaft nicht erfülle. Albright verkündet: „... we want Serbia out of Kosovo, not Kosovo out of Serbia", und macht damit künstlich einen Unterschied, wo faktisch keiner bestand, jedenfalls nicht für die beiden Konfliktparteien. Der Balkan und die NATO, so ihre Bewertung, befänden sich an einem Scheidewege.[144]

Sozusagen als letzte diplomatische Waffe schickten die USA Richard Holbrooke nach Belgrad zu Gesprächen mit der jugoslawischen Führung. Obwohl diese Gespräche gut verliefen, schritt die NATO eine weitere Eskalationsstufe voran. Mit der ACTORD (Activation Order) stimmte der NATO-Rat dem Einsatzbefehl für einen Luftkrieg zu, der in 96 Stunden beginnen sollte. Die Zeitspanne sollte es Holbrooke noch ermöglichen, ein Abkommen zu erreichen. Dies war das erste Mal in der Geschichte der NATO, dass das Bündnis einem anderen Staat mit militärischen Angriffen drohte, ohne dass hierfür eine Resolution des Sicherheitsrats vorlag. Diese Drohung konnte nur mit der zweifelhaften rechtlichen Hilfskonstruktion der Nothilfe, der Abwendung einer humanitären Katastrophe, begründet werden. Tatsächlich folgte die entscheidende Steigerung von der Warnung zum Einsatzbefehl wohl einer anderen Logik. Holbrooke hatte dem NATO-Rat am 13. Oktober über deutliche Fortschritte bei seinen Gesprächen in Belgrad berichtet. Nach seiner Einschätzung waren diese Fortschritte auf den Druck des Bündnisses zurückzuführen, der erhalten bleiben müsse.[145] Holbrooke suchte also nicht um eine Steigerung des Drucks nach. Dennoch erhöhte der NATO-Rat noch einmal den Druck und stellte faktisch der BRJ ein Ultimatum.

Es gibt die Vermutung, dass diese offenbar auch von Holbrooke nicht geforderte und durch die inzwischen eingetretene Entwicklung im Kosovo nicht gerechtfertigte Eskalation durch ein deutsch-amerikanisches Zusammenspiel zustande kam, um die neue deutsche Regierung vorab für die Zukunft zu verpflichten. So berichtet Hofmann von einer überraschenden Forderung aus dem Weißen Haus an Schröder/Fischer, sich entgegen ursprünglichen Absprachen innerhalb weniger Minuten für die Teilnahme Deutschlands an einem Luftkrieg gegen die BRJ zu entscheiden.[146] Ob hier Vertreter der noch amtierenden Bundesregierung die USA „beraten" haben, kann hier nicht beurteilt werden. Auf jeden Fall haben die USA künstlich einen Entscheidungsdruck aufgebaut, der weder durch die objektive Situation im Krisenge-

---

144 Vgl. ebenda.
145 „... and that we have to maintain this pressure ..." (Presseerklärung des NATO-Generalsekretärs am 13. Oktober 1998, vgl. Marc Weller, Crisis, a.a.O., S. 278).
146 Vgl. Gunter Hofmann Wie Deutschland in den Krieg geriet, a.a.O., S. 18. Fischer: „Innerhalb weniger Minuten war zu entscheiden. Es gab keine Alternative. Dann habe ich eingewilligt." (ARD 25. Oktober 1999).

biet noch durch den Stand der Verhandlungen mit der Belgrader Führung gerechtfertigt war.

Mit ihrer Entscheidung stand die NATO kurz vor einem Krieg, der keine sichere völkerrechtliche Grundlage hatte. Ob es nötig war, das Drohpotential gegenüber Milosevic so zu steigern, ist zu bezweifeln. Auf jeden Fall hatte sich die Allianz selbst in ein gefährliches Fahrwasser manövriert, da sie sich mit der öffentlich vorgeführten Eskalation in einen Glaubwürdigkeitstest begab und die eigenen Handlungsmöglichkeiten immer mehr eingeengt wurden.

Die Belgrader Führung gab noch einmal nach. Doch ACTORD wurde nach der Milosevic-Holbrooke-Vereinbarung vom 13. Oktober nicht endgültig aufgehoben, sondern am 27. Oktober lediglich suspendiert. Dies bedeutete einen halben Schritt in Richtung Deeskalation. Die NATO wollte ihren großen militärischen Druck auf die BRJ aufrechterhalten. Doch gewiss spielten hier auch politische Gründe im Hinblick auf einige NATO-Länder eine Rolle. Denn für die Aufhebung der Suspendierung brauchte man nur die Zustimmung der Regierungen und nicht die der Parlamente, und die Streitkräftezusagen der Mitgliedstaaten blieben auch erhalten.

Die fortdauernde Kriegsdrohung der NATO ließ allerdings auch die UCK auf ein weiteres Eingreifen des Bündnisses hoffen. Es lag in den Händen der radikalen Albaner, Aktionen der serbischen Sicherheitskräfte zu provozieren, die dann wieder zu einer humanitären Katastrophe führen konnten. Die NATO ermunterte so die radikalen Albaner und begab sich in ihre Hände.

Initialzündung für die dritte Eskalationsphase war das „Massaker von Racak". NATO-Generalsekretär Solana berief den NATO-Rat für Sonntag, den 17. Januar 1999, zu einer Sondersitzung ein. Schon durch die Sitzung an diesem Tag wurde ein Zeichen gesetzt. In der mehrstündigen Sitzung entschieden die Botschafter, dass die Generale Clark und Naumann nach Belgrad reisen und die jugoslawische Führung nachhaltig zur Einhaltung ihrer Verpflichtungen auffordern sollten. Clark betonte in der Sitzung, die BRJ sei dafür verantwortlich, dass die Gewaltspirale im Kosovo erneut in Gang gesetzt worden sei. Nach seiner Auffassung werde ein direktes militärisches Eingreifen der NATO im Kosovo nahezu unausweichlich. In Brüssel war man sich darüber im klaren, dass dies der Auftakt für eine zunehmend aktivere Beteiligung der NATO an einer Lösung des Kosovo-Problems war. Die USA lancierten die Frage nach dem Einsatz von Bodentruppen wohl zunächst als Versuchsballon, der Reaktionen der anderen Bündnispartner testen sollte.

Am 20. Januar berichteten die beiden Generale über ihre Belgrader Exkursion und ihre siebenstündigen Gespräche mit Milosevic und dem Belgrader Führungskern. Milosevic habe zugestanden, die Frist für die Ausreise des KVM-Leiters Walker bis zu seinem Gespräch mit dem OSZE-Vorsitzenden

Vollebaek zu verlängern. Er habe auch eingeräumt, dass die jugoslawische Seite sich nicht mehr an die Truppenbegrenzungen der Oktober-Abkommen halte, habe hierfür aber die Verantwortung auf die UCK geschoben, die sich nicht an den Waffenstillstand halte und sofort in die von der Armee und Polizei geräumten Stellungen eingerückt sei. Im Grunde hatten die Generale in Belgrad kein sichtbares Ergebnis erreicht. In der Ratssitzung konfrontierten die USA ihre Bündnispartner mit weitreichenden Vorschlägen, so z.B. den Einsatz von Bodentruppen, ein Ultimatum an Belgrad, Begrenzungen für die jugoslawischen Sicherheitskräfte, die weit über das Oktober-Abkommen hinausgingen. Die USA hielten ein Nachgeben von Milosevic für sicher, wenn er mit einem glaubwürdigen Militäreinsatz der NATO konfrontiert werde.

In Brüssel machte sich der Eindruck breit, dass nun die USA mit Unterstützung des NATO-Generalsekretärs durch eine hohe Frequenz von Sitzungen der NATO-Gremien das Bündnis in eine rasche Eskalationsfolge treiben werde. Manche Bündnispartner wandten sich gegen einen übertriebenen Aktionismus. Sie wollten militärische Maßnahmen in ein politisches Konzept eingebunden sehen und erkannten noch Raum für eine politische Lösung. Es gab auch gewichtige Stimmen gegen den Aufbau eines Drohpotentials vor den Augen der Öffentlichkeit, weil sich die NATO auf diese Weise in einen öffentlichen Glaubwürdigkeitstest hineinmanövriere und von den Medien in Zugzwänge gesetzt werden könnte. Andere Bündnispartner forderten auch Maßnahmen gegen den Waffenschmuggel zugunsten der UCK. Man konnte zwar nicht den Eindruck gewinnen, als probten einige Allianzmitglieder den Aufstand gegen die amerikanische Führungsmacht. Doch wie Teilnehmer von Sitzungen berichteten, waren die Auseinandersetzungen durchaus heftig und auch emotional. Insbesondere Frankreich widersetzte sich einem von den USA eingebrachten Plan, der in mehreren Stufen der Eskalation über ein Ultimatum an die BRJ hin zu Luftangriffen gegen die BRJ führte.

Schließlich setzten die USA doch im wesentlichen ihre Forderungen durch. Zehn Tage, nachdem eine letzte Warnung an die BRJ ergangen war und diese die Forderungen nicht erfüllt hatte, sollte mit Luftangriffen begonnen werden. Im Grunde genommen war dies ein kaschiertes Ultimatum. Die Bewertung der Generale Naumann und Clark, Milosevic glaube offenbar nicht an eine militärische Intervention der NATO, hat sicherlich dazu beigetragen, das militärische Drohpotential zu verstärken. Schließlich richtete sich der Widerstand der Europäer nur noch gegen einen Automatismus in der Abfolge von Ereignissen. Ganz konkret gab man sich damit zufrieden, dass noch einmal eine politische Bewertung vor Auslösung der Luftangriffe erfolgen sollte.

Für Beobachter der Brüsseler Szene war klar ersichtlich, dass die von einigen Bündnispartnern erhobene Forderung nach Unterbindung der Waffen- und Personalzufuhr aus Albanien und eine deutliche Warnung an die UCK als weniger dringend empfunden wurde. Serbien sei der Initiator der erneuten

Welle von Gewalttaten, so die vorherrschende Tendenz, und deshalb müsse sich das Bündnis auch auf den Schuldigen konzentrieren.

Die Sitzung des NATO-Rats am 30. Januar sorgte nochmals für etwas Dramatik, als wieder die USA und Frankreich aneinander gerieten. Frankreich wollte durchsetzen, dass die Kontaktgruppe ein Votum abgeben sollte, bevor der NATO-Generalsekretär die Luftangriffe auslöste. Dahinter verbarg sich ein prinzipieller Konflikt. Die USA setzten ausschließlich auf die NATO, Frankreich wollte die Kontaktgruppe zumindest gewichtig einbeziehen. Da fünf der Kontaktgruppen-Staaten ohnehin der NATO angehörten, ging es bei der französischen Forderung vor allem um eine Mitwirkung Russlands im Konsultationsprozess. Doch das war gerade das, was die USA vermeiden wollten. Der französische Vorstoß war wohl auch gegen Solana gerichtet, da dieser immer offensichtlicher amerikanischen Vorgaben zu folgen schien. Letztendlich setzte sich auch bei dieser etwa zwölfstündigen, für den weiteren Verlauf sehr wichtigen Sitzung die amerikanische Linie durch, da Frankreich auf sich allein gestellt war. Die kleineren NATO-Partner hatten ohnehin eine Aversion gegen die Kontaktgruppe, in der sie einen exklusiven Klub sahen, der Entscheidungen vorprägte, die sie dann nachzuvollziehen hatten.[147] Und Deutschland tat alles, um nicht in Konflikt mit den USA zu geraten. Den Deutschen ging es vor allem darum, in der Erklärung des NATO-Rats die „humanitäre Katastrophe", die Legitimationsgrundlage für den Einsatz deutscher Soldaten, zu verankern, was auch gelang. Die USA wollten ursprünglich im Text dieser Erklärung als Ziel der Luftangriffe die Bundesrepublik Jugoslawien festgeschrieben haben. Man einigte sich schließlich auf den Kompromiss „Territorium der BRJ". Diese diplomatische Klausel erweckte den Anschein der Ausgewogenheit, weil sich die Androhung von Gewalt damit auch gegen die UCK richtete. Doch zielte die Drohung faktisch nur auf die BRJ, da, selbst wenn der Wille vorhanden gewesen wäre, die UCK mit Luftangriffen kaum zu treffen war. Albright stellte dann auch nachträglich die Erklärung des NATO-Rats in der Öffentlichkeit richtig, als sie in einer kurzen Presseerklärung nachdrücklich die Entscheidung der NATO unterstützte, Luftangriffe zu autorisieren, „falls Belgrad die Forderungen der internationalen Gemeinschaft nicht erfüllt."[148]

Schließlich wurde der NATO-Generalsekretär vom NATO-Rat autorisiert, Luftangriffe gegen „das Gebiet der BRJ" anzuordnen. Diese Entscheidung war erforderlich, weil der Aktivierungsbefehl inzwischen vom NATO-Rat suspendiert worden war und das gleiche Gremium über eine Aufhebung der Suspendierung entscheiden musste. Damit hatte die NATO innerhalb von vier Monaten zum zweiten Mal alle Voraussetzungen für den Beginn eines Krieges gegen die BRJ geschaffen. Nun ging es nicht so sehr um die Abwen-

---

147 Hierzu auch Klaus Naumann, Der nächste Konflikt wird kommen, a.a.O., S. 13.
148 Marc Weller, Crisis, a.a.O., S. 416.

dung einer humanitären Katastrophe, sondern zunächst darum, die Konfliktparteien an den Verhandlungstisch zu bringen und sie zum Abschluss eines Abkommens zu zwingen, dessen wesentliche Inhalte sie noch nicht kannten und auch in den Verhandlungen überhaupt nicht beeinflussen konnten. Die NATO hatte sich erneut in eine Situation hineinmanövriert, in der ihre Glaubwürdigkeit getestet wurde. Sie war damit zum Erfolg verdammt, wollte sie nicht selbst Schaden nehmen.

Diplomatische Kreise in Brüssel bewerteten das nun Erreichte als einen Erfolg, der durch das Zusammenwirken verschiedener Institutionen, der NATO, der Kontaktgruppe, der OSZE und der UN, erreicht worden war. Doch in Brüssel war auch klar geworden, dass die USA Tempo und Richtung des Entscheidungsprozesses bestimmt hatten. Es hatte sich auch gezeigt, dass die USA, nicht zuletzt auch im Zuge der Auseinandersetzungen mit Frankreich, zur Kontaktgruppe auf Distanz gingen. Das Verhältnis zu Russland schien für die USA eher nachrangig zu sein, die UN bezog man nur ein, wenn sie, wie ihr Generalsekretär in mehreren Fällen, für die eigenen Positionen nützlich sein konnte. Für die USA war, so wurde vermutet, ein wichtiges Motiv für den aufgebauten Zeitdruck der bevorstehende NATO-Gipfel in Washington. Die Inszenierung dieses Ereignisses, auf das Washington schon seit einem Jahr hinarbeitete, durfte nicht im Schatten einer ungelösten Kosovo-Krise stehen.

Der Frage, ob die Kriegsdrohung der NATO völkerrechtskonform war, soll hier nicht behandelt werden. Internationales Recht spielte zu dieser Zeit ohnehin keine entscheidende Rolle mehr. Weller, sicher kein Kritiker der NATO, spricht nach einer ausführlichen Erörterung von einem „state of legal ambiguity".[149] Die Leugnung, dass es sich bei den ins Auge gefassten „air operations" um einen Luftkrieg handelte, machte es einfacher, Fragen nach der völkerrechtlichen Bewertung zur Seite zu schieben.

Die vierte Phase der Eskalation in der NATO begann unmittelbar nach dem Abschluss der Verhandlungen in Rambouillet. Die USA drängten im Bündnis darauf, weitere Maßnahmen zu ergreifen, um Belgrad unter Druck zu setzen. In den Augen der USA trug die jugoslawische Führung die alleinige Schuld daran, dass es bisher zu keinem Abkommen gekommen war. Außerdem machten sie die Belgrader Führung dafür verantwortlich, dass sich die Situation im Kosovo immer weiter verschlechterte.

Bei den in den Bündnisgremien folgenden detaillierten Erörterungen und Konsultationen zur Implementierung des noch nicht abgeschlossenen Abkommens ging es den NATO-Staaten vor allem um zwei Punkte: Der Implementierungsteil musste durch den NATO-Rat verabschiedet werden, und es musste die Einheitlichkeit der Führung (unity of command) sichergestellt

---

149 Marc Weller, Crisis, a.a.O., S. 477.

sein. Die Implementierungstruppe sollte also von der NATO politisch kontrolliert und militärisch geführt werden.

Anfang/Mitte März 1999 hatten die NATO-Militärs alle ihre Vorbereitungen für militärische Operationen abgeschlossen. Die Evakuierungstruppe in Mazedonien war bereit, die OSZE-Mission aus dem Kosovo herauszuholen, die Einsatzbereitschaft der Implementierungstruppe war hergestellt, die NATO-Luftstreitkräfte konnten innerhalb von 48 Stunden mit Luftangriffen beginnen.

In den Erörterungen des NATO-Rats gewann nun schon die Begründung für das Auslösen der „Luftschläge" an Bedeutung. Dabei wollten die USA und Großbritannien, nun immer mehr in festem Schulterschluss, die Nichteinhaltung von Abkommen, die Ablehnung der Entwürfe von Rambouillet und die Anwendung von exzessiver Gewalt durch die serbischen Sicherheitskräfte in den Vordergrund stellen. Vor allem Deutschland hob auf die „Legitimierungsgrundlage humanitäre Katastrophe" ab. In Brüssel war allerdings auch klar, dass sich die kosovo-albanische Seite ebenso wenig nach den Forderungen der internationalen Gemeinschaft richtete wie die BRJ. Dies hatte nicht zuletzt der Vorsitzende des Militärausschusses in einem ausführlichen, vertraulichen Bericht festgestellt. Doch Konsequenzen hatte diese Erkenntnis nicht, der militärische Druck wurde weiterhin einseitig gegen die BRJ gerichtet.

Nach der Suspendierung der Verhandlungen in Paris liefen im NATO-Hauptquartier bereits die Vorbereitungen für eine Entscheidung für den Übergang von Phase 1 zu den Phasen 2 und 3 der Luftangriffe. Der Entscheidungsdruck ging nun von den USA und den Briten aus. Das heißt ganz konkret, dieses Tandem wollte die Entscheidungen für den gesamten Luftkrieg schon auf den Generalsekretär verlagern, bevor dieser Krieg überhaupt begonnen hatte. Die Militärs forderten einen raschen Abzug der OSZE-Mission aus dem Kosovo, während einige Teilnehmerstaaten die OSZE möglichst lange vor Ort halten wollten. Hinter dieser Diskussion stand einerseits die Absicht, durch den Abzug eine deutliche Warnung an die Belgrader Führung zu geben, dass die Vorbereitungen für Luftangriffe in ihr Endstadium getreten waren und nicht mehr viel Zeit zum Einlenken blieb. Andererseits wurde die Auffassung vertreten, nach Abzug der KVM könnte sich die humanitäre Lage rapide verschlechtern, da dann die serbischen Sicherheitskräfte vollkommen unkontrolliert agieren könnten. Der Abzug der KVM am 20. März machte das Feld frei für die Luftangriffe und die serbischen Angriffe auf die Albaner.

Am 22. März stimmte der NATO-Rat der Autorisierung des Generalsekretärs zur Auslösung der Stufe 2 der Luftoperationen zu, machte jedoch die konkrete Auslösung von einer weiteren Zustimmung des NATO-Rats abhängig. Das heißt, das politische Gremium des Bündnisses behielt durchaus die politische Kontrolle über weitere Eskalationsschritte. Eine Presseerklärung wurde verabschiedet, mit der die Luftangriffe begründet werden sollten. Das deutsche Petitum, die deutsche Legitimierungsgrundlage „Abwendung einer humanitären Katastrophe" aufzunehmen, wurde bereitwillig erfüllt.

Am 23. März unterrichtete Holbrooke den Rat über sein Gespräch mit Milosevic. Dieses Gespräch sei völlig erfolglos gewesen, Milosevic habe sich überhaupt nicht bewegt. Diplomatischen Quellen zufolge hatte sich Holbrooke auf zwei Forderungen konzentriert: Sofortiger Waffenstillstand und Zustimmung zu einer von der NATO geführten Implementierungstruppe. Letzteres habe Milosevic kategorisch abgelehnt. Außerdem habe er eine Offensive der jugoslawischen Sicherheitskräfte im Kosovo bestritten.[150] Buchstäblich in letzter Minute hat es noch einen russischen Versuch gegeben, einen Krieg abzuwenden. Primakow soll Holbrooke angeboten haben, mit ihm zusammen in Belgrad mit Milosevic den politischen Teil eines Abkommens auszuhandeln. Holbrooke habe dies auf dem Flug nach Brüssel zurückgewiesen. Der NATO-Rat scheint sich damit nicht mehr befasst zu haben. Diese letzte Sitzung des NATO-Rats vor Kriegsbeginn dauerte ganze 40 Minuten. Eine eingehende politische Bewertung kann es dabei nicht mehr gegeben haben. Die Züge waren ja auch schon vorher abgefahren. Ein Insider meint, es habe die Stimmung „Augen zu und durch" geherrscht. Gegen 22.30 Uhr begründete Solana vor den Medien seine Entscheidung, die Anweisung an den Oberkommandierenden der NATO-Streitkräfte in Europa, mit Luftangriffen gegen die BRJ zu beginnen. Der Generalsekretär der UN hatte vorher, ganz auf der Linie der NATO, gegenüber Solana in einem Telefongespräch Verständnis für eine solche Entscheidung gezeigt.

Der Krieg begann am 24. März 1999. Bis zum NATO-Gipfel am 23. und 24. April in Washington blieb dem Bündnis genau ein Monat Zeit, um den Krieg zu beenden und eine ungetrübte Feier zum fünfzigsten Geburtstag inszenieren zu können. Die Zeit schien ausreichend zu sein, hatten doch Strategen und Politiker in Brüssel damit gerechnet, dass Milosevic in höchstens zwei Wochen in die Knie gezwungen werden könnte.

---

150 Fischer erklärte am 26. März 1999 zu diesen Gesprächen: „Doch Holbrooke, der Sonderbotschafter der USA ... hat Milosevic noch in der letzten Sekunde das Angebot gemacht: Stoppe Deine Soldateska im Kosovo! Führe nicht eine abschließende Beschlußfassung des serbischen Parlaments herbei. Wenn Du das befolgst, dann können wir weiterverhandeln. So sah das Angebot in letzter Sekunde aus. Es ist ausgeschlagen worden, wissend, was dann passiert. Insofern trägt Milosevic an dem jetzigen Krieg die alleinige Schuld und eine schwere Verantwortung." (Protokoll, S. 2584) Doch Fischer sagt hier nur die halbe Wahrheit. Holbrooke forderte von Milosevic vor allem die Zustimmung zur Stationierung einer NATO-Truppe in der BRJ.

2. Die Konzeption der Luftschläge

Der Begriff „Luftschlag" ist eine allzu wörtliche und gefällige Übersetzung des Begriffs „air strike", der im Amerikanischen für „Luftangriff" steht.
In der Endphase des Krieges in Bosnien-Herzegowina hat wohl die Bombardierung militärischer Ziele auf serbischer Seite die Serben an den Verhandlungstisch in Dayton gebracht. Doch wichtig ist in diesem Zusammenhang: Die bosniakischen und kroatischen Truppen waren immer stärker geworden. Eine Fortsetzung der NATO-Luftangriffe gegen die Serben hätte das militärische Kräfteverhältnis weiter zum Nachteil der Serben verändert. Man ist allgemein davon überzeugt, dass dies damals die Serben zum Einlenken bewogen hat.[151]
Die Übertragung des „Erfolgskonzepts" der Luftschläge auf den Kosovo-Konflikt geht nicht auf die Militärs zurück, sondern sie entstammt den Überlegungen von Politikern und Diplomaten. Die grundsätzlich andere Lage im Kosovo wurde dabei vernachlässigt. Es schien eben politisch attraktiv, ohne einen verlustreichen Einsatz von Landstreitkräften auskommen zu können.
Zum militärischen Grundwissen eines jeden Stabsoffiziers gehört es, dass Luftangriffe gegen bewegliche und aus guter Deckung heraus operierende Bodentruppen wenig wirksam und risikoreich sind. Derartige Luftangriffe werden nach militärischen Überlegungen daher auch nur in besonderen taktischen Lagen durchgeführt.
Eine entscheidende Schwächung der jugoslawischen Armee und der Polizei musste - dies konnte gar nicht bezweifelt werden - auch bei noch so massiven Luftangriffen Monate dauern. Vorsichtig drückte dies der Sprecher des Pentagon am 23. März 1999 aus, als er feststellte, die Luftangriffe könnten länger dauern. In dem phasenweisen Vorgehen der NATO waren ja auch Angriffe auf die zivile Infrastruktur und andere zivile Ziele eingeplant worden, um so die jugoslawische Führung zum Einlenken zu bewegen. Aber auch durch solche Angriffe war ein Kriegsende nicht innerhalb von Tagen zu erwarten. Bei einer sachkundigen Beurteilung der Lage musste klar sein, dass die jugoslawische Armee und die Polizei noch längere Zeit genügend Kräfte und Operationsfreiheit haben würden, um gegen die UCK und die albanische Zivilbevölkerung vorzugehen. Ob die politisch Verantwortlichen diese klare Erkenntnis hatten und sich der sich daraus ergebenden Konsequenzen voll bewusst waren, kann hier nicht beurteilt werden. Sie hatten auf jeden Fall genügend militärische Experten für eine sachkundige Beratung in ihrer Umgebung.

---

151 Calic vertritt die Auffassung, die „Behauptung, die Allianz habe im Sommer 1995 den serbischen Präsidenten in zwölf Tagen an den Verhandlungstisch gebombt, die die NATO vier Jahre später zur Rechtfertigung der Intervention im Kosovo anführte, ist ... inkorrekt" (Marie-Janine Calic, Die Jugoslawienpolitik des Westens seit Dayton, in: Aus Politik und Zeitgeschichte B 34/99, S. 22-32, S. 23).

Die Konzeption des Luftkrieges der NATO hat Scharping in seinem Buch erläutert.[152] Danach waren die Luftangriffe in verschiedene Phasen eingeteilt worden, um die politische Kontrolle über die militärischen Operationen zu erhalten. Denn vor der Auslösung jeder Phase musste der NATO-Rat darüber entscheiden. Die verschiedenen Phasen stellten in aufsteigender Folge auch eine Eskalationsleiter dar. Mit jeder Phase wurden die Angriffsziele erweitert. Der Übergang von einer Phase zur anderen bedeutete jedoch nicht, dass damit Ziele der vorhergehenden Phase nicht mehr bekämpft wurden, sondern nur, dass neue Zielkategorien hinzukamen.

Im einzelnen umfassten die Phasen folgende Maßnahmen und Ziele:[153]

Phase 0 - In dieser Phase waren noch keine Angriffe auf die BRJ vorgesehen. Es ging vielmehr um vorbereitende Maßnahmen, auch noch um Maßnahmen, die eine politische Signalwirkung haben sollten. Hierzu zählten die Verlegung von NATO-Luftstreitkräften auf Flugplätze, von denen sie Ziele in der BRJ angreifen konnten, die Erklärung von Flugverbotszonen oder Überwachungsflüge außerhalb der BRJ.

Phase 1 - Hier ging es entsprechend den Grundsätzen für die Luftkriegführung darum, für die NATO-Luftstreitkräfte die Luftüberlegenheit bzw. Luftherrschaft zu erreichen. Als Angriffsziele gehörten hierzu Führungszentren der jugoslawischen Luftwaffe, Radarstationen, Raketenstellungen der bodengestützten Luftverteidigung, jugoslawische Flugzeuge in der Luft und auf den Flugplätzen im Kosovo.

Phase 2 - Hier handelte es sich um eine zweifache Eskalation. Zum einen wurden die Luftangriffe nun bis zu einer Linie südlich von Belgrad ausgedehnt, und es kam zu Angriffen auf militärisch nutzbare Nachschublinien und militärische Infrastruktur wie Kasernen, Waffenlager und Hauptquartiere. Zum anderen sollten nun auch die jugoslawischen Bodentruppen im Kosovo bekämpft werden.

Phase 3 - Diese Stufe sah wieder eine doppelte Eskalation vor. Nun wurden Ziele in ganz Jugoslawien angegriffen, und es wurden Ziele einbezogen, die primär der Versorgung der Zivilbevölkerung dienten, aber natürlich auch in gewisser Hinsicht für die Operationen der Sicherheitskräfte wichtig waren. Hierzu gehörten Elektrizitätswerke, Raffinerien, Sendeanlagen von Rundfunk und Fernsehen sowie Betriebe der Rüstungsindustrie im engeren und weiteren Sinne.

---

152 Rudolf Scharping, Wir dürfen nicht wegsehen, Berlin 1999, S. 49ff.
153 Eine Kurzdarstellung des dazugehörigen Operationsplans „Phased Air Operations" findet sich in: Bundesministerium der Verteidigung, Presse- und Informationsstab, Hintergrundinformationen zum Einsatz der Internationalen Staatengemeinschaft im Kosovo und Beteiligung der Bundeswehr, Bonn 1999, S. 6.

Nach Scharping sollten alle „diese Maßnahmen und ihre verschiedenen Phasen ... die militärische Macht Jugoslawiens brechen, die Möglichkeiten zur Verfolgung, Ermordung oder Vertreibung der Kosovo-Albaner zunehmend einschränken und gleichzeitig jederzeit den Weg für ein politisches Einlenken Belgrads freihalten". Ohne hier weiter ins Detail zu gehen, kann man feststellen, dass keines dieser Ziele erreicht wurde. Ausschlaggebend für das Einlenken der Belgrader Führung dürfte u.a. gewesen sein, dass durch die Angriffe auf Brücken, Kraftwerke, Raffinerien und Fabriken die Zivilbevölkerung immer mehr in Mitleidenschaft gezogen wurde und wichtige Lebensgrundlagen der serbischen Bevölkerung zerstört wurden.

Neben dem Plan für die schrittweise Eskalation des Luftkriegs gab es noch einen Plan für begrenzte Luftoperationen.[154] Diese Operation war gleichsam in der Übergangsphase zu einem Krieg angesiedelt. Sie sah vor, mit Präzisions-Abstandswaffen von außerhalb Jugoslawiens eine begrenzte Zahl von Zielen in Jugoslawien anzugreifen. Zum Einsatz wären vor allem Marschflugköper gekommen. Die Absicht war, der Belgrader Führung zu demonstrieren, dass die NATO fest entschlossen war, mit dem Einsatz militärischer Mittel ihre Ziele durchzusetzen. Nach diesen Luftangriffen hätte es eine Pause gegeben, um die politische Wirkung bewerten zu könne und der jugoslawischen Seite Gelegenheit zum Einlenken zu geben. Erst danach wäre der Luftkrieg begonnen worden. Es konnte nicht festgestellt werden, weshalb dieser vom NATO-Rat gebilligte Operationsplan nicht zur Anwendung gekommen ist. Dieser militär-politische Zwischenschritt auf dem Weg zum Krieg wäre vielleicht eine allerletzte Chance gewesen, doch noch eine politische Lösung herbeizuführen.

---

154 Eine Kurzdarstellung des Operationsplans „Limited Air Response" findet sich ebenda, S. 5f.

VII. Debatten und Entscheidungen des Deutschen Bundestages

1. Idealtypische Funktionen des Parlaments

„Der Bundestag repräsentiert das Volk und bildet dadurch die Legitimationsgrundlage aller staatlichen Gewalt ... Die Repräsentation des Volkes beinhaltet zum einen das Handeln für das Volk und zum anderen die Verantwortlichkeit gegenüber dem Volk."[155]
Es gibt wohl keine schwerwiegendere Entscheidung einer Volksvertretung als die über Krieg und Frieden und den Einsatz der bewaffneten Streitkräfte. Dennoch war in der Bundesrepublik hierfür die Rechtslage über die Mitwirkung des Bundestages lange Zeit unklar. Eindeutig durch das Grundgesetz geregelt war die parlamentarische Beteiligung bei der Feststellung des Verteidigungsfalls, d.h. für den Fall eines Angriffs auf die Bundesrepublik. Hierfür ist ein Beschluss des Parlaments mit einfacher Mehrheit erforderlich (Art. 115 a I GG). Der sonstige Einsatz der bewaffneten Streitkräfte wurde erst mit einer Entscheidung des Bundesverfassungsgerichts vom 12. Juli 1994 zweifelsfrei geklärt. Dieses Urteil hat eine über die Frage der parlamentarischen Mitwirkung weit hinausreichende Bedeutung. Im Einzelnen legt es fest:[156]

(1) „Das Grundgesetz ermächtigt den Bund, Streitkräfte zur Verteidigung aufzustellen und sich Systemen kollektiver Selbstverteidigung und gegenseitiger kollektiver Sicherheit anzuschließen; darin ist auch die Befugnis eingeschlossen, sich mit eigenen Streitkräften an Einsätzen zu beteiligen, die im Rahmen solcher Systeme vorgesehen sind und nach ihren Regeln stattfinden."
(2) Der Einsatz bewaffneter Streitkräfte bedarf jedoch „grundsätzlich der vorherigen konstitutiven Zustimmung des Bundestages".
(3) Diese konstitutive Zustimmung des Bundestages ist auch erforderlich „bei Einsätzen bewaffneter Streitkräfte im Rahmen von Resolutionen des Sicherheitsrates". Dabei spielt es keine Rolle, um welche Art der Mandatierung es sich handelt, denn die Grenzen der verschiedenen Einsatzarten von Friedenstruppen sind fließend.
(4) Nicht der Zustimmung des Bundestags bedarf der Einsatz der Bundeswehr für Hilfsdienste und Hilfsleistungen, sofern „die Soldaten dabei nicht in bewaffnete Unternehmungen einbezogen sind".

---

155 Horst Dreier (Hrsg.), Grundgesetz, Kommentar, Band II, Tübingen 1998, S. 796.
156 O.V., Entscheidungen des Bundesverfassungsgerichts, Band 90, S. 287ff.

Mit diesem Beschluss ist die Mitwirkung der Volksvertretung für den Einsatz deutscher Streitkräfte vollständig und zweifelsfrei geregelt. Allerdings wird kein eindeutiges Urteil darüber getroffen, welche Einsätze von Streitkräften außerhalb der Verteidigung der Bundesrepublik in der Substanz verfassungskonform sind. Die Formulierung „im Rahmen" kollektiver Sicherheitssysteme oder „im Rahmen" von Resolutionen des Sicherheitsrates lassen durchaus verschiedene Interpretationen zu.

In enger Beziehung zur Repräsentationsfunktion des Parlaments steht die Kontrollfunktion. „Dem letztlich vom Volk durch den Bundestag vermittelten Charakter der staatlichen Gewalt entspricht es, daß die staatlichen Amtswalter und ihre Aktivitäten auch der Kontrolle des Volkes und seiner Vertretung unterliegen."[157] Aus der „Grundsatzverantwortlichkeit des Parlaments für die Streitkräfte" ergibt sich eine besondere Ausprägung der parlamentarischen Kontrolle der Streitkräfte, die sich über die spezifischen Kontrollinstanzen (Wehrbeauftragter, Verteidigungsausschuss) hinaus auch auf den Einsatz der Streitkräfte zu erstrecken hat. „Die Kontrolle durch den Bundestag wird immer auch stellvertretend für das Volk wahrgenommen und hat deswegen vor dem Volk zu erfolgen. Dies bedeutet, daß die Kontrolltätigkeit *öffentlich* ist und auf Veröffentlichung zielt." [158]

„Weil der Bundestag für das Volk steht und für dieses entscheidet, dient er auch als ‚Forum der Nation', er erörtert die Angelegenheiten, welche die Gemeinschaft interessieren. Insofern kommt ihm eine wichtige Thematisierungsfunktion in der politischen Öffentlichkeit zu. Die Öffentlichkeit ist eine - in der Demokratie notwendige ... Wirkdimension des Parlaments ..."[159]

Öffentlichkeit wird grundsätzlich im Plenum des Bundestages hergestellt. Die Sitzungen der Ausschüsse sind im Allgemeinen nicht öffentlich, insbesondere die des Auswärtigen Ausschusses und des Verteidigungsausschusses. Die Erörterungen im Plenum, vor allem in der Abfolge von Erklärung der Regierung und Aussprache des Parlaments, wirken nicht nur thematisierend für die Öffentlichkeit und die Medien, sondern sie haben im weiteren Sinne eine wichtige meinungsbildende Funktion, stellen sie doch in konzentrierter Form die Regierungspolitik und die offiziellen Positionen der im Bundestag vertretenen Parteien dar. Diese Meinungsbildung aus dem Bundestag verläuft einerseits auf direktem Wege zum einzelnen Bürger, der über die Medien Bundestagssitzungen unmittelbar verfolgen kann. Doch der direkte Weg hat sicher nicht die Breitenwirkung wie der indirekte Weg über die Medien, die den Inhalt der Sitzungen berichtend, auswählend und kommentierend wiedergeben und weitertransportieren.

---

157 Horst Dreier, Grundgesetz, a.a.O., S. 800.
158 Ebenda, S. 802.
159 Ebenda, S. 797.

Information ist die Grundlage für alle Funktionen des Bundestages. Ohne zutreffende und rechtzeitige Informationen kann der Bundestag weder seine Kontrollfunktion erfüllen, noch kann er seine Mitwirkungsrechte wahrnehmen oder sachgerecht thematisierend wirken. Die Pflicht zur Information des Parlaments obliegt vor allem der Regierung. Doch trägt auch jeder Abgeordnete als Volksvertreter für sich die Verantwortung dafür, dass er die notwendige Information abfordert und, wenn nötig, sich selbst beschafft. Eine besondere Verantwortung trägt die Regierung für die Information der Opposition, die nicht wie die Regierungsparteien informellen Zugang zu regierungsamtlichen Informationen hat.

2. Analyse der Sitzungen des Bundestages zum Kosovo-Konflikt von Juni 1998 bis März 1999[160]

Zum ersten Mal in seiner fast 50-jährigen Geschichte hatte der Deutsche Bundestag im Herbst 1998 über Krieg und Frieden zu entscheiden. Im weiteren Zusammenhang mit dieser Entscheidung steht auch die Sitzung am 19. Juni 1998.

2.1 Der Prolog: die Sitzung vom 19. Juni 1998

An diesem Tag stand das Thema „Kosovo" gar nicht ausdrücklich auf der Tagesordnung der Sitzung des Bundestages. Es ging vielmehr um die Verlängerung der deutschen Beteiligung an SFOR in Bosnien-Herzegowina. Doch Mitte Juni liefen die Planungen für ein militärisches Eingreifen der NATO im Kosovo bereits auf vollen Touren. Deshalb war eine Debatte über den Kosovo-Konflikt gar nicht zu vermeiden. Außenminister Kinkel schlug in der Regierungserklärung auch den Bogen vom eigentlichen Thema zum Kosovo-Konflikt. Er sah die Gefahr einer Destabilisierung der gesamten Region und nannte die Forderungen an Belgrad, die beim Treffen der Kontaktgruppe am 12. Juni 1998 vereinbart worden waren. Militärische Maßnahmen zeichneten sich verklausuliert doch deutlich ab: „Wir werden alles tun, um der Gewalt im Kosovo ein Ende zu bereiten. Deshalb haben Kontaktgruppe und Europäischer Rat der Belgrader Führung für den Fall der Verweigerung weitere Maßnahmen angedroht, einschließlich solcher, für die eine Zustimmung des UN-Sicherheitsrates erforderlich ist ... Die NATO prüft militärische Optionen mit unmittelbarer Auswirkung auf den Kosovo und die gesamte Bundesrepublik Jugoslawien." Kinkel betonte gleichzeitig: „Solche Maßnahmen bedürfen einer sicheren Rechtsgrundlage. Das kann aufgrund der Umstände nur ein Mandat des Sicherheitsrates sein." (S. 22422) Wohl-

---

160 Die bei Zitaten genannten Seitenzahlen beziehen sich auf die Protokolle der Sitzungen des Bundestages.

gemerkt, zu dieser Zeit war die UCK im Bürgerkrieg auf dem Vormarsch, sie kontrollierte bereits etwa ein Drittel des Kosovo.
Die Frage nach der Rechtsgrundlage einer militärischen NATO-Intervention nahm in der Aussprache einen breiten Raum ein. Es war ja nicht verborgen geblieben, dass sich hierüber zwischen den Regierungsparteien ein Dissens entwickelt hatte, und die Opposition nahm in der Zeit des Wahlkampfes die Chance wahr, die Uneinigkeit in der Regierung vorzuführen.
Der CDU-Verteidigungsminister Rühe bezeichnete in der Debatte zwar ein Mandat des UN-Sicherheitsrats als den „Königsweg". Er versprach: „Wir handeln auf einer gesicherten Rechtsgrundlage. Darauf kann sich jeder verlassen." (S. 22437) Doch was diese Rechtsgrundlage sein sollte, verschwiegen Rühe und seine Parteifreunde. Der Außenminister und ein großer Teil der F.D.P. hielten ein UN-Mandat für unerlässlich. Hierzu der Abgeordnete Irmer: „Wir haben dies noch einmal sorgfältig geprüft. Als Rechtsgrundlage für einen etwaigen militärischen Einsatz im Kosovo steht heute nur ein Mandat des UN-Sicherheitsrates zur Verfügung." (S. 22449f.)
Für die größte Oppositionspartei, die SPD, äußerten sich zwei ihrer maßgeblichen Repräsentanten, die Abgeordneten Verheugen und Scharping, zur Mandatsfrage überhaupt nicht. Der Abgeordnete Carsten Voigt meinte, „das traditionelle Völkerrecht" sei auf den Konflikt zwischen Staaten abgestellt. Bei den Problemen Bosnien und Kosovo habe man es aber mit innerstaatlichen Konflikten zu tun, die nach den „klassischen Regeln des Völkerrechts ... nicht leicht zu beheben sind". Voigt glaubte, „wir müssen hier schlicht und ergreifend eine Weiterentwicklung des Völkerrechts vornehmen". (S. 22447) Die Abgeordnete Zapf (SPD) forderte den Verteidigungsminister auf, zu sagen, was er außer einem UN-Mandat noch als ausreichende Grundlage bezeichne. Sie hielt es „für extrem verantwortungslos, sich nicht sehr genau darauf zu verständigen, was im Sinne des Völkerrechts eine Grundlage für den Einsatz unserer Bundeswehr darstellt". (S.22443) Für Bündnis 90/Die Grünen hielt Joseph Fischer der CDU vor, nichts über die Mandatierung gesagt zu haben. Auch dem Außenminister machte er diesen unbegründeten Vorwurf, denn dieser hat sich klar geäußert. Fischer selbst hielt „eine klare Mandatierung für notwendig". (S. 22430) Mit fünf diesbezüglichen Zwischenrufen forderte er den Verteidigungsminister während dessen Rede dazu auf. Doch Fischer selbst bezog auch keine explizite inhaltliche Position. Seine Parteifreundin Angelika Beer warf Rühe vor, er tue alles, „um die Vereinten Nationen zu marginalisieren" und bereite einen Kampfeinsatz im Kosovo vor, „ohne daß es ein dafür erforderliches Mandat gibt". (S. 22443) Der Grünen-Abgeordnete Lippelt hielt eine klare Aussage zur Mandatierung für die „Orientierung der Nation" und das Parlament für wichtig. (S. 22442)
MdB Zwerenz (PDS) bezeichnete einen Kampfeinsatz der Bundeswehr ohne UN-Mandat als einen Bruch internationalen Rechts. Er forderte, die Regie-

rung möge sich für die Stärkung des Friedens mit „wenigstens so viel Energie, Intelligenz und Phantasie" einsetzen, wie sie sich bisher „der militärischen Durchsetzung von Interessen gewidmet hat". (S. 22434)
Insgesamt gewinnt man aus der Debatte den Eindruck, dass in Bezug auf die Frage der Mandatierung von Einsätzen der Bundeswehr im Kosovo die Divergenzen zwischen den Regierungsparteien größer waren als zwischen der größeren Regierungspartei und der größten Oppositionspartei. Selbst den Grünen schien es nicht so sehr um den Inhalt einer Festlegung zu gehen als um die Aufdeckung des Dissens innerhalb der Regierung. Von Rühe musste sich Fischer den Hinweis gefallen lassen: „Wenn ich Sie sprechen höre, habe ich manchmal Angst, daß Sie die sofortige Bombardierung Bagdads fordern, nur um im Rennen der Realpolitiker weiter vorn zu sein." (S. 22436) So war in dieser Frage neben der F.D.P. die PDS die einzige klare Oppositionspartei.
Bemerkenswert für den weiteren Fortgang der parlamentarischen Befassung mit dem Kosovo-Konflikt ist noch ein weiterer Aspekt dieser Aussprache: Die meisten Redner sahen die alleinige oder hauptsächliche Schuld für die Krise auf jugoslawischer Seite. Die „verantwortungslose Politik Belgrads" wirke destabilisierend auf die gesamte Region. (Kinkel, S. 22422) Fischer identifizierte „einen aggressiven serbischen Nationalismus" als den „Hauptquell der Instabilität und auch der Gewalt in dieser Region". (S. 22429) Zwar forderte Kinkel, auch die Gewalt der UCK müsse aufhören, und Scharping meinte, man müsse auch die UCK „und deren gewaltsame Aktionen im Blick haben". Milosevic sei nur ein Teil des Problems. (S. 22439) Doch konkrete und präzise Forderungen gingen ausschließlich an die Adresse der Bundesrepublik Jugoslawien. Lediglich die PDS machte hier eine Ausnahme. Sie forderte von der Bundesregierung ein „vernünftiges Einwirken auf beide Seiten und die Übernahme einer wirklich hilfreichen Rolle im Konflikt". (S. 22434)

2.2 Die Entscheidung über die Teilnahme Deutschlands an einem Krieg: die Sitzung vom 16. Oktober 1998

2.2.1 Zur Vorgeschichte

Ende September/Anfang Oktober 1998 befand sich die deutsche Politik in einer besonderen, schwierigen Lage.
Am 27. September 1998 wählten die Deutschen einen neuen Bundestag und entschieden damit auch über die Regierung. Der Kosovo-Konflikt hatte im Wahlkampf kaum eine Rolle gespielt. Doch während dieser Wahlkampf in seine Endphase eintrat, spitzte sich die internationale Lage um diesen Konflikt zu.
Mit der Abwahl der Regierung Kohl und einer parlamentarischen Mehrheit für eine „rot-grüne" Regierung befand sich Deutschland in einer politischen

Übergangsphase. Die neue Regierung bereitete sich auf die Übernahme der Amtsgeschäfte vor. Konstituierende Sitzung des neuen Bundestages, Wahl des Bundeskanzlers und Vereidigung des Kabinetts waren - wie es der Routine entsprach - für Ende Oktober 1998 vorgesehen. Die Verhandlungen über den Koalitionsvertrag befanden sich in vollem Gange (Abschluss am 20. Oktober 1998). Die abgewählte Bundesregierung führte die Geschäfte weiter. In einer normalen Lage entsteht damit kein Problem.

Doch Anfang Oktober eskalierte die Kosovo-Krise. Die NATO verstärkte ihr Drohpotential. Am 12. Oktober 1998 stimmte die deutsche Regierung der Beteiligung deutscher Soldaten an einem nicht durch den UN-Sicherheitsrat mandatierten Luftkrieg der NATO gegen die Bundesrepublik Jugoslawien zu. Diese Entscheidung der Regierung bedurfte allerdings, um wirksam zu werden, der Zustimmung des Bundestages.

Vertreter der noch amtierenden Regierung und die Führer der neuen Regierungsparteien hatten die bündnispolitischen Schritte untereinander abgestimmt[161] und waren auch übereingekommen, eine außerordentliche Sitzung des bereits abgewählten Parlaments für den 16. Oktober 1998 einzuberufen. Dies war eine ungewöhnliche Prozedur, die selbst viele Fragen aufwarf und Konsequenzen für die Rolle des Parlaments bei dieser Entscheidung haben musste. Aus dem Parlament selbst kamen kritische Stimmen zu dem gewählten Verfahren auf. So bemängelte der Abgeordnete Gysi (PDS), dass ein abgewählter Bundestag verhandle und entscheide, obwohl es möglich gewesen wäre, den neu gewählten Bundestag für diese Entscheidung zusammentreten zu lassen. Der Abgeordnete Hirsch (F.D.P.) vertrat die Auffassung, der 13. Deutsche Bundestag solle und könne angesichts der weitreichenden Bedeutung die ihm vorgelegte Entscheidung nicht mehr treffen. „Ich bin der Auffassung, dass die Abgeordneten des 14. Bundestages zumindest hätten gefragt werden müssen, ob sie angesichts des außergewöhnlichen Sachverhalts die Wahl unverzüglich annehmen und zusammentreten wollen, um ihre Verantwortung wahrzunehmen. Diese eigene Entscheidung eines jeden Abgeordneten kann ihnen niemand - auch nicht in wohlmeinender Absicht - abnehmen." (S. 23159) MdB Krziskewitz (CDU/CSU) begründete seine Ablehnung des Regierungsantrags u.a. damit, dass Beschlüsse von solcher Tragweite vom neu gewählten Bundestag gefasst werden sollten. Doch diese drei Abgeordneten waren Einzelstimmen, die wohl schon vorher im parteiinternen Abstimmungsprozess keine Resonanz gefunden hatten. Die überwältigende Mehrheit der alten und neuen Abgeordneten hatte offenbar keine Bedenken, dem von den Parteispitzen vereinbarten Vorgehen zuzustimmen, das wohl verfassungsrechtlich nicht anzuzweifeln, doch politisch durchaus fragwürdig war.

---

161 Hierauf hat der Fraktionsvorsitzende der CDU/CSU im Bundestag ausdrücklich hingewiesen (S. 23139).

2.2.2 Der Ablauf der Sitzung

Diese denkwürdige Sondersitzung des deutschen Parlaments begann um 10.00 Uhr unter dem Vorsitz der Präsidentin Dr. Rita Süßmuth; nach knapp vier Stunden war die letzte Sitzung des 13. Deutschen Bundestags beendet. Dem Plenum lagen zwei Anträge zur Entscheidung vor:

- der Antrag der Bundesregierung: „Deutsche Beteiligung an den von der NATO geplanten begrenzten und in Phasen durchzuführenden Luftoperationen zur Abwendung einer humanitären Katastrophe im Kosovo-Konflikt" (Drucksache 13/11469);
- ein Entschließungsantrag der Gruppe der PDS zum Antrag der Bundesregierung, der den Regierungsantrag ablehnte (Drucksache 13/11470).

Außenminister Kinkel gab eine Regierungserklärung ab. Der noch amtierende Bundeskanzler Kohl war zwar anwesend, doch er äußerte sich nicht. An der Aussprache beteiligten sich Verteidigungsminister Rühe, die Fraktionsvorsitzenden der Parteien (bzw. der Vorsitzende der Gruppe der PDS), der zukünftige Bundeskanzler Schröder, die designierten Minister Fischer und Scharping sowie 13 weitere Abgeordnete. 16 schriftliche Erklärungen wurden zu Protokoll gegeben.

Um 13.47 Uhr gab Vizepräsidentin Dr. Antje Vollmer das Ergebnis der namentlichen Abstimmung zum Antrag der Bundesregierung bekannt:

Abgegebene Stimmen: 584
Ja-Stimmen: 503
Nein-Stimmen: 63
Enthaltungen: 18

Der Antrag der Regierung war damit mit großer Mehrheit angenommen. Vor der namentlichen Abstimmung über den Regierungsantrag hatte der Bundestag den Entschließungsantrag der Gruppe der PDS mit den Stimmen aller anderen Parteien gegen die der PDS abgelehnt.

Die Nein-Stimmen und Enthaltungen verteilten sich auf die Parteien wie folgt:

	Nein	Enthaltung
CDU/CSU	1	2
SPD	21	7
Bündnis 90/Die Grünen	9	8
F.D.P.	1	1
PDS	29	-
Fraktionslos	1	-

2.2.3 Inhaltliche Analyse der Sitzung

Es kann hier nicht darum gehen, alle inhaltlichen Facetten dieser so wichtigen Sitzung des deutschen Bundestages nachzuvollziehen. Vielmehr werden anhand ausgewählter Fragestellungen die Regierungserklärung und die Aussprache analysiert. Dabei richtet sich das besondere Interesse auf die offiziellen Gestalter der Politik, Vertreter der noch amtierenden und der zukünftigen Regierung sowie die Partei- und Fraktionsvorsitzenden. Aufgrund der besonderen Umstände dieser Sitzung ist eine Unterscheidung zwischen Regierungs- und Oppositionsparteien wenig sinnvoll. Einzige Oppositionspartei war die PDS. Es gab eine zahlenmäßig kleine - doch gerade deshalb beachtenswerte - Individualopposition aus allen Parteien. Die zukünftige Opposition votierte mit größerer Mehrheit für den Regierungsantrag als die neuen Regierungsparteien.

War die Tragweite der Entscheidung erkennbar und bewusst?
Zunächst erhebt sich die Frage, ob aus den Informationen der Regierung klar hervorging, worum es bei der Entscheidung des Bundestages in letzter Konsequenz ging, nämlich um die deutsche Beteiligung an einem Krieg. Der Antrag der Bundesregierung spricht vom „Einsatz bewaffneter Streitkräfte ... zu den von der NATO ... geplanten, begrenzten und in Phasen durchzuführenden Luftoperationen". Da auch im Text nicht erläutert wird, was diese „Luftoperationen" konkret beinhalten und gegen wen sie sich richten, ist zu bezweifeln, dass aus diesem Antrag der Regierung die Tragweite der Entscheidung deutlich werden konnte. Der Außenminister erläuterte zwar den formalen Zweck der Sitzung: „Heute geht es entsprechend dem Beschluss des Bundesverfassungsgerichts um die konkrete Zustimmung des Bundesta-

ges zu der Entscheidung des Bundeskabinetts ..." Doch Kinkel verwendete in seinen Ausführungen das Wort „Krieg" nicht, sondern spricht von „begrenzten Luftoperationen", von „Gewaltanwendung", von der „Entsendung" und vom „eventuellen Einsatz von Truppen", vom „militärischen Einsatz" und vom „Einsatz von Streitkräften". (S. 23127ff.)
Verteidigungsminister Rühe stellte klar, dass ein „Einsatz auch der deutschen Streitkräfte" keinesfalls ausgeschlossen werden könne. „Wenn Sie Ihre Stimme abgeben, müssen Sie das in dem Bewußtsein tun, daß dieser Einsatz durchgeführt und von uns abverlangt werden kann." (S. 23133) Der designierte Bundeskanzler dagegen war zuversichtlich, „daß es so weit nicht kommen wird, daß wir militärisch intervenieren müssen ... und es zur militärischen Gewaltanwendung höchstwahrscheinlich nicht kommen wird". (S. 23135) Doch der Fraktionsvorsitzende der CDU/CSU Schäuble mahnte: „Bei aller Hoffnung, daß ... es nicht zu einem Einsatz der Luftstreitkräfte kommen muß, möchte ich dennoch hinzufügen: Es kann natürlich auch weiterhin dazu kommen." (S. 23138)
Auffällig ist, wie in fast allen Reden das Wort „Krieg" umgangen wurde. Der zukünftige Außenminister Fischer sprach zwar von „einer Entscheidung, bei der es um Krieg und Frieden geht ...". Doch er schien spürbar erleichtert, als er sagte: „Wir entscheiden heute über die Beteiligung der Bundeswehr an einem Militäreinsatz der NATO, von dem wir alle hoffen und Gott sei Dank begründet hoffen können, daß er niemals stattfinden muß und niemals stattfinden wird ..." (S. 23141).
MdB Gysi brachte es auf den Punkt: „Ja, es geht um einen möglichen Krieg gegen Serbien. Dafür wird heute ein Vorratsbeschluß gefaßt." (S. 23147)
Den Begriff „Vorratsbeschluß" versuchte Verheugen (SPD), zukünftiger Staatsminister im Auswärtigen Amt, zu entkräften. Er möchte für seine Fraktion „sehr deutlich sagen, daß der Beschluß, den wir heute fassen, kein Vorratsbeschluß ist, der bedeutet, daß man in vier, sechs, acht oder zwölf Wochen dann gegebenenfalls darauf zurückkommen kann ...". (S. 23153) Verheugen hätte es eigentlich besser wissen müssen, doch er spielte die Konsequenzen der Entscheidung des Bundestages herunter. Tatsächlich handelte es sich um einen Vorratsbeschluss, der nach mehr als 20 Wochen, im März 1999, abgerufen wurde.
Insgesamt kann man aus der Bundestagssitzung den Eindruck gewinnen, dass sowohl die noch amtierende als auch die zukünftige Regierung und die Führer der sie tragenden Parteien die Tragweite des Parlamentsbeschlusses eher relativieren wollten. Die eingetretene politische Entwicklung machte es auch leichter, nicht an eine tatsächliche Kriegsbeteiligung zu glauben. Der falsche Eindruck, vor einem bewaffneten Einsatz noch einmal entscheiden zu können, mag zusätzlich die letzte Konsequenz etwas verdeckt und den Abgeord-

neten das Gefühl vermittelt haben, dass die Folgen ihrer Entscheidung nicht zum Tragen kommen würden.

Was ist der Zweck der geplanten Luftangriffe gegen die BRJ?
Der Antrag der Bundesregierung definierte in der Überschrift den Zweck des Antrags, also sozusagen das Kriegsziel, formal eindeutig: „Abwehr einer humanitären Katastrophe im Kosovo-Konflikt." Der Begriff der humanitären Katastrophe ist nirgends definiert, doch ist damit wohl in diesem Falle schweres Leid für eine sehr große Zahl von Menschen gemeint. Im Text des Antrags wurde der Zweck des Einsatzes erweitert. Dort heißt es: „Die von der Bundesregierung bereitgestellten Kräfte können ... zur Abwendung einer humanitären Katastrophe und zur Unterbindung schwerer und systematischer Menschenrechtsverletzungen im Kosovo ... eingesetzt werden." Diese Erweiterung dehnt die Legitimierung für den Einsatz der deutschen Streitkräfte erheblich aus.
In der Regierungserklärung spielte vor allem die Drohung mit dem Einsatz eine Rolle. Der Außenminister: „Weil weiterhin eine humanitäre Katastrophe droht, muß die militärische Drohung der NATO aufrechterhalten werden." (S. 23128) Kinkel machte dann jedoch einen großen Schritt zur Erweiterung des Zwecks, indem er erklärte, dass „die Drohung mit dem militärischen Einsatz schließlich auf die Verwirklichung der einstimmig gefaßten Sicherheitsratsresolution hinzielt". (S. 23129) Was für die Drohung gilt, muss auch für den Einsatz gelten. Das heißt aber, dass sich der Außenminister weit über den im Regierungsantrag gesetzten Zweck hinausbewegte.
Die Einlassung des Verteidigungsministers mag symptomatisch sein: „Es geht ... um die Abwehr einer humanitären Katastrophe ... Es darf keinen Freibrief für den Einsatz von Panzern und Artillerie gegen die eigene Bevölkerung geben. Gewalt darf sich in Europa nicht auszahlen. Wir würden das Gesicht Europas auf Dauer verschandeln, wenn wir uns dies anschauten, ohne zu handeln. Darum geht es." (S. 23134)
Der zukünftige Bundeskanzler führte neben der Vermeidung einer humanitären Katastrophe die „Abwendung einer großen ... Fluchtbewegung" (S. 23136) an. Für den Außenminister in spe war der Zweck sehr weit gefasst. Er meinte: „Das Problem ist doch nicht nur die humanitäre Katastrophe ... Das Problem ist, daß von der Politik der Bundesrepublik Jugoslawien - von der Politik Milosevic' - eine dauerhafte Kriegsgefahr in Europa ausgeht. Diese Kriegsgefahr können wir nicht akzeptieren, das ist der entscheidende Punkt." (S. 23142) Danach wäre das eigentliche Kriegsziel die Beseitigung der gegenwärtigen Regierung der BRJ und nicht so sehr die Abwendung einer humanitären Katastrophe in einer konkreten Situation gewesen. Diese weitergehende Zielsetzung, die Fischer sah, wird auch aus folgendem deutlich: „Vielmehr geht es darum ... eine rational nicht mehr erklärbare, ethisch nicht

mehr verantwortbare, eine auf aggressivem Nationalismus beruhende Politik Belgrads in die Schranken zu weisen." (S. 23142) Der zukünftige Verteidigungsminister umschrieb das Ziel ganz schlicht menschlich damit, „bedrohten Menschen in einer katastrophalen Situation so gut zu helfen, wie wir es eben vermögen". (S. 23147)
Deutlich wird in den Ausführungen von maßgeblichen Regierungspolitikern, dass zwar die Abwendung einer humanitären Katastrophe *eine* Legitimierungsgrundlage für den Einsatz deutscher Streitkräfte sein sollte, aber - am ausgeprägtesten bei Fischer - nicht einmal das wichtigste Kriegsziel. Im Kern ging es um die Herbeiführung eines Machtwechsels in der BRJ und um die Bestrafung eines Übeltäters, des jugoslawischen Präsidenten Milosevic.
Nun hätte ja angesichts der politischen Entwicklung auch bei den Befürwortern des Regierungsantrags die Frage aufkommen können, ob die Kriegsdrohung noch aufrechterhalten werden müsse. Doch hier waren sich die Regierungsverantwortlichen einig. Die Drohung muss bleiben, weil die bisherige Erfahrung gezeigt habe, dass der jugoslawische Präsident nur unter militärischem Druck eingegangene Verpflichtungen auch einhält. Einzig der Abgeordnete Müller (SPD) plädierte dafür, „angesichts der jüngsten Entwicklung" die Entscheidung auszusetzen. „Diese letzte Chance sollte genutzt werden." (S. 23166) Diese Chance konnte deshalb nicht genutzt werden, weil maßgebliche Regierungsverantwortliche eine viel weitergehende Zielsetzung im Sinn hatten als die Abwendung einer humanitären Katastrophe.

Weshalb soll Deutschland an einem Krieg gegen Jugoslawien teilnehmen?
Im Bundestag spielten bündnispolitische Argumente, die im Regierungsantrag überhaupt nicht thematisiert waren, eine herausragende Rolle. Die Minister der Kohl-Regierung wandten sich mit diesbezüglichen Appellen an die Nachfolgeregierung und die sie tragenden Parteien. Kinkel appellierte an das Plenum: „Deutschland darf nicht abseits stehen, wenn das Bündnis die sich abzeichnende humanitäre Katastrophe ... zu verhindern sucht." Er beschwor geradezu „eine europäische Friedensverantwortung Deutschlands und ... unsere Verläßlichkeit im Bündnis. Unsere Partner müssen sich auf die Solidarität des vereinten Deutschland verlassen können." (S. 23138) Rühe wollte „ohne Übertreibung sagen, dass unsere Verbündeten heute auf die Entscheidung des 13. Deutschen Bundestages schauen. Sie alle erwarten ein klares Votum des Deutschen Bundestages." Der noch amtierende Verteidigungsminister meinte, der deutsche Beitrag sei „militärisch notwendig und bedeutsam". Es ergäben sich Verpflichtungen aus der Integration der deutschen Streitkräfte, Deutschland dürfe in einer schwierigen Situation die integrierten Strukturen niemals lahm legen. (S. 23133ff.)
Doch auch die zukünftige Regierung war sich ihrer bündnispolitischen Verantwortung durchaus bewusst. Schröder vertrat die Auffassung, dass die der-

zeitige Entscheidung notwendig sei, „um schwere, nicht leicht zu reparierende Schäden innerhalb des Bündnisses und wohl auch in der Europäischen Union" und einen sich daraus ergebenden „verheerenden Ansehens- und Bedeutungsverlust" (S. 23138) für Deutschland zu vermeiden. Für Fischer ging es darum, in einer Übergangsphase Handlungsfähigkeit zu beweisen. Und Scharping erklärte: „Wir wollen unseren Beitrag dazu leisten, weil er nach draußen, zu unseren Freunden, etwas signalisiert, nämlich Verläßlichkeit, Festigkeit und Stetigkeit in den auswärtigen Beziehungen der Bundesrepublik Deutschland ..." (S. 231240)
Angesichts der Bemühungen der Kohl-Regierung, eine rot-grüne Regierung als bündnisfeindlich zu brandmarken und schweren Schaden für die Stellung Deutschlands im internationalen Konzert zu prognostizieren, war es verständlich, dass die neuen Verantwortungsträger wirklich alles zu tun bereit waren, um solche Befürchtungen aus dem Weg zu räumen. Sie taten es so, dass bündnispolitisch das Signal eines nahtlosen Regierungswechsels ganz deutlich sichtbar war.

War die NATO-Aktion legal, d.h. völkerrechtskonform?
Die Frage, ob der mögliche Krieg oder schon die Drohung damit verfassungs- und völkerrechtskonform seien, spielte vor allem bei den Argumenten der Opponenten gegen den Regierungsantrag eine gewichtige Rolle. Die Regierungsvertreter widmeten dieser Frage nur wenig Raum. So stellte der Außenminister fest, die Bundesregierung teile die Rechtsauffassung des NATO-Generalsekretärs mit allen 15 NATO-Partnern. Der Beschluss der NATO dürfe jedoch kein Präzedenzfall werden. „Wir dürfen nicht auf eine schiefe Bahn kommen, was das Gewaltmonopol des Sicherheitsrates anbelangt", so Kinkel (S. 23129). In dem Beitrag des amtierenden Verteidigungsministers wurde diese Frage gar nicht thematisiert. Für den zukünftigen Bundeskanzler war die „Rechtsgrundlage der NATO-Entscheidung" eine „sehr wichtige Frage". Auch ihm wäre ein „neues, mit einer klaren Ermächtigung versehenes UNO-Mandat lieber gewesen". (S. 23137) Er fährt mit einer bemerkenswerten Argumentation fort: „Daß es dieses Mandat nicht gibt, lag aber nicht an den NATO-Mitgliedern. Gerade mit Rücksicht auf Rußland und gerade mit Rücksicht auf die Stellung der Vereinten Nationen war es richtig, die NATO-Entscheidungen nicht von einer weiteren Sicherheitsratsresolution abhängig zu machen." Die NATO habe sich nicht selber ein Mandat erteilt, „sie handelt im Bezugsrahmen der Vereinten Nationen". Damit griff Schröder die undeutliche Formulierung des Bundesverfassungsgerichts auf.
Für Fischer war es wichtig, „daß es keine Selbstmandatierung der NATO ... gibt". (S. 23141) Es handle sich um eine Ausnahmesituation, um eine Notfallsituation und nicht um einen Präzedenzfall. Scharping streifte die Frage der Rechtsgrundlage nur am Rande. Er versuchte, völkerrechtliche Argu-

mente mit politischen zu entkräften. Doch gerade der zukünftige Dienstherr der Soldaten, die in den Krieg ziehen würden, hätte überzeugend vor der Öffentlichkeit darlegen müssen, dass dieser Einsatz auf einer sicheren rechtlichen Grundlage erfolgen würde![162]
In der Substanz klar und eindeutig war die PDS in ihrer Argumentation. Nicht nur der Einsatz von Streitkräften, sondern schon die Drohung damit sei verfassungs- und völkerrechtswidrig. Für die Partei ist die nach ihrer Auffassung fehlende Legalität ein wesentliches Argument für die geschlossene Ablehnung des Antrags der Bundesregierung. (S. 23145)
Der Abgeordnete Volmer (Bündnis 90/Die Grünen), in der neuen Regierung Staatsminister im Auswärtigen Amt, begründete in der Abwägung zwischen Legitimität und Legalität seine Stimmenthaltung mit der fehlenden Legalität des militärischen Einsatzes, da „die notwendige völkerrechtliche Grundlage für ein Eingreifen der NATO nicht gegeben ist. Das Fehlen eines Sicherheitsratsbeschlusses kann nicht durch andere Rechtskonstruktionen aufgehoben werden ... Die Argumentation, es handle sich um eine Ausnahme und nicht um einen Präzedenzfall ist Augenwischerei ... Der Selbstmandatierung von Militärbündnissen ist Tür und Tor geöffnet." (S. 23252f.) Die Erklärung des Abgeordneten Hirsch (F.D.P.) fasst die völkerrechtlichen Argumente der kleinen, parteiübergreifenden Opposition zusammen. Sie ist exemplarisch für eine überzeugende Minderheitsposition und glaubwürdige Opposition gegen den Strom in der eigenen Partei und eine sich abzeichnende überwältigende Mehrheit im Plenum und deshalb auch in ihrem vollen Wortlaut als Anhang wiedergegeben.
Der Wandel der neuen Regierungsparteien von der Haltung einer Opposition hin zu derjenigen einer Regierung wird an der völkerrechtlichen Beurteilung von bewaffneten Einsätzen der Bundeswehr ohne UN-Sicherheitsratsmandat in besonderem Maße deutlich. Abgeordnete, die sich in der Sitzung des Bundestags am 19. Juni noch ganz vehement für die Notwendigkeit eines Sicherheitsratsmandats ausgesprochen hatten, stimmten knapp vier Monate später einem Einsatz ohne ein solches Mandat zu bzw. enthielten sich der Stimme. Auch die F.D.P., am 19. Juni noch geschlossen für ein UN-Sicherheitsratsmandat, stimmte am 16. Oktober mit zwei Ausnahmen einem Einsatz der Bundeswehr ohne ein solches Mandat zu.
Die Abgeordneten befanden sich in dieser schwierigen Entscheidungssituation in einem Dilemma zwischen zwei Prinzipien: demjenigen der Legalität und dem der Legitimität. Doch eigentlich dürfte es sich um ein „Trilemma" gehandelt haben, wenn man nämlich die zusätzliche Dimension der politischen Opportunität hinzufügt. Es stellt sich hier natürlich aber auch die Frage

---

162 „... wer aus Gründen des massiven Verstoßes gegen Menschenrechte interveniert, sollte selbst nicht mit dem Makel behaftet sein, auf rechtlich zweifelhafter Basis zu handeln." (Winrich Kühne, Humanitäre NATO-Einsätze ohne Mandat?, SWP-3096, März 1999).

nach der politischen Glaubwürdigkeit. Im Koalitionsvertrag der rot-grünen Regierung vom 20. Oktober 1998 heißt es: „Die neue Bundesregierung wird sich aktiv dafür einsetzen, das Gewaltmonopol der Vereinten Nationen zu bewahren ..." (S. 45) In seiner Regierungserklärung vom 10. November 1998 führt Bundeskanzler Schröder aus: „Dabei setzt sich die Bundesregierung dafür ein, das Gewaltmonopol der Vereinten Nationen zu bewahren." (S. 65) Mit der Zustimmung zum bewaffneten Einsatz der Bundeswehr ohne Mandat des Sicherheitsrats stehen diese politischen Absichtserklärungen jedenfalls nicht im Einklang.

Wer ist verantwortlich für die eingetretene Situation?
Für die alte und die neue Führungsmannschaft war es völlig unstritig, wer die Verantwortung für die eingetretene Lage trug. „Präsident Milosevic hatte auf die monatelangen Bemühungen der Staatengemeinschaft um eine politische Lösung nicht reagiert. Er ist der Hauptverantwortliche für die Tragödie im Kosovo", so Minister Kinkel. (S. 23127) Für Schröder war der „Auslöser des Konflikts ... Präsident Milosevic, der im Zuge einer großserbisch-nationalistischen Politik das Autonomiestatut für den Kosovo aufgehoben hat". (S. 23135) Fischer bezog sich ausdrücklich auf die Resolution 1199 des UN-Sicherheitsrats, als er feststellte, „... das ist für uns ein entscheidender Punkt, daß von der Politik der Bundesrepublik Jugoslawien Gefahr für Frieden und Sicherheit in der Region ausgeht". (S. 23142) Der Abgeordnete Glos (CSU) behauptete: „Die Lage im Kosovo ist eindeutig. Die Resolution 1199 des UN-Sicherheitsrates stellt klar: Das bisherige Vorgehen der serbischen Sicherheitskräfte gegen die albanische Bevölkerung gefährdet den Frieden in dieser Region." (S. 23150)
Die Abgeordneten Fischer und Glos zitierten hier - und dies ist kennzeichnend - die Resolution des Sicherheitsrats nicht korrekt. Tatsächlich heißt es darin: „Affirming that the deterioration of the situation in Kosovo, Federal Republic of Yugoslawie, constitutes a threat to peace and security in the region ...". Doch für die *Situation* macht die Resolution eben nicht in einer klaren Schuldzuweisung die jugoslawische Seite allein verantwortlich.
Jedoch nicht nur auf der Regierungsseite, sondern auch bei den Parteien galt der jugoslawische Präsident als der Hauptverantwortliche. So äußerte auch Gysi für die PDS: „Auch ich gehe davon aus, dass Milosevic und damit die Regierung in Jugoslawien, die Hauptverantwortung für die gegenwärtige Situation im Kosovo trägt ..." (S. 23145) Doch ähnlich wie die PDS machten auch andere Abgeordnete ebenso eine falsche westliche Politik für die derzeitige Lage mitverantwortlich. Auffallend ist nicht nur der starke Trend zur Schuldzuweisung an eine einzige Konfliktpartei, sondern auch die extreme Personalisierung in Gestalt des jugoslawischen Präsidenten Milosevic. Er galt

bei den Grünen als der „boshafteste Despot in Europa" (Volmer, S. 23151), als „Hauptkriegsverbrecher" (Nachtwei, Müller, Beck, S. 23166).
Das logische und psychologische Äquivalent zur einseitigen Schuldzuweisung an die jugoslawische Seite und an Milosevic war eine milde und verständnisvolle Beurteilung der Kosovo-Albaner und deren bewaffneten Arms, der UCK. Zwar wurde auch gelegentlich an deren Verantwortung für eine friedliche Konfliktlösung appelliert. Doch bezeichnend für die allgemeine Haltung ist eher die Erklärung des Abgeordneten Hornhues (CDU), der für den Auswärtigen, den Verteidigungs- und den Rechtsausschuss vortrug: „Wir bitten nachdrücklich auch die Kosovo-Albaner, in diesen Prozess einzusteigen, obwohl sicherlich manches weit von dem entfernt ist, was sie sich erträumen und vielleicht erhoffen durften." (S. 23132)
Eine ausgewogene Position, die aber eine der wenigen Ausnahmen war, bezogen 15 SPD-Abgeordnete in ihrer schriftlichen Erklärung zur Ablehnung des Regierungsantrags: „Wir verurteilen das Vorgehen der serbischen Kräfte im Kosovo, das zur Zerstörung der Infrastruktur, zur Vertreibung der Zivilbevölkerung und zu einer dramatischen humanitären Notlage geführt hat. Gleichermaßen verurteilen wir das Verhalten bewaffneter albanischer Gruppen im Krisengebiet, das zu einer Verschärfung der politischen und humanitären Situation beiträgt." (S. 23170)
Derartig differenzierte Bewertungen waren jedoch für die Debatte nicht kennzeichnend. Der Trend im Bundestag war eindeutig antiserbisch, auf eine besonders emotionale Weise bei den Bündnisgrünen. Die Separatisten auf albanischer Seite konnten sich eigentlich in ihrem Vorgehen durch den Meinungstrend im deutschen Bundestag ermuntert und bestärkt fühlen. Die Sanktionen, die - wenn überhaupt - angedeutet wurden, ließen nichts befürchten und waren im Vergleich zur Kriegsdrohung gegen Jugoslawien geradezu marginal. Von der neuen Bundesregierung hatten die albanischen Separatisten nach dem Eindruck aus den Einlassungen zukünftiger Regierungsmitglieder und der sie tragenden Parteien keine wirklich ernsthafte und wirksame Beeinträchtigung ihrer Aktivitäten zu erwarten.

Wie wurde den Abgeordneten die Lage vor Ort dargestellt?
Proklamiertes Ziel der NATO-Kriegsdrohung war die Abwendung einer humanitären Katastrophe. Die Abgeordneten hätten daher nicht nur erwarten können, sondern auch fordern müssen, dass ihnen eine Beschreibung der Lage gegeben wird, die klar und eindeutig darlegt, welche Situation im Kosovo zum Zeitpunkt der Entscheidung herrschte, und die überzeugend die Kriegsdrohung rechtfertigt. Wie stand es damit?
Der Antrag der Bundesregierung berief sich auf die UN-Resolution vom 23. September 1998, also auf einen Informationsstand, der drei Wochen zurücklag. In diesem Antrag waren die inzwischen eingetretene politische Ent-

wicklung und die Verbesserung der humanitären Lage im Kosovo nicht berücksichtigt. Nun mag der bürokratische Ablauf eines solchen Antrags es schwierig machen, ihn laufend zu aktualisieren. Doch bemerkenswert ist es schon, dass die schriftliche Vorlage auf dem Tisch der Abgeordneten für eine sachgerechte Entscheidung nur eingeschränkt geeignet war, da sie die Situation, vor deren Hintergrund zu entscheiden war, nur unvollständig beschrieb. In seiner Regierungserklärung wies der Außenminister allerdings auf die inzwischen geschlossenen Vereinbarungen und Abkommen hin, auch auf das unmittelbar bevorstehende Abkommen zwischen der OSZE und der BRJ über die Stationierung der OSZE-Mission. Kinkel setzte sich jedoch in Widerspruch zu dieser politischen Entwicklung, als er erklärte: „Die Verhandlungsmöglichkeiten sind erschöpft, der Einsatz von Gewalt ist die ultima ratio" (S. 23129), und wenn er konstatiert, bei „Milosevic keinerlei Bereitschaft zur Umsetzung dessen ... was wir ihm in der Sicherheitsratsresolution auferlegt haben", zu erkennen. (S. 23128)

Über die Situation vor Ort erklärte der Außenminister, die humanitäre Lage habe sich in den vergangenen Wochen „dramatisch verschlechtert ... Zehntausende Menschen haben sich aus Angst vor den serbischen Sicherheitskräften in die Wälder des Kosovo geflüchtet. Die über 290.000 Flüchtlinge und Binnenvertriebenen sind ganz zweifellos in einer außerordentlich schwierigen ... verzweifelten Lage ... Wenn die Flüchtlinge und die Binnenvertriebenen nicht bald in ihre Dörfer zurückkehren können ... dann wird es angesichts des bevorstehenden Winters zu einer humanitären Katastrophe kommen." (S. 23128) Auf der gleichen Linie argumentierte Schröder: „Nun müssen wir erkennen, dass die intensiven Bemühungen, zu einer Verhandlungslösung zu kommen, erfolglos waren und angesichts des herannahenden Winters das Flüchtlingsproblem in eine humanitäre Katastrophe münden könnte." (S. 23136) Scharping, offenbar schon mit Zahlen aus seinem neuen Ressort ausgestattet, führte aus: „Wir haben nämlich mit Blick auf die aktuelle Situation im Kosovo festzuhalten, daß der Rückzug der serbischen Polizeieinheiten, Spezialkräfte und Streitkräfte zwar zugesagt, aber nicht durchgeführt ist, daß von den 13.000 dort stationierten Soldaten immer noch 10.000 im Kosovo sind, davon 3.000 dieser besonders berüchtigten Spezialkräfte. Das ist die schlechte internationale Erfahrung, die man mit der Regierung Milosevic sammeln mußte und für die es viele, leider schreckliche Beispiele gibt." (S. 23147)

Die Zahlen des zukünftigen Verteidigungsministers verdienen es, etwas näher betrachtet zu werden. Scharping bestätigt ja zunächst, dass die Jugoslawen die Zahl ihrer Soldaten im Kosovo um 3.000 auf 10.000 verringert haben. Damit wären in der Provinz schon 1.000 Soldaten weniger als zu Beginn des Jahres 1998. Die von Scharping erwähnten „besonders berüchtigten Spezialkräfte" gehören zur Polizei und nicht zu den Streitkräften, sind also auch keine Soldaten. Zieht man diese noch von der Zahl 10.000 ab, in der sie ja nach Scharping enthalten sind, dann verbleiben noch 7.000 Angehörige der Streitkräfte. Danach hätte die jugoslawische Armee ihre Personalstärke im Kosovo dramatisch verringert. Nimmt man Scharpings Zahlen für bare Münze, dann hätte Milosevic die UNO-Resolution übererfüllt. Doch dies war sicher nicht der Fall. Es bleibt der groteske Eindruck, dass der zukünftige Verteidigungsminister mit seinen Zahlen das Gegenteil dessen belegt, was er eingangs behauptet und der serbischen Führung vorwirft.

Vergegenwärtigt man sich, was dem Bundestag an Informationen über die tatsächliche Situation im Kosovo präsentiert wurde, so ist dies angesichts der Tragweite der zu treffenden Entscheidung fast nicht zu glauben. Der Außenminister gibt ein Lagebild, wie es die UN-Resolution drei Wochen vorher aufgezeigt hat, er erwähnt nicht einmal die inzwischen eingetretene Lageentwicklung im Kosovo. Von einer dramatischen Verschlechterung der humanitären Lage in den letzten Wochen zu sprechen, heißt, das Gegenteil dessen zu behaupten, was tatsächlich geschehen ist. Der noch amtierende Verteidigungsminister Rühe äußert sich überhaupt nicht zur Lage vor Ort. Sein Nachfolger bringt zwar einige Zahlen, doch wie er sie verwendet, zeigt bestenfalls, dass er noch nicht mit ihnen umgehen kann. Er erbringt damit - sicher unfreiwillig - den Beweis, dass die jugoslawische Führung dabei ist, die UN-Resolution zu befolgen, zieht aber die gegenteilige Schlussfolgerung. Um hier keinen Zweifel aufkommen zu lassen: In den Ministerien und im Kanzleramt waren zutreffende, aktuelle Informationen über die Lage im Kosovo vorhanden, sie wurden jedoch von den Regierungsverantwortlichen dem Bundestag - und damit auch der Öffentlichkeit - vorenthalten.

2.2.4 Fazit

Mit großer Mehrheit (86 Prozent der abgegebenen Stimmen) entschied sich der deutsche Bundestag am 16. Oktober 1998 für die deutsche Teilnahme an einem Luftkrieg der NATO gegen die Bundesrepublik Jugoslawien. Jedem Abgeordneten musste, auch wenn das Wort „Krieg" in der Debatte nur sehr selten verwendet wurde, die Tragweite seiner Entscheidung klar sein. Allerdings wurden die Konsequenzen in gewisser Hinsicht relativiert. Die inzwischen eingetretene politische Entwicklung ließ es weniger wahrscheinlich erscheinen, dass die NATO-Kriegsdrohung auch ausgeführt werden müsste. Man konnte erwarten, dass die deutschen Truppen, die für einen Krieg gegen die BRJ autorisiert wurden, nicht zum Einsatz kommen würden. Zudem war das Missverständnis erzeugt worden, der Bundestag hätte bei einer sich wieder verschlechternden Lage erneut zu entscheiden. Doch der gefasste Vorratsbeschluss war praktisch kaum revidierbar, vom Parlament aus nur über den Sturz der Regierung, also durch einen gleichsam selbstmörderischen Akt der Regierungsparteien.

Kriegsziel und Legitimationsgrundlage auch für die Kriegsdrohung war die Abwehr einer humanitären Katastrophe. Doch diese Zielsetzung wurde erheblich erweitert. Es ging auch darum, die Führung der BRJ zu einer generellen Änderung ihrer Politik zu zwingen bzw. diese Führung zu beseitigen. Insbesondere bei den neuen Regierungsparteien stand das eher allgemeine Ziel der Durchsetzung der Menschenrechte im Vordergrund und mitunter auch eine Strafaktion gegen Jugoslawien für in der Vergangenheit begangenes Unrecht. Diese eher diffuse Zielsetzung öffnete auch einer stärkeren Emotionalisierung die Tür.

Für die deutsche Beteiligung an der NATO-Operation wurden vor allem bündnispolitische Argumente geltend gemacht. Die Entscheidung galt für die alte und für die neue Regierung als ein Test der Stetigkeit und Zuverlässigkeit der deutschen Außen- und Bündnispolitik. Tatsächlich war der Entscheidungsprozess in der NATO schon sehr weit fortgeschritten. Die rot-grünen Verantwortungsträger hätten es sich zu diesem Zeitpunkt kaum leisten können, aus dem Geleitzug der NATO auszuscheren. Ein dramatischer Ansehensverlust wäre die Folge gewesen. Die zukünftige rot-grüne Regierung, die in der Außenpolitik keinen neuen Kurs einschlagen wollte, hatte zur Fortsetzung der bisherigen Regierungspolitik zu dieser Zeit keine vernünftige Alternative. Wenn die neue Regierung überhaupt andere Akzente in ihrer Politik setzen wollte, musste sie das innerhalb des Hauptstromes der NATO-Politik tun. Sie hätte damit beginnen müssen, ihre Einstellungen zu den Konfliktparteien zu überdenken und, auch wenn dies zu begrenzten Konflikten mit den USA geführt hätte, eine deutlicher europaorientierte Politik für die Zukunft in Angriff zu nehmen. Doch dem widersprach offensichtlich die Voreingenommenheit maßgeblicher Politiker der neuen Mannschaft und eine angeblich auf die Durchsetzung von Menschenrechten orientierte Ausrichtung, insbesondere beim kleineren Koalitionspartner.

Bei der Schuldzuweisung für die eingetretene Lage im Kosovo bestand eine breite Übereinstimmung im Bundestag. Die Hauptschuld, wenn nicht gar die alleinige Schuld, hatte der Präsident der BRJ, Slobodan Milosevic. Die extreme Personalisierung versperrte eine differenzierte Sichtweise, die auch in einem autoritären Regime verschiedene Kräfte wirken sieht. Die einseitige und emotionale Parteinahme gegen Milosevic und die verständnisvoll-milde Beurteilung der albanischen Separatisten, gerade durch die Mitglieder der zukünftigen deutschen Regierung, musste eine politische Signalwirkung haben. Die deutsche Politik setzte sich in ihrer einseitigen Parteinahme von den UN-Resolutionen ab, die auf Ausgewogenheit bedacht waren. Die neue Regierung ermunterte die radikalen Kosovo-Albaner, sie provozierte die jugoslawische Führung. Wenn diese Regierung in dem Konflikt eine vermittelnde

Rolle spielen wollte, und als zukünftige EU-Präsidentschaft kam ihr diese Rolle zwangsläufig zu, dann musste sie ein gewisses Vertrauen bei beiden Konfliktparteien erwerben. Die im Bundestag vertretenen Positionen waren nicht geeignet, dies zu erreichen.

An der Frage der Legalität der deutschen Teilnahme an einem nicht durch die UN mandatierten Militäreinsatz zeigt sich augenfällig der bereits eingetretene Politikwechsel. Allerdings erfolgte diese politische Neuorientierung nicht so, dass die neue Regierung ihr politisches Konzept durchgesetzt hätte, sondern im Sinne einer Anpassung ihrer Politik an die der abgewählten Regierung und zukünftigen Opposition. Bisher hatten sowohl die SPD in ihrer großen Mehrheit als auch die Bündnisgrünen die Position vertreten, ein bewaffneter Einsatz der Bundeswehr außerhalb ihres Verteidigungsauftrags könne nur auf der Grundlage eines Mandats des UN-Sicherheitsrats erfolgen. Dies war sogar lange Zeit die Position aller maßgeblichen Parteien. Doch die Regierung Kohl, allen voran Verteidigungsminister Rühe, hatte sich allmählich von dieser Position gelöst und eine entsprechende Bündnispolitik betrieben. Nun veränderten auch die beiden neuen Regierungsparteien mehrheitlich ihre Position radikal. Noch folgten nicht alle Abgeordneten der Regierungslinie. Nahezu alle Nein-Stimmen zum Regierungsantrag begründeten ihre Ablehnung mit völkerrechtlichen Argumenten. Doch eine so breite Zustimmung zu einer neuen deutschen Politik in einer so wichtigen Frage hätte es ohne Regierungswechsel in Bonn nicht gegeben. Das heißt, der Wechsel zu Rot-Grün befestigte ein wichtiges Element der Außenpolitik der ehemaligen Regierung. Die Debatte am 16. Oktober legt ein eindrucksvolles Zeugnis davon ab. Das deutsche Parlament hatte in einer konkreten Lage über die Abwendung einer angeblich drohenden Situation zu entscheiden. Man hätte also von der Regierung eine präzise Beschreibung der aktuellen Lage und begründete Prognosen über die weitere Entwicklung erwarten können. Nichts dergleichen ist auszumachen. Das Plenum wurde von der Regierung unpräzise, lückenhaft und unzutreffend über die tatsächliche Lage im Kosovo informiert. Man kann zwar davon ausgehen, dass die Abgeordneten in den Ausschüssen detailliertere Informationen erhalten hatten, ob sie zutreffender waren, steht auf einem anderen Blatt. Die dem Plenum, der Vertretung des Volkes, gegebenen Informationen waren jedenfalls, um es milde zu sagen, unzureichend für eine derart schwerwiegende Entscheidung. Doch die Abgeordneten gaben sich damit zufrieden.

Mit dieser Feststellung soll nicht gleichzeitig behauptet werden, dass bei besserer Information des Bundestages dessen Entscheidung wesentlich anders ausgefallen wäre. Es ging ja schon gar nicht mehr so sehr um die Abwehr einer humanitären Katastrophe, sondern um viel „wichtigere" innen- und außenpolitische Zwecke. Doch vermuten kann man, dass zutreffende Informationen über die tatsächliche Lage mehr Abgeordnete nachdenklich gemacht hätten und die Mehrheit für den Regierungsantrag etwas weniger deutlich ausgefallen wäre.

Hätten Schröder/Fischer einen anderen Weg einschlagen können, wenn sie gewollt hätten? Der Abgeordnete Schmidt, Salzgitter, (SPD) bringt die Lage, in der sich die neue Mehrheit befand, in seiner schriftlichen Erklärung auf den Punkt: „Die abgewählte Bundesregierung unter Bundeskanzler Dr. Kohl hat Deutschland und den Bundestag in diese politische Zwickmühle manövriert." (S. 23168) Dies trifft zu. Doch war das Manöver kein böswilliger Akt gegen die neue Regierung, sondern nur die Fortsetzung einer Politik, die im Hinblick auf den Einsatz der Bundeswehr schrittweise eine deutsche Sonderrolle abgebaut hat. Die am 16. Oktober anstehende Entscheidung war nur der Endpunkt eines langen Entscheidungsprozesses und insofern trotz aller abwiegelnden Gegenargumente naturgemäß ein Präzedenzfall. Die neue Bundesregierung, die sich ja zu einer geradezu bedingungslosen Kontinuität der deutschen Außenpolitik bekannt hatte, konnte, wenn sie bei dieser Linie bleiben wollte, gar nicht anders handeln.

Zweifellos hat die deutsche Politik in einer schwierigen Übergangsphase Handlungsfähigkeit bewiesen. Aus der NATO heraus, vor allem durch die USA initiiert, wurden künstlich Handlungszwänge aufgebaut und Entscheidungsnotwendigkeiten herbeigeführt. Das deutsche Parlament wurde hierdurch in seinen Entscheidungsalternativen eingeengt und in seiner Bedeutung eingegrenzt. In einer von den Regierungsverantwortlichen für diese schwerwiegende Entscheidung herbeigeführten ganz großen Koalition war nur das genaue Ausmaß der parlamentarischen Zustimmung nicht genau bekannt. Einzige Oppositionspartei war die Gruppe der PDS, die, auch wenn sie vernünftig argumentierte, praktisch als legitime Opposition nicht akzeptiert wurde. Die Regierungspolitik fand einen Grad der parlamentarischen Zustimmung für eine völkerrechtlich zumindest fragwürdige Entscheidung, wie er ohne einen rot-grünen Sieg bei der Bundestagswahl nicht zu erreichen gewesen wäre.

2.3 Zwischenschritte auf dem Weg zum Krieg

Am 13. November 1998 hatte der Bundestag über die deutsche Beteiligung an der NATO-Luftüberwachungsoperation über dem Kosovo zu entscheiden. Bereits am 15. Oktober war zwischen dem NATO-Oberkommandierenden Europa und dem jugoslawischen Chef des Generalstabs das Abkommen hierfür unterschrieben worden. Die Debatte im Bundestag drehte sich nicht so sehr um den Regierungsantrag, der unstrittig war und mit großer Mehrheit angenommen wurde, sondern um die OSZE-Mission und das Verhalten der Konfliktparteien. Dabei stellte der Außenminister fest, die jugoslawischen Truppen und Sondereinheiten seien weitestgehend zurückgezogen. Dies habe

die Rückkehr der Flüchtlinge ermöglicht, und damit sei eine humanitäre Katastrophe abgewendet worden. Fischer und Scharping weisen auf die Risiken der durch die albanische Seite ausgeübten Gewalt hin. (S. 358)
Am 19. November 1998 entschied der Bundestag ebenfalls mit großer Mehrheit über eine „Deutsche Beteiligung an möglichen NATO-Operationen zum Schutz und Herausziehen von OSZE-Beobachtern aus dem Kosovo in Notfallsituationen". Der Außenminister betonte, es handle sich um „eine Truppe für den äußersten Notfall, wenn es zur Abwehr eines Schadens für Leib, Leben und Gesundheit zu einer beschleunigten Evakuierung der unbewaffneten OSZE-Beobachter, die im Kosovo in einem gefahrvollen und zugleich wichtigen Einsatz sind, kommt". (S. 422) Alle Parteien bis auf die PDS argumentierten für eine deutsche Beteiligung zum Schutz der OSZE-Mission und der darin zum Ausdruck kommenden Arbeitsteilung zwischen NATO und OSZE. Der Abgeordnete Gehrcke-Reymann (PDS) meinte, die in Mazedonien zu stationierende Truppe bringe nicht mehr Schutz, sondern erhöhe das Risiko. „Es gibt im Kosovo politische Kräfte, deren erklärte Strategie und Wunsch es ist, eine NATO-Intervention zu provozieren." Für diese Kräfte sei die NATO-Truppe in unmittelbarer Nachbarschaft „eine wunderbare Steilvorlage". Außerdem werde mit der Stationierung „das Militärbündnis NATO doch noch ins Geschäft gebracht, nachdem es politisch der zivilen OSZE das Feld überlassen musste". Es gehe bei der Stationierung nicht nur um die Sorge für die OSZE-Beobachter, sondern sie habe unmittelbar „eine militärische Drohfunktion".[163] (S. 427)
In der Tat war die Stationierung dieser Truppe politisch nicht so unproblematisch, wie dies die Regierungsvertreter und fast alle Parteien darstellten. Denn von jugoslawischer Seite wurde die mit Panzern, Artillerie und Schützenpanzern ausgerüstete Truppe durchaus als bedrohlich empfunden. Dies zeigte sich auch in der heftigen jugoslawischen Intervention bei der mazedonischen Regierung. Für einen bewaffneten Hilfseinsatz gegen den Willen der jugoslawischen Regierung war diese Truppe zu schwach. Mit einer Zustimmung der Jugoslawen zu einem bewaffneten Einsatz von NATO-Truppen war nicht zu rechnen. Ein tatsächlicher Einsatz für den angestrebten Zweck hätte wahrscheinlich für die Truppe selbst und für diejenigen, denen geholfen werden sollte, zu einem ziemlichen Desaster geführt.
Am 25. Februar 1999 hatte der Deutsche Bundestag über folgenden Antrag der Bundesregierung zu beschließen: „Deutsche Beteiligung an der militärischen Umsetzung eines Rambouillet-Abkommens für den Kosovo sowie an NATO-Operationen im Rahmen der Notfalltruppe (Extraction Force)" - Drucksachen 14/397 und 14/414.

---

163 Scharping bestätigt in einem anderen Zusammenhang die Drohfunktion der Notfalltruppe: „Daß diese Entscheidung nebenbei wie ein warnendes Signal für Belgrad wirken konnte, war willkommen." (Rudolf Scharping, a.a.O., S. 49).

Die auf eine Stunde begrenzte Sitzung, die nach Auffassung des Abgeordneten Irmer (F.D.P) „zu den ernstesten Stunden gehört, die dieses Parlament je erlebt hat" (S. 1705f.), vermittelte nicht gerade diesen Eindruck. Die Redezeit war sehr begrenzt, der Bundeskanzler hatte aus Versehen den ersten Teil der Sitzung verpasst und der Präsident musste Abgeordnete ausdrücklich bitten, ihre Unterhaltungen außerhalb des Plenarsaales zu führen. Bei der Abfassung der Regierungsvorlage waren „handwerkliche Fehler" passiert, so dass sich die CDU/CSU-Fraktion erst durch die Beifügung einer klarstellenden Protokollerklärung bereit erklärte, der Regierungsvorlage zuzustimmen. Den Abgeordneten lag der Entwurf des Rambouillet-Abkommens nicht vor.
Welche Informationen erhielten nun die Abgeordneten von der Regierung für ihre doch so wichtige Entscheidung? Zum Verhandlungsstand wurden die Abgeordneten sehr allgemein und, verglichen mit dem tatsächlichen Ergebnis und den weiteren Aussichten, sehr optimistisch unterrichtet. Scharping meinte, zu dem erhofften Abkommen sei es bisher nicht gekommen, doch: „Der Weg dahin ist geöffnet." Es seien Fortschritte in Einzelfragen erzielt worden. Die „mühsam errungenen Kompromisse" seien „eine Grundlage dafür, daß es am 15. März zu einer so genannten Implementierungskonferenz auf der Grundlage des bisher politisch Erreichten kommt". (S. 1699) Fischer erklärte, der „Weg zum Frieden ist beschritten. Wir sind heute so weit, daß wir eine Vereinbarung in den Händen halten, auf die sich die Kontaktgruppe geeinigt hat. Kapitel 2 und Kapitel 7 des Entwurfs werden von Russland nicht akzeptiert, solange darunter nicht die Unterschrift der Bundesrepublik Jugoslawien steht." Fischer kann allerdings nicht garantieren, „daß wir am 15. März zu einem erfolgreichen Abschluß kommen". (S. 1704) Zu den Problemen bei den Verhandlungen machten die Regierungsmitglieder wenige Aussagen. Scharping stellte die Lage sogar falsch dar, als er ausführte: „Der Text der Kontaktgruppe sieht eine militärische Umsetzung und Garantie des Friedensabkommens in einer NATO-geführten Operation vor." (S. 1700) Russland, ein Mitglied der Kontaktgruppe, hatte diesem Text ausdrücklich noch nicht zugestimmt. Fischer stellte dies auch richtig. Er wies auf einen Konflikt bei der Frage der Zuständigkeit für die Implementierung hin. Seine Feststellung: „Die militärische Absicherung wird von den Kosovaren nur der NATO zugetraut" (S. 1705) ist richtig, doch weniger als die halbe Wahrheit. Es waren die USA, die sicher nicht mit Rücksicht auf die Kosovaren, von Anfang an strikt auf einer NATO-Implementierungstruppe beharrten. Für die Opposition machte Rühe klar: „Es gibt kein Rambouillet-Abkommen ... Wir sind also ... in einer ungewöhnlichen Entscheidungssituation. Wir befinden uns vor Ort in einer sehr unübersichtlichen politischen Lage. Niemand weiß, ob es wirklich ein Abkommen geben ... wird." (S. 1702)
Der Antrag der Bundesregierung verlangte zwei Entscheidungen. Soweit es um die Beteiligung an der militärischen Umsetzung eines Rambouillet-Ab-

kommens ging, war die Entscheidung ein Vorratsbeschluss für den Fall, dass ein solches Abkommen überhaupt zustande kommt. Da die Bundesregierung für diesen Fall ohnehin eine erneute Befassung des Parlaments zugesichert hatte, ist auf den ersten Blick nicht ersichtlich, weshalb darüber schon vorher entschieden werden musste. Doch im Grunde ging es, wie Scharping es ausdrückte, um die „Handlungsfähigkeit der NATO", um die deutsche „Partnerschaftsfähigkeit" und „Bündnissolidarität" - Argumente, die offenbar jede kritische Nachfrage verboten. Die zweite Entscheidung betraf eine Verstärkung der so genannten Extraction Force um 1.000 Mann. Warum dies plötzlich erforderlich war, ist aus den Begründungen der Regierung nicht so recht ersichtlich.

Wie stand nun die Opposition zu diesen Entscheidungen? CDU/CSU und F.D.P. hatten eine Klarstellung durchgesetzt, dass die Implementierungstruppe durch die NATO geführt sein müsse. Ansonsten stimmten sie dem Regierungsantrag zu und äußerten ihre Genugtuung darüber, dass - was inzwischen allen klar war - die derzeitigen Regierungsparteien voll auf Kurs der ehemaligen Regierung waren. Gysi von der PDS wiederholte seine rechtlichen Einwände, die er schon in früheren Sitzungen dargelegt hatte. Einzig der Abgeordnete Ströbele (Bündnis 90/Die Grünen) nahm aktuell und kritisch Stellung. Er bemängelte, dass „eine Ermächtigung zum Einsatz größerer Kampfeinheiten der Bundeswehr im Rahmen eines Rambouillet-Abkommens erteilt werden soll, dessen Inhalt den Mitgliedern des Bundestages nicht bekannt ist und auch noch gar nicht feststeht". Mit Blick auf einen Verhandlungserfolg meinte Ströbele, „um der serbischen Regierung die Zustimmung zu erleichtern, hätte aber zur Sicherung eines Friedensabkommens auch eine internationale Friedenstruppe unter UNO-Mandat vorgeschlagen werden sollen ... Ein solcher Vorschlag darf nicht aus Rücksicht allein auf die Haltung der USA unterbleiben." (S. 1712)

Die namentliche Abstimmung brachte die zu erwartende überwältigende Zustimmung zum Antrag der Bundesregierung: 91,5 Prozent Ja-Stimmen, 6,9 Prozent Nein-Stimmen, 1,6 Prozent Enthaltungen. Insgesamt hatte es die Regierung auch bei dieser Entscheidung ausgesprochen leicht, nach der Behebung eines so genannten handwerklichen Fehlers einen derart weitreichenden Beschluss mit so großer Mehrheit durchzubekommen. Es war ein echter Vorratsbeschluss, soweit es um die Implementierung des Abkommens ging, denn die erneute Befassung des Bundestages konnte faktisch gar keine Revision der Entscheidung mehr bringen. Die Erhöhung des deutschen Kontingents an der Extraction Force um immerhin 1.000 Mann, d.h. die Vervielfachung des bisherigen deutschen Beitrags, lief sozusagen im Windschatten der Rambouillet-Debatte ohne kritische Nachfrage durch das deutsche Parlament. Die Worte des Abgeordneten Ströbele sind eine bemerkenswerte Feststellung und Mahnung zugleich: „Das Hohe Haus wäre gut beraten, wenn kritische Stimmen, die es in der Bevölkerung dazu ja durchaus gibt, auch hier zu Wort kämen und begründen dürften, warum sie anderer Meinung sind als andere hier im Hause. Es wäre ein vernünftiges parlamentarisches Verhalten, wenn man in einer so gravierenden Frage auch eine andere Meinung zulassen und sich anhören würde." (S. 1711)

2.4. Der Krieg hat begonnen: die Sitzungen vom 25. und 26. März 1999

2.4.1 Der Auftakt

Für die Sitzungswoche des Bundestags vom 22. bis 26. März 1999 stand als herausragendes Thema der Sondergipfel der EU vom 24. und 25. März in Berlin auf der Tagesordnung. Auf diesem, eigentlich gedacht für die Verabschiedung der Agenda 2000, musste die deutsche Präsidentschaft zusätzlich eine Einigung über einen neuen Präsidenten der EU-Kommission erreichen und eine gemeinsame Position der EU zum Kosovo-Konflikt herbeiführen. Für den 26. März war eine Regierungserklärung des Bundeskanzlers mit anschließender Aussprache vorgesehen. An dieser Regie wurde auch festgehalten, als sich spätestens zu Beginn der Woche abzeichnete, dass die NATO noch in dieser Woche mit den Luftangriffen gegen die BRJ beginnen würde.

So war der Bundestag, als er zu einer Sitzung mit Routinethemen zusammentrat, unversehens in einer Kriegslage. Bundestagspräsident Thierse (SPD) eröffnete die Sitzung mit einer zweiminütigen Erklärung zum Beginn der „Luftschläge der NATO gegen jugoslawische militärische Ziele" (siehe Anhang 2). Er beabsichtigte, mit den in der Tagesordnung vorgesehenen Routinethemen fortzufahren. Doch die PDS hatte einen Antrag zur Tagesordnung eingebracht. Ihr Fraktionsvorsitzender begründete, weshalb sich der Bundestag mit der aktuellen Situation befassen sollte (Anhang 3). Der Abgeordnete Ströbele argumentierte in die gleiche Richtung (Anhang 4).[164] Der Abgeordnete Schmidt, Salzgitter, (SPD) widersprach dem Antrag der PDS und bezog sich auf einen mit dem Bundeskanzler abgesprochenen Zeitplan. Auf die Stimmung im Parlament deutet das Protokoll hin. ("Unruhe - Elke Wülfing [CDU/CSU]: Warum kann der Verteidigungsminister hier nicht ein paar Worte sprechen und sagen, wie die Situation ist? - Beifall bei Abgeordneten der CDU/CSU."). Nachdem der so Ermunterte eine Erklärung abgegeben hatte, schloss der Präsident die Geschäftsordnungsdebatte und gab den Parteien die Gelegenheit zu einer kurzen Stellungnahme.

Scharping bezeichnete es als „das Ergebnis des brutalen Vorgehens der jugoslawischen Armee gegen die Bevölkerung im Kosovo", dass „über 400.000

---

[164] Scharping äußert sich in seinem Buch verächtlich über diese beiden der Situation durchaus angemessenen Beiträge: „Als dann Gregor Gysi (wie ein Winkeladvokat) und Hans Christian Ströbele (aufgeregt und empört mit seinen Grünen hadernd) gesprochen hatten ..." (Rudolf Scharping, a.a.O., S. 78).

Menschen auf der Flucht sind, daß allein im Kosovo 250.000 Menschen auf der Flucht sind, daß viele Dörfer brennen und daß immer mehr Menschen die Grenze überschreiten". Diese Brutalität müsse beendet werden. Man dürfe nicht zulassen, „daß die Fratze der Kriege der ersten Hälfte dieses Jahrhunderts und der Vergangenheit die Zukunft bestimmt". Als Ziele nannte der Minister, „eine humanitäre Katastrophe zu beenden, die Einhaltung schon vereinbarter Abkommen zu gewährleisten und die Resolution des Weltsicherheitsrates Nr. 1199 mit ihren Forderungen durchzusetzen". (S. 2424) Er sprach von einer „Diktatur, die schändlich und verächtlich mit der Würde, der Freiheit und dem Leben von Menschen umgeht", und bezichtigte „die Regierung in Belgrad", „systematisch zu morden". (S. 2425) Symptomatisch an diesen Ausführungen ist die ungezügelt emotionale Sprache und vor allem die breite Beschreibung des Ziels der Luftangriffe. Mit seiner Zieldefinition setzte sich der Minister weit vom begrenzten Zweck der parlamentarischen Zustimmung vom 16. Oktober 1998 ab.

Für Bündnis 90/Die Grünen glaubte die Abgeordnete Beer, für „alle Mitglieder" ihrer Fraktion sagen zu können, dass „die Mehrheit" ihrer Fraktion „der Erklärung des Bundesverteidigungsministers heute die volle Unterstützung gewährt". Ziel sei es, „eine sich anbahnende humanitäre Tragödie im Kosovo zu verhindern". Sie möchte für ihre Fraktion unterstreichen, „daß wir natürlich die Hoffnung haben, daß Milosevic spätestens jetzt einlenkt". (S. 2426)

Für die CDU/CSU betonte Schäuble die Übereinstimmung seiner Fraktion mit der Regierungspolitik. Er bezog sich auf die Entscheidung vom 16. Oktober 1998. „Den meisten (!, d. Verf.) von uns war schon bei der Debatte im Bundestag im Oktober letzten Jahres klar - ich hoffe, daß es uns allen klar war -, daß wir damals eine Entscheidung von ungewöhnlich großer Verantwortung und Tragweite getroffen haben." Als Ziel der NATO-Angriffe bezeichnete Schäuble, „das Ende des Mordens durchzusetzen". Der geschlossene Appell an den „Aggressor" müsse lauten: „Das Morden in Europa muß aufhören!" (S. 2425)

Auch die F.D.P. folgte ohne Einschränkungen der Regierungslinie. Ihr Vorsitzender Gerhardt meinte, „wir wollen schlicht, daß das, was die europäische Kulturgeschichte für die Menschen gebracht hat, alle Menschen genießen können. Alle Menschen im Kosovo haben einen Anspruch darauf, menschlich behandelt zu werden. Darum geht es im Kern." (S. 2427)

Für die PDS bezeichnete Gysi die NATO-Angriffe als einen völkerrechts- und verfassungswidrigen Einsatz. Die NATO zerstöre eine Weltordnung, ohne eine neue zu haben. Dies werde Europa und die Welt grundsätzlich verändern. (S. 2427)

2.4.2 Regierungserklärung und Aussprache

Am 26. März stand auf der Tagesordnung des Bundestages: „Abgabe einer Erklärung der Bundesregierung zur aktuellen Lage im Kosovo nach dem Eingreifen der NATO und zu den Ergebnissen der Sondertagung des Europäischen Rates in Berlin". Von den dafür vorgesehenen drei Stunden befasste sich der Bundestag etwa eine Stunde mit dem Kosovo-Krieg.

Kriegsziele
Der Bundeskanzler rechtfertigte den Krieg, ohne ihn als solchen zu benennen („Militäroperation", „Schritt", „Kampfeinsatz", „Mission"). Belgrad habe der NATO keine andere Wahl gelassen, man sei zu diesen Schritt gezwungen worden, „um weitere schwere und systematische Verletzungen der Menschenrechte im Kosovo zu unterbinden und um eine humanitäre Katastrophe dort zu verhindern". Nach Scheitern aller Verhandlungen habe man keine andere Wahl gehabt, „als gemeinsam mit unseren Verbündeten die Drohung der NATO wahr zu machen und ein deutliches Zeichen dafür zu setzen, dass wir als Staatengemeinschaft die weitere systematische Verletzung der Menschenrechte im Kosovo nicht hinzunehmen bereit sind". (S. 2572) Der Bundeskanzler hielt sich exakt an die Zieldefinition des Bundestagsbeschlusses vom 16. Oktober 1998.
Für den Außenminister riskierten die Demokratien jetzt „das Leben ihrer Soldaten, um Menschenleben zu retten und vor allen Dingen um einen Friedensvertrag durchzusetzen". (S. 2585) Der Verteidigungsminister nannte eine ganze Reihe von Zielen für den Einsatz der deutschen Soldaten: „Beendigung von Mord und Gewalt", die „Würde des Menschen" schützen, Menschenrechte, Freiheit und Demokratie durchsetzen, etwas für „unsere Werte und unsere Ideale" tun, das „Morden zu beenden". (S. 2607ff.)
Der SPD (Struck) ging es darum, „Terror und Völkermord mitten in Europa zu beenden und die Grundlagen für ein friedliches Miteinander zu garantieren". (S. 2580) Bündnis 90/Die Grünen wollten „das Morden" beenden, ebenso setzte die CDU/CSU als Ziel „das Ende des Mordens durchzusetzen". Für Gerhardt (F.D.P.) verteidigte die NATO im Kosovo „Prinzipien, die sich aus der Kulturgeschichte Europas ergeben". (S. 2582)
Für die PDS (Gysi) war die Antwort Krieg auf die Situation falsch. „Sie bringt uns keinen Schritt weiter und setzt uns völkerrechtlich und nach dem eigenen Grundgesetz ins Unrecht." (S. 2588) Als weitere Einmann-Opposition wagte es Ströbele (Bündnis 90/Die Grünen) gegen die überwältigende Mehrheit der Kriegsbefürworter anzugehen. Er meinte: „Krieg ist doch gerade in dieser Situation ein ganz schlechtes und gefährliches Mittel, weil er die Situation der Menschen im Kosovo nicht verbessert, sondern erheblich verschlechtert." (S. 2612)

Es ist bemerkenswert, dass allein der Bundeskanzler die Legitimationsgrundlage des Beschlusses vom 16. Oktober 1998 klar umschreibt. Wenn der Außenminister das Ziel „vor allen Dingen" im Durchsetzen eines Friedensvertrages sah, dann hatte er faktisch Recht, doch er ging damit weit über das Mandat des Bundestages hinaus. Die übrigen Sprecher vermitteln eher den Eindruck, die deutschen Soldaten würden auf einen Kreuzzug zur Durchsetzung von Menschenrechten und zur Beendigung des Mordens auf dieser Welt geschickt.

Die dargestellte Lage unmittelbar vor Kriegsbeginn
Mit Beginn des Krieges musste eigentlich die Regierung vor der Volksvertretung begründen, dass der durch den Bundestag am 16. Oktober 1998 legitimierte Grund für den Kriegseintritt Deutschlands gegeben war. Damals wurde das Vorliegen einer drohenden humanitären Katastrophe mit einer hohen Zahl von Flüchtlingen und dem drohenden Winter begründet. Außerdem gab es eine UN-Resolution, die den Sachverhalt konstatierte. Eine derartige Resolution gab es dieses Mal nicht. Wie also legitimierte die Regierung ihre Entscheidung, sich am Krieg zu beteiligen?
Der Bundeskanzler erklärte: „Mehr als 250.000 Menschen mußten aus ihren Häusern fliehen oder wurden mit Gewalt vertrieben. Allein in den letzten sechs Wochen haben noch einmal 80.000 Menschen dem Inferno, das es dort gibt, zu entrinnen versucht." (S. 2571) Der Außenminister äußerte sich nicht präzise zur konkreten Situation, der Verteidigungsminister behauptete: „Die jugoslawische Armee hat im Kosovo - entgegen allen internationalen Vereinbarungen - mittlerweile 40.000 Soldaten zusammengezogen. Sie hat über 300 Panzer, über 700 Gefechtsfahrzeuge und über 700 Artilleriegeschütze im Kosovo zusammengezogen. Warum?" (S. 2608)
Andere Konkretisierungen der aktuellen Situation vor Kriegsbeginn dafür, dass eine humanitäre Katastrophe vorlag, gab es nicht. Kein Parlamentarier hat hier auch nur nachgefragt. Die Situation schien offenbar allen Abgeordneten so klar, dass sich eine präzise Begründung erübrigte. Symptomatisch war wohl folgende Äußerung: „Ich habe hier eine Meldung vor mir. Ob sie zutrifft, kann ich noch nicht einmal sagen. Aber wir spüren alle, dass sie zutreffen könnte ..." (Dr. Wolfgang Gerhardt, F.D.P., S. 2582)
Eine nähere Betrachtung verdienen die Zahlen des Verteidigungsministers. Die Personalstärke der jugoslawischen Armee schätzten Experten des Verteidigungsministeriums für den 23. März auf 16.000 bis 17.000 Mann, einschließlich der Grenztruppen. Am 30. März veranschlagten US-Geheimdienstexperten die Gesamtzahl aus Armee und Polizei nach massiven Verstärkungen in den letzten Tagen auf 40.000. Nimmt man die Zahlen der nachrichtendienstlichen Experten, dann hat die Personalstärke der jugoslawi-

schen Armee am 26. März allenfalls 20.000 Mann betragen. Warum hat der Verteidigungsminister im Parlament eine doppelt so hohe Zahl genannt? Bemerkenswert ist die zunehmende Verwendung des Begriffs „Völkermord" (Struck [SPD], Lippelt [Bündnis 90/Die Grünen]). Dies ist ein völkerrechtlicher Tatbestand. Scharping notiert in seinem Tagebuch unter dem 27. März 1999: „Nach der Konvention der Vereinten Nationen gegen den Völkermord war klar: Im Kosovo wird Völkermord nicht nur vorbereitet, sondern ist eigentlich schon im Gange."[165] Nach einer Lageinformation des Verteidigungsministeriums hat der UN-Sprecher Fred Eckardt am 31. März vor der Presse in New York gesagt, die UN benutzten das Wort „Völkermord" gegenwärtig nicht. Doch am 7. April kann Scharping endlich in sein Tagebuch eintragen. „Außerdem spricht Annan von einem möglichen Völkermord, sagt, die Tagung in Genf stehe unter der dunklen Wolke des Verbrechens des Völkermordes."[166]

Einen besonderen Einfall hatte der zum linken Flügel der SPD gerechnete Abgeordnete Gernot Erler, der argumentierte: „... vielmehr sind die Serben parallel zu den Verhandlungen mit Panzern und Artillerie gegen die Dörfer im Kosovo verstärkt vorgegangen und haben damit den Krieg eröffnet." (S. 2613) Demnach führte also die NATO einen Verteidigungskrieg.

2.4.3 Politische Bewertung

Legitimierungsgrundlage für die deutsche Beteiligung an den Luftangriffen gegen die BRJ war der Beschluss des Bundestages vom 16. Oktober 1998. Der Einsatz deutscher Streitkräfte war damals autorisiert worden, um eine humanitäre Katastrophe in einer konkreten Lage abzuwenden. Dieser Vorratsbeschluss galt immer noch, obwohl die in der damaligen Regierungsvorlage gegebene Begründung inzwischen obsolet geworden war. So kann es auch nicht verwundern, dass die Legitimierungsgrundlage „humanitäre Katastrophe" nur noch ein Etikett für einen anderen Inhalt war. Regierungsmitglieder und die Regierungsparteien nannten ja auch viel weitergehende Ziele als die Abwehr einer humanitären Katastrophe. Schon von daher bewegte sich die Teilnahme Deutschlands am Luftkrieg gegen die BRJ außerhalb der vom Parlament ursprünglich autorisierten Beteiligung deutscher Streitkräfte.[167]

Die Information der Parlamentarier über die Situation vor Ort war, nimmt man das, was im Plenum von der Regierung präsentiert wurde, für einen Au-

---

165 Scharping, a.a.O., S. 84.
166 Ebenda, S. 106.
167 General Clark, der militärische Oberbefehlshaber im Krieg gegen die BRJ, erklärt am 19. April 1999 in der BBC: „Wir führten unsere Operationen nach den Weisungen der politischen Führung. Sie waren nicht geplant als ein Mittel, die ethnischen Säuberungen aufzuhalten."

ßenstehenden ebenso unglaublich schlecht wie bereits im Oktober 1998. Die spärlichen Informationen waren unpräzise, lückenhaft, ja sogar objektiv falsch. Die im Verteidigungsministerium und im Auswärtigen Amt vorhandenen zutreffenden Informationen über die tatsächliche Lage im Kosovo wurden dem Plenum vorenthalten. Deshalb konnte das Parlament gar nicht wirklich beurteilen, ob sich eine humanitäre Katastrophe anbahnte, die es abzuwenden galt. Von besonderer politischer Qualität ist die falsche Information des Verteidigungsministers über die jugoslawischen Streitkräfte im Kosovo. Er genießt das besondere Vertrauen des Parlaments, wenn es darum geht, die Streitkräfte anderer Länder zu bewerten; denn dies fällt in seine originäre Kompetenz. Scharping hat das Parlament falsch informiert. Nimmt man die tatsächliche Lage in der Provinz als Grundlage eines Urteils, so kann man feststellen, dass noch weniger als im Oktober 1998 im März 1999 eine Situation vorlag, die den Beginn eines Luftkrieges gegen Jugoslawien mit der Begründung der Abwehr einer humanitären Katastrophe rechtfertigte.

Doch hätte die Bundesregierung im letzten Moment ihre Truppen aus der Bündnisstreitmacht zurückziehen können? Theoretisch ja, faktisch nein. Dies wäre zu Recht als ein schwerwiegender Vertrauensbruch gewertet worden und hätte die NATO in eine äußerst prekäre Lage gebracht. Hätte der Bundestag noch eingreifen können, wenn er gewollt hätte? Theoretisch ja, doch nur um den Preis einer Regierungskrise. Nein, Mitte März gab es praktisch keine Möglichkeit mehr, den Kurs zu korrigieren. Wenn man eine andere politische Linie gewollt hätte - doch die überwältigende Mehrheit des Parlaments wollte dies gar nicht - hätte man früher mit dem Gegensteuern beginnen müssen. Im Gegensatz zur Situation im Herbst 1998, als die neue Bundesregierung kaum eine politische Alternative hatte, der von ihrer Vorgängerin geprägten Politik entgegenzusteuern, hat die rot-grüne Regierung die politischen Bedingungen im März 1999 ganz allein produziert und hat sie auch zu verantworten.

VIII. Der „Hufeisenplan" - ein Plan der serbisch-jugoslawischen Führung zur systematischen Vertreibung der kosovo-albanischen Bevölkerung?

Schon bald nach Beginn der NATO-Luftangriffe, als kritische Fragen nach dem Sinn dieses Krieges aufkamen und sich die humanitäre Katastrophe erst in ihrem ganzen Ausmaß zu entfalten begann, wurde die Öffentlichkeit über einen geheimen Plan der jugoslawischen Führung informiert. Am 29. März 1999 wies Clintons Sprecher darauf hin, dass Milosevic ethnische Säuberungen seit langem geplant habe. Er hätte auch ohne Eingreifen der NATO diesen Plan ausgeführt. Von diesem Tag an vertrat auch der Pressesprecher der NATO bei den täglichen Presse-Unterrichtungen wiederholt die gleiche unspezifizierte These. Diese allgemeinen Behauptungen hätten sich aber wohl, als die übliche Kriegspropaganda eingestuft, nach einiger Zeit totgelaufen.

Doch Anfang April änderte sich die Qualität der Anschuldigung gegen die BRJ ganz erheblich. Der deutsche Verteidigungsminister versicherte nämlich, er habe einen Operationsplan der serbisch-jugoslawischen Führung zur Vertreibung der kosovo-albanischen Bevölkerung aus dem Kosovo in den Händen. Nach Scharpings Tagebuch ergibt sich folgende Chronologie:[168]

31. März 1999:	„Mich elektrisiert ein Hinweis, daß offenbar Beweise dafür vorliegen, daß das jugoslawische Vorgehen im Kosovo einem seit langem feststehenden Operationsplan folgt ..."
2. April 1999:	„Die Hinweise darauf, daß diese Maßnahmen der jugoslawischen Seite von langer Hand vorbereitet waren, hatten sich verdichtet."
5. April 1999:	„Erhalte von Joschka aus Geheimdienstquellen ein Papier, das die Vorbereitungen und die Durchführung der ‚Operation Hufeisen' der jugoslawischen Armee belegt. Haben wir jetzt einen vollständigen Beweis über lange geplante serbische Vertreibungen im Kosovo? Sofortige Auswertung veranlaßt."
7. April 1999:	„Auswertung des Operationsplans ‚Hufeisen' liegt vor. Endlich haben wir einen Beweis dafür, daß schon im Dezember 1998 eine systematische Säuberung und die Vertreibung der Kosovo-Albaner geplant worden waren, mit

---

168 Scharping, a.a.O., S. 92ff.

allen Einzelheiten und unter Nennung aller dafür einzusetzenden jugoslawischen Einheiten ... Die Informationen stammten aus einer zuverlässigen Geheimdienst-Quelle. Die Auswertung ergab ein erschreckend klares Bild. Ich entschied, daß dieser ‚Hufeisen'-Plan am nächsten Tag öffentlich dargestellt werden sollte ..."

8. April 1999: "In der Pressekonferenz stellte der neue Generalinspekteur ... die wesentlichen Ergebnisse der Auswertung des ‚Hufeisen'-Plans vor. Dieser sah vor, daß in einer ersten Phase, nach dem Jahreswechsel 1998/1999, die kosovoalbanische Bevölkerung im Norden der Provinz und entlang eines breiten Streifens beiderseits der Hauptverbindungsstraßen im Kosovo vertrieben werden sollte. Das deckt sich mit unseren Informationen, deren Hintergrund wir bisher nicht hatten einschätzen können. Danach begannen im Januar 1999 im Norden jugoslawische Streit- und Sicherheitskräfte in verstärktem Maße mit Angriffen im Gebiet um die Städte Podujevo und Mitrovica. Dazu wurde ein starker, gepanzerter Eingreifverband hereitgestellt. In einer zweiten Phase wurden diese Operationen systematisch nach Süden ausgedehnt und dabei zugleich die jugoslawischen Kräfte erheblich verstärkt. Während wir in Rambouillet (und später in Paris) verhandelten, wurde also eine systematische Vertreibungspolitik auf der Grundlage eines präzisen militärischen Operationsplans begonnen. Gegenüber der internationalen Öffentlichkeit täuschte Belgrad Verhandlungswillen vor, im Kosovo plünderten und mordeten die serbischen Milizen. Eine weitere Phase der Operation war während der Verhandlungen in Paris, also im März 1999, in vollem Gange: Die Kämpfe in der Mitte des Kosovo, im Drenica-Gebirge und auch im Westen des Kosovo sowie in der Umgebung von Pec wurden immer intensiver. Die schrittweise Verwirklichung des Operationsplans ging einher mit der Ablösung solcher Militärs, die sich dem Einsatz von Soldaten gegen Zivilisten widersetzten. Unter ihnen der Chef des Generalstabs der jugoslawischen Armee, General Perisic."

Das Aufdecken des „Hufeisenplans" bedeutete in einer für die Bundesregierung immer schwieriger werdenden Situation eine exzellente Möglichkeit, den Luftkrieg der NATO gegen die BRJ zu rechtfertigen. Der „Plan" zeigte in besonderer Weise die Perfidie und Niedertracht der jugoslawischen Führung. Die Sitzung des Bundestags am 15. April 1999 demonstrierte die politische Funktion und Wirkung dieses Plans. Der Bundeskanzler erklärte: „Die jugoslawische Regierung hat von Anfang an an den Feldzug der ethnischen Säuberung geglaubt und ihn geplant, einen Feldzug, dessen Zeuge wir heute sind. Das, meine Damen und Herren, kostete bis jetzt Tausende von Menschen im Kosovo das Leben ... Vertreibung und Mord waren längst im Gange, als die NATO ihre Militäraktion begann ..." (S. 2620) Und der Fraktionsvorsitzende der SPD: „Seit Frühjahr 1998 führt Milosevic in großem Stil Vertreibungsaktionen und Dorfzerstörungen im Kosovo durch. Nach und während des Holbrooke-Abkommens ist der Vertreibungsplan ‚Hufeisen' entworfen worden, während Milosevic seine Leute am Verhandlungstisch sitzen ließ. Dieser Plan sieht die Entvölkerung des Kosovo von Albanern vor. Dies darf nicht zugelassen werden." (S. 2628) Rezzo Schlauch (Bündnis 90/Die Grünen): „Es kann kein Zweifel daran bestehen, dass die Verbrechen von Milosevic gegen die Menschlichkeit von langer Hand geplant waren." (S. 2633) Der Bundesverteidigungsminister: „Bis heute sind mindestens 900.000 Menschen aus dem Kosovo herausgejagt worden. Das sind mehr als 50 Prozent der Bevölkerung, die dort lebte. Das ist nicht das Ergebnis eines plötzlichen Vorgehens, sondern einer langfristigen Planung." (S. 2645) Auch Karl Lamers von der CDU wusste, dass „Milosevic die NATO-Luftschläge nutzt, um die schon lange geplante Vertreibung der Albaner mit brutaler Konsequenz umzusetzen und so auch noch den Schein eines ursächlichen Zusammenhangs zwischen beiden herzustellen ...". (S. 2649) Ganz erstaunlich ist die Einlassung des Außenministers, von dem Scharping ja den Plan erhalten hatte. Fischer führt aus: „Sie mögen den Plan nennen, wie sie wollen. Entscheidend ist doch die Frage, dass es bereits im letzten Jahr angefangen hat. Lesen Sie doch die Biographien der heute nach Deutschland gekommenen Familien ...". (S. 2639) Warum verlässt sich Fischer lieber auf die Biographien der Familien als auf den von ihm übergebenen Plan? Vertraut er diesem Plan nicht so recht? Warum ist für Fischer der Name des Plans irrelevant? Gregor Gysi von der PDS merkte als einziger kritisch zum „Hufeisen-Plan" an: „Darf ich Ihnen sagen, was an diesem Plan merkwürdig ist? Der Generalinspekteur der Bundeswehr hat die Originalüberschrift dieses Planes vorgelesen. Diese Überschrift war in Kroatisch und nicht in Serbisch verfasst. Kann man sich ernsthaft vorstellen, dass das serbische Militär in kroatischer Sprache einen solchen Plan verfasst? Da sind doch Zweifel geboten. Man weiß einfach nicht mehr, was man glauben und was man nicht glauben soll." (S. 2636)

Am 19. April machte Scharping in einer Sondersendung der BBC weitere präzisierende Aussagen. Der Hufeisenplan habe als Ziel, das gesamte Kosovo ethnisch zu reinigen und die gesamte zivile Bevölkerung zu deportieren. Die

Operation Hufeisen sei „in Belgrad vom Militärstab, von Milosevic und seinem Regime" geplant worden. Der Plan sei Ende November/Anfang Dezember letzten Jahres organisiert worden und werde seit Januar dieses Jahres implementiert.[169] Ganz merkwürdig ist, dass der NATO-Oberbefehlshaber General Clark in der gleichen Sendung erklärte, von einem solchen Plan nichts zu wissen. Warum hat der deutsche Verteidigungsminister sein Wissen nicht an die Bündnispartner und die NATO weitergegeben? Hat Scharpings „zuverlässige Geheimdienstquelle" exklusiv nur die Deutschen bedient?

Was soll man nun eigentlich von diesem „Plan" wirklich halten?
Von den Nachrichtenexperten des Verteidigungsministeriums gibt es eine Übersicht des Hufeisenplans.[170] Vergleicht man diese mit den obigen Ausführungen des Ministers, stößt man auf eine Reihe gravierender Widersprüche:

- Nach Scharping enthält der Plan alle Einzelheiten bis „zur Nennung aller dafür einzusetzenden jugoslawischen Einheiten", das heißt in der militärischen Terminologie bis zur Ebene der Kompanien. In der Übersicht steht aber, der Plan sei „in seinen Details nicht bekannt".[171]
- Scharping behauptet, der Plan habe die ethnische Säuberung des gesamten Kosovo zum Ziel gehabt. In der „Übersicht" liest man: „Hauptziel der Operation ‚Hufeisen' ist hiesigen Erachtens die Zerschlagung bzw. Neutralisierung der UCK im Kosovo." Im weiteren Text werden dann vor allem Operationen gegen die UCK und nur örtlich begrenzte Vertreibungen der Zivilbevölkerung dargestellt, um der UCK „Basis und Rückhalt" zu entziehen.
- Scharping spricht schon in der Phase II (Februar 1999) von erheblichen jugoslawischen Verstärkungen im Kosovo, in der „Übersicht" werden erst für März „einige Verstärkungen der Landstreitkräfte" im Kosovo erwähnt.
- Während nach Scharping die Entlassung des Generals Perisic in den Januar 1999 zu datieren ist, wurde der General tatsächlich, wie in der „Übersicht" richtig dargestellt, im November 1998 entlassen.

Bemerkenswert ist, dass die „Übersicht" weder in ihrer Diktion noch in der ganzen Form einem militärischen Operationsplan auch nur ähnelt. Es wird

---

169 Auszugsweise Mitschrift der Sendung BBC 1, Panorama am 19. April 1999, Archiv Loquai.
170 O.V., Übersicht über den Operationsplan „Hufeisen" (Potkova) der serbisch-jugoslawischen Führung zur Vertreibung der kosovo-albanischen Bevölkerung aus dem Kosovo, April 1999, im folgenden zitiert als:Übersicht, Archiv Loquai.
171 Oberstleutnant Frank Richter, Referent im Führungsstab der Streitkräfte, stellt fest, der Plan „Operation Hufeisen" sei „in seinen Grundzügen teilweise bekannt" geworden. (Frank Richter, Balanceakt. Die Lage im Kosovo spiegelt die Instabilität der Region, in: Information für die Truppe 7-8/1999, S. 13-19, S. 15).

eine Abfolge von Ereignissen beschrieben, wie sie sich aus den vorhandenen Quellen der OSZE und anderer internationaler Organisationen ergibt. Der Plan schien auch kein Operationsziel zu enthalten, denn in der „Übersicht" wird lediglich eines vermutet („hiesigen Erachtens"). In einem echten Operationsplan ist aber der wichtigste Teil die Absicht, das Operationsziel.

Schon nach diesem Vergleich sind ganz erhebliche Zweifel angebracht, dass die Version „Hufeisenplan" des Verteidigungsministers auch tatsächlich zutrifft.

Am 11. Mai 1999 verschickte der Verteidigungsminister an die Abgeordneten des Bundestages eine schriftliche Information,[172] in der es heißt: „Wie wir seit April wissen, waren die Vertreibungen und gewaltsamen Übergriffe keineswegs unmittelbare Reaktionen auf die Luftangriffe der Allianz, sondern von vorneherein Teil der so genannten Operation ‚Hufeisen', die bereits Ende letzten Jahres entwickelt und seit Beginn dieses Jahres ausgeführt wurde." Unter der Überschrift „Die jugoslawische Führung geht planmäßig vor und setzt seit Januar ihr Vorhaben schrittweise um" werden drei Bilder gezeigt, die dies offenbar beweisen sollen. Das erste Bild bezieht sich auf einen Vorfall, als die serbische Sonderpolizei am 29. Januar bei Rogovo/Rogove einen UCK-Stützpunkt grausam vernichtete, die beiden anderen Bilder, die brennende Häuser zeigen, wurden, wie die auf den Bildern vorhandene Datum-Zeit-Gruppe zeigt, am 10. und 13. April 1999, also etwa drei Wochen nach Beginn der NATO-Luftangriffe von deutschen Drohnen aufgenommen. Kann man mit Bildern, die Mitte April aufgenommen wurden, beweisen, dass etwas schon vor dem 24. März geschehen ist? Kann man mit derartigen Bildern auch nur einigermaßen glaubhaft machen, dass ein langfristiger Plan zur Vertreibung der Zivilbevölkerung schon seit Anfang des Jahres verfolgt wurde? Hatte der Minister keine beweiskräftigen Bilder zur Verfügung, obwohl die deutschen Aufklärungsdrohnen seit Januar regelmäßig über dem Kosovo flogen? Für diese Bilder trifft im Grunde analog zu, was Robert Leicht über Bilder in der Wehrmachtsausstellung sagt: „Die Bilder ... mögen auf der Ebene der historischen Erkenntnis die dokumentierte Behauptung nur zusätzlich illustrieren. Auf der Ebene der Emotionen sind sie ... die eigentliche Botschaft, ja die Sache selber ... Denn wer die Macht der Bilder beschwört, darf nicht einen einzigen Meineid riskieren."[173]

Lässt schon eine Analyse schriftlicher Dokumente von Scharping selbst und aus dem Verteidigungsministerium erhebliche Zweifel aufkommen, ob es einen jugoslawischen Operationsplan „Hufeisen" tatsächlich gab, so werden diese Zweifel noch bestärkt, wenn man sich das tatsächliche Verhalten der jugoslawischen Streitkräfte vergegenwärtigt, wie es sich aus den detaillierten

---

172 Bundesministerium der Verteidigung, Der Bundesminister, Der Kosovo-Konflikt, Bonn 1999.
173 Die Zeit 44/1999, S. 1.

Berichten vor Ort, aber auch aus den einschlägigen Berichten des militärischen Nachrichtenwesens im Verteidigungsministerium ergibt. Es zeigt sich darin, dass bei aller Brutalität des jugoslawischen Vorgehens von einer geplanten und großangelegten Vertreibung der Albaner aus dem Kosovo vor Beginn der Luftangriffe nicht gesprochen werden kann. Scharping liefert hierfür selbst einen Beweis. In seinem Buch findet sich auf Seite 233 eine Grafik über die Flüchtlingsentwicklung im Kosovo. Dort zeigt sich eine starke Zunahme der Flüchtlinge erst ab dem 27. März 1999, also drei Tage nach Beginn der NATO-Luftangriffe!

Der Verteidigungsminister behauptete im Zusammenhang mit dem „Hufeisenplan" zweierlei: zum einen, es habe einen geheimen Plan der politischen und militärischen serbisch-jugoslawischen Führung zur vollständigen Vertreibung der albanischen Zivilbevölkerung aus dem Kosovo gegeben. Und zweitens sei dieser Plan bereits seit Januar 1999 systematisch ausgeführt worden. Zur ersten Behauptung lässt sich nur feststellen, dass das, was als Fakten dieses Plans vom Verteidigungsminister und seinem Hause präsentiert wurde, von jedem Stabsoffizier aufgrund der Geschehnisse vor Ort zusammengestellt werden konnte. Auch die wahrscheinlichen jugoslawischen Absichten konnten analytisch nachvollzogen werden. Das ganze Geheimnis des Plans ist nicht so sehr sein Inhalt, sondern seine Existenz, d.h. der Nachweis, dass die jugoslawische Führung einen solchen Plan bereits im November 1998 erarbeitete und damit auch zeigte, dass es ihr, während der Westen noch vertrauensvoll an eine friedliche Konfliktlösung glaubte und verhandelte, überhaupt nicht darauf ankam. Die Widersprüche in der Beweisführung des Verteidigungsministers sind jedoch so groß, dass man begründete Zweifel an der Existenz eines solchen Dokuments, das auch tatsächlich echt ist, haben muss. Solche Zweifel könnten am besten ausgeräumt werden, wenn zumindest die Seite mit den Unterschriften der jugoslawischen Planer präsentiert würde. Die zweite Behauptung Scharpings, die BRJ habe bereits im Januar begonnen, großangelegte, systematische Vertreibungen der albanischen Zivilbevölkerung durchzuführen, wird durch die Geschehnisse im Kosovo nicht belegt. Die Informationen, die Scharping anbietet, sind überhaupt nicht geeignet, seine Behauptung zu stützen. Außerdem widerlegen auch die sorgfältigen Analysen der nachrichtendienstlichen Experten die Anschuldigungen ihres Ministers.

Das Beispiel „Hufeisenplan" zeigt auf eindrucksvolle Weise, wie leicht es sein kann, erfolgreiche politische Kampagnen zur Rechtfertigung des politischen Handelns zu führen, wenn der Nährboden bereitet ist. Kein Staatsanwalt würde es in einem Rechtsstaat wagen, mit einer in sich so widersprüchlichen Anklageschrift und mit so schwachen Beweisen Anklage zu erheben. Doch der Verteidigungsminister offerierte seine Anklage nicht nur den Parlamentariern, den Medien und der Öffentlichkeit. Noch bemerkenswerter ist, dass seine Behauptungen bereitwillig und nahezu kritiklos übernommen wurden. Allerdings - seine innenpolitische Funktion erfüllte der „Hufeisenplan".[174] Er schob die öffentliche Kritik an den NATO-Luftangriffen beiseite, er schuf für sie sogar eine zusätzliche Rechtfertigung, von der die Politiker noch gar nichts gewusst hatten, als sie die Entscheidung für den Krieg trafen. Es gibt einen Zusammenhang zwischen dem „Massaker von Racak" und dem „Hufeisenplan". Der Leiter der KVM, Walker, zündete mit seiner unbewiesenen Version von „Racak" die Lunte zum Krieg gegen Jugoslawien. Scharping löschte mit dem „Hufeisenplan" die Kritik an diesem Krieg. Beide Anschuldigungen wurden, obwohl doch eigentlich Zweifel angebracht waren, ungeprüft für wahr gehalten und konnten so ihren Zweck erfüllen.

---

174 So wird noch in der bereits erwähnten ARD-Sendung vom 25. Oktober 1999 auf den „Hufeisenplan" verwiesen.

IX. Diskussion der Ergebnisse

Wie und warum haben die Kosovo-Albaner den Bürgerkrieg gewonnen?

Ganz eindeutig haben die Kosovo-Albaner den Bürgerkrieg gewonnen. Sie errangen den Sieg gegen einen Gegner, dem sie in militärischer Hinsicht hoffnungslos unterlegen waren. Sie waren in extrem kurzer Zeit siegreich. Es gibt wohl kaum ein anderes Beispiel in der Geschichte für einen so erfolgreichen Bürgerkrieg. Wie wurde dieser Erfolg erreicht?
Zunächst einmal steht fest, dass alle relevanten albanischen politischen Kräfte im Kosovo spätestens seit Ende der achtziger Jahre die Unabhängigkeit der Provinz als festes Ziel vor Augen hatten. Unterschiede bestanden lediglich hinsichtlich des operativen Vorgehens und der anzuwendenden Taktiken sowie des Zeithorizonts für das Erreichen dieses Ziels. Die gemäßigten Kräfte um Rugova wollten die Unabhängigkeit weitgehend durch friedliche Mittel, vor allem durch zivilen Widerstand gegen die serbische Staatsautorität, den Aufbau eigener, paralleler Staats- und Gesellschaftsstrukturen und durch die Hilfe anderer Staaten und internationaler Organisationen erreichen. Sie waren auch mit Zwischenschritten auf diesem Wege einverstanden, wenn dadurch nicht die Unabhängigkeit verwehrt wurde. Die Radikalen, als deren Arm sich immer mehr die UCK herausschälte, wollten die Unabhängigkeit durch bewaffneten Kampf erreichen. Sie waren allenfalls aus taktischen Gründen bereit, vorübergehend von der Gewalt Abstand zu nehmen, und wollten ihr Ziel schnell erreichen. Im Laufe der Zeit bestimmten sie immer mehr den Kurs. Sie hatten ohnehin großen Rückhalt in der ländlichen Bevölkerung und gewannen neue Anhänger bei jenen, die von der Erfolglosigkeit des gewaltlosen Weges enttäuscht waren. Beide Gruppierungen trennten persönliche Animositäten, ja Feindschaften, und unterschiedliche Auffassungen über Vorgehensweisen. Vereint waren sie jedoch in dem gemeinsamen Streben nach Unabhängigkeit und der Ablehnung der serbischen Staatsautorität.
Wann immer die Geburtsstunde der UCK gewesen sein mag, als sichtbares militärisches Element trat sie Ende 1997 in den Bürgerkrieg ein. Rugova erklärte noch Anfang 1998, sie sei eine Erfindung des serbischen Geheimdienstes, um die Repressionen gegen die Albaner zu rechtfertigen. Die Taktik der UCK war zunächst die klassische Guerilla-Taktik. Durch gezielte Einzelangriffe auf die Organe der staatlichen Autorität, insbesondere auf die Polizei, wurde diese verunsichert, in Furcht versetzt und zu Reaktionen provoziert. Wie dies in jedem Bürgerkrieg üblich ist, benutzten die Guerillas die Zivilbevölkerung als Schutzschild. Die UCK konnte sich über die Grenze nach Nordalbanien in einen sicheren Hafen zurückziehen. Die Reaktionen des serbischen Machtapparats entsprachen ebenfalls dem üblichen Bürgerkriegs-

schema. Sie gingen unverhältnismäßig gewaltsam und brutal vor, verursachten Opfer unter der Zivilbevölkerung und lösten Flüchtlingsbewegungen aus. So war die Zivilbevölkerung wie bei jedem Bürgerkrieg Hauptleidtragender. Doch Leid und Elend der Zivilbevölkerung waren auch taktisches Mittel der Guerilla. Durch geschickte Information und Manipulation der Medien wurden internationale Aufmerksamkeit und Betroffenheit erzeugt. Durch das Eingreifen internationaler Organisationen wurden den Operationen der jugoslawischen Sicherheitskräfte Schranken auferlegt, während die UCK ihren Machtbereich kontinuierlich ausbauen konnte. Nur so ist zu erklären, dass nach einem halben Jahr Bürgerkrieg, Ende Juni 1998, die UCK gegen einen hundertfach militärisch überlegenen Gegner etwa 30 bis 40 Prozent des Kosovo kontrollieren konnte.

Im Mai 1998 eröffnete sich für die UCK zum ersten Mal eine ganz konkrete Perspektive für einen raschen Sieg im Bürgerkrieg. Die NATO, die stärkste Militärallianz der Welt, hatte sich eingeschaltet, deutlich Partei gegen die Serben ergriffen und ein militärisches Drohpotential an den Grenzen der BRJ aufgebaut, das allerdings zu dieser Zeit noch gegen ein Übergreifen des Konflikts auf die Nachbarländer gerichtet war. Doch das Vorrücken von NATO-Streitkräften bis nahe an die Grenzen der BRJ war eine politische Demonstration des Bündnisses, notfalls auch in den Konflikt direkt eingreifen zu wollen.

Im Frühsommer 1998 machte dann die UCK ihren einzigen großen operativen Fehler. Aus einer Überschätzung ihrer Möglichkeiten und vielleicht beflügelt von den bisherigen raschen Erfolgen besetzte sie kleinere Städte und stellte sich der Polizei und dem Militär in offener Feldschlacht. Diesen Kampf musste sie militärisch verlieren, denn hier konnten Polizei und Militär vor allem ihre weit überlegene Feuerkraft ausspielen. Die UCK erlitt eine schwere militärische Niederlage, sie verlor mehrere hundert Kämpfer und musste sich aus von ihr vorher kontrollierten Gebieten zurückziehen. Doch strategisch war diese Operation dennoch ein Erfolg für die UCK. Diesen verschaffte ihr allerdings der Bürgerkriegsgegner. Polizei und Militär gingen nämlich, wohl um die Infrastruktur der UCK zu zerstören, massiv, gewalttätig und brutal gegen die albanische Zivilbevölkerung vor. Dies löste große Flüchtlingsströme aus. Sie bewirkten eine stärkere Intervention der UN und vor allem der NATO. Mitte Oktober 1998 stand ein Luftangriff des Bündnisses auf die BRJ unmittelbar bevor. Der Bürgerkrieg stand kurz vor seiner Entscheidung, für die UCK war der Sieg nahe.

Doch diese Entscheidung wurde vertagt. Auf Druck der NATO begrenzte die BRJ die Stärke, die Präsenz und die Operationen von Polizei und Armee im Kosovo und war offenbar bereit, auch in einen Verhandlungsprozess zur friedlichen Lösung des Konflikts einzutreten. Der Erfolg einer solchen Befriedung hätte allerdings die Unabhängigkeit des Kosovo in weite Ferne gerückt. Die UCK musste von einer solchen Perspektive enttäuscht sein, sie zeigte dies auch ganz offen. Doch die Chance für einen raschen Erfolg bestand fort. Die NATO erhielt ihr einseitig gegen die BRJ gerichtetes Drohpotential auf hohem Niveau aufrecht. Es war sozusagen abrufbar. Dagegen wurden die gewalttätigen Übergriffe der UCK in keiner Weise eingeschränkt. In den Händen der UCK lag es nun, durch ein Wiederbesetzen der im Sommer 1998 aufgegebenen Positionen und Angriffe auf die jugoslawischen Sicherheitskräfte, diese zu weiteren Übergriffen auf die Zivilbevölkerung zu provozieren und so eine humanitäre Katastrophe herbeizuführen und damit mit ziemlicher Sicherheit NATO-Luftangriffe gegen die BRJ auszulösen. Die UCK hat dieses Ziel von Ende Oktober 1998 an konsequent verfolgt. Es ist eigentlich erstaunlich, wie wenig diese Strategie begriffen wurde. So führt General a.D. Naumann aus: „Die UCK spielte im Grunde eine Rolle, die uns den Erfolg des Herbstes 1998 kaputt gemacht hat. Sie stieß in das Vakuum, das der Abzug der Serben hinterlassen hatte, und breitete sich in einer Weise aus, die vermutlich niemand in irgendeinem unserer Staaten akzeptiert hätte ... Und den Fehler hat die UCK gemacht, dass sie das Vakuum füllte ..."[175] In der Strategie der UCK war dieser „Fehler" jedoch ein unerlässlicher Schritt auf dem Weg zum Sieg im Bürgerkrieg.

Die Verhandlungen in Rambouillet und Paris kann man aus dieser Perspektive als die Fortsetzung des Bürgerkrieges mit anderen Mitteln und auf einem anderen Terrain begreifen. Durch eine ungemein geschickte Verhandlungsstrategie, durch flexible Taktiken und den Beistand und die Unterstützung vor allem der USA, war die UCK erfolgreich. Wie ungleichgewichtig die von den USA angedrohten Sanktionen waren, zeigt sich an einer Äußerung von Albright: „Wenn die Gespräche platzen, weil die Serben nein sagen, werden wir bomben. Wenn wir ein Ja von beiden Seiten bekommen, wird es eine Truppe für die Umsetzung geben. Wenn die Gespräche wegen der Albaner platzen, werden wir sie nicht mehr unterstützen und auch die Hilfe anderer kappen."[176] Im Klartext heißt dies: Den Serben wird mit Krieg gedroht, der UCK damit, ihr eine Hilfe nicht mehr zu gewähren, die ohnehin nach den Auflagen des UN-Sicherheitsrates unzulässig war. Nach der Suspendierung der Verhandlungen in Rambouillet bestand eigentlich für die UCK kaum noch die Gefahr, dass die NATO nicht mit Luftangriffen gegen die BRJ vorgehen würde. Am 24. März 1999 war mit Beginn dieser Angriffe der Bürgerkrieg praktisch zugunsten der Kosovo-Albaner entschieden. Es war nur noch eine Frage der Zeit, wann der Gegner kapitulieren würde. Als Luftwaffe der UCK gewann die NATO den Bürgerkrieg für die UCK. Dass in der End-

---

175 General a.D. Klaus Naumann in der oben genannten ZDF-Sendung vom 21. September 1999.
176 Aussage der amerikanischen Außenministerin in derselben Sendung.

phase des Krieges wieder die Zivilbevölkerung die Zeche zahlen musste, entspricht dem üblichen Verlauf von Bürgerkriegen.

Warum hat die UCK diesen Krieg gewonnen? Wichtig war, dass alle Gruppierungen der Kosovo-Albaner ein klares strategisches Ziel hatten. Dieses Ziel, die Unabhängigkeit, verfolgten sie ganz konsequent und ohne substantielle Zugeständnisse. Die Unterschiede im taktischen Vorgehen waren durchaus förderlich. So lenkten die gewaltlosen Methoden und das flexible Eingehen auf internationale Forderungen durch die Rugova-Gruppe die internationale Gemeinschaft vom gewaltsamen Vorgehen der UCK ab. Die nicht klar durchschaubaren Führungsstrukturen der UCK machten es schwierig, Verantwortliche für Gewalttaten zu identifizieren und die Vernetzung mit anderen Gruppen zu erkennen. Vorteilhaft für die albanische Seite war auch das Eingreifen der UN, der EU und der Kontaktgruppe. Wurden doch dadurch dem militärischen Potential der BRJ Zügel angelegt, was eine Schwächung des Kriegsgegners der UCK bedeutete.

Die BRJ trug selbst zu ihrer Niederlage wesentlich bei. Die Belgrader Führung sah das Problem im Kosovo nur in der Bekämpfung einer kleinen Gruppe von Terroristen. Sie machte keinen echten Versuch, durch eine weitgehende Autonomie zumindest eine vorübergehende Befriedung zu erreichen, die eine Perspektive auf eine friedliche Lösung des Konflikts eröffnet hätte. Sie trieb durch das gewalttätige Vorgehen der Sicherheitskräfte auch gemäßigte Albaner in die Hände der UCK und machte sich auch den Teil der Bevölkerung, der politisch indifferent und vor allem um das tägliche Überleben bemüht war, zum Feind. So trugen wohl die Serben weit mehr dazu bei, der UCK Gefolgschaft zu verschaffen, als die Guerillas selbst durch ihre Aktionen.

Entscheidend für den raschen Erfolg war das Eingreifen der NATO unter der Führung der USA. Gegen die erklärte Absicht des Bündnisses wurde es doch zur „Luftwaffe der UCK". Die NATO verband ihre Glaubwürdigkeit und ihr Prestige mit einer raschen Lösung des Kosovo-Konflikts. Sie ermunterte durch ihre einseitige Parteinahme gegen die BRJ die radikalen Kosovo-Albaner und bestärkte sie in der Richtigkeit ihres gewaltsamen Kurses. Abgesehen von verbalen Stellungnahmen war zu keiner Zeit ein ernsthafter Versuch von Seiten der NATO erkennbar, mit Sanktionen gegen die Gewalt der UCK vorzugehen. Es ist frappierend, wie das mächtige Bündnis von den Kosovo-Albanern immer mehr in den Konflikt hineingezogen wurde, bis schließlich seine Position in der Hierarchie internationaler Organisationen auf dem Spiel zu stehen schien.

Hier ist nicht darüber zu befinden, ob ein Grand Design der UCK umgesetzt wurde. Eines solchen Plans bedurfte es eigentlich gar nicht. Ein klares Ziel vor Augen, die Anwendung der Grundsätze des Bürgerkrieges und die Ausnutzung der Schwächen anderer reichten für den Erfolg aus. In welchem

Maße dabei nützlicher Rat von außerhalb kam, kann hier nicht beurteilt werden. Zu hoffen ist nur, dass diejenigen, die auf so effektive Weise den Bürgerkrieg gewonnen haben, nun auch intelligent und durchsetzungsfähig genug sind, im Interesse der geplagten Menschen den Frieden zu gestalten.

Die Bundesrepublik Jugoslawien war eindeutig der Verlierer des Bürgerkrieges. Die Belgrader Führung hat wohl nie verstanden, dass sie sich in einem Bürgerkrieg befand, und hat sich so auch nicht nach den Regeln eines derartigen Krieges verhalten. Sie versuchte zunächst, mit einer massiven Unterdrückungspolitik den Widerstand der Kosovo-Albaner zu ersticken, was jedoch nicht gelang. Vielmehr wurde der gewaltsame Widerstand geradezu hervorgerufen. Als sich die militanten Kosovo-Albaner etablierten, wurde die Polizei nicht nur selektiv zur Bekämpfung von Terroristen eingesetzt, sondern sie ging unverhältnismäßig hart und grausam auch gegen das zivile Umfeld der militanten Separatisten vor und provozierte dadurch das Eingreifen internationaler Organisationen, die ohnehin durch die von den Serben in Bosnien-Herzegowina ausgeübte Gewalt antiserbisch geprägt waren. Mit ihrer störrischen Haltung gegenüber der internationalen Gemeinschaft und der Weigerung, internationale Vermittlung zuzulassen, verspielte die Belgrader Führung einen wichtigen Vorteil. Denn, was den Status des Kosovo betraf, wurde international die jugoslawische Position gestützt und das albanische Ziel einer Sezession abgelehnt. Hätte Belgrad im Laufe des Jahres 1998 die Zusammenarbeit mit der OSZE zunächst nicht verweigert, dem Kosovo eventuell auch einseitig eine wirkliche Autonomie gewährt, und wären die Sicherheitskräfte wirklich nur selektiv gegen die bewaffneten Kräfte der Kosovo-Albaner vorgegangen, hätte sich das Blatt vielleicht noch zugunsten der Jugoslawen wenden lassen. Doch Belgrad tat genau das Gegenteil dessen, was für einen Sieg im Bürgerkrieg erforderlich gewesen wäre. An Rechtspositionen wurde starr festgehalten, und sie wurden erst unter Androhung von Gewalt im letzten Moment aufgegeben, die Obstruktionshaltung der Albaner gegen die Aufnahme von politischen Verhandlungen wurde nicht durch einseitige Zugeständnisse unterlaufen, die albanische Zivilbevölkerung wurde weiterhin drangsaliert und schikaniert, und man bekämpfte nicht nur Terroristen, sondern führte einen grausamen Krieg in den Hochburgen der UCK und nahm dabei wenig Rücksicht auf die Zivilbevölkerung. Selbst in der letzten Phase des Bürgerkriegs im Februar/März 1999 war eine Niederlage noch abzuwenden. Das, was Belgrad nach dem Luftkrieg zugestand, hätte in Rambouillet auf den Tisch kommen müssen: eine militärische Implementierungstruppe unter der Verantwortung der Vereinten Nationen. Ein derartiges Angebot hätte es wahrscheinlich den USA sehr viel schwerer gemacht, ihre Forderung nach einer NATO-geführten Truppe durchzusetzen. Jugoslawische Ansätze in diese Richtung waren zu zaghaft und nicht nachhaltig genug. Die Belgrader Führung machte es so der NATO ziemlich leicht, den Luftkrieg zu begründen. Die politischen Fehler der serbischen Führung waren für die Niederlage im Bürgerkrieg entscheidend. Insgesamt verhielt sich Jugoslawien in seiner Kosovo-Politik ähnlich wie Russland in seiner Tschetschenien-Politik. Der Unterschied besteht darin, dass Jugoslawien ein kleines Land und gemessen am internationalen Niveau militärisch schwach ist. Deshalb war die NATO auch bereit, zur Durchsetzung ihrer politischen Ziele sogar das Mittel des Krieges einzusetzen.

Die Kosovo-Verikfikationsmission - vertane Chance für eine friedliche Lösung des Konflikts?

Mit den Abkommen vom Oktober 1998 hat die BRJ erhebliche Zugeständnisse gemacht, die der Belgrader Führung sicher nicht leicht gefallen sind. Der Kosovo-Konflikt war nun durch die direkte Beteiligung der OSZE und der NATO an der Überwachung der Abkommen tatsächlich internationalisiert. Die jugoslawische Seite hatte auch bis Ende Oktober/Anfang November 1998 ihre Verpflichtungen weitgehend erfüllt. Sie erwartete, dass die internationalen Verifikateure rasch vor Ort sein würden, um durch ihre Anwesenheit den Waffenstillstand zu stabilisieren und eine objektive Bewertung des Verhaltens beider Parteien zu ermöglichen.

Es gelang jedoch nicht, in der entscheidenden Zeit kurz nach dem Abschluß der Abkommen überhaupt eine OSZE-Präsenz vor Ort zu errichten. Die OSZE-Mission wuchs systematisch, aber langsam auf; sie erreichte zu keiner Zeit auch nur annähernd die geplante Personalstärke. Damit wurde eine notwendige Voraussetzung für eine friedliche Konfliktlösung nicht geschaffen. Doch das hätte nicht die fatalen Folgen gehabt, wenn sich auch die UCK strikt an die Feuerpause gehalten hätte. Dies war aber nicht der Fall. Sie provozierte vielmehr die Staatsautorität, griff Polizeiposten an, übte Gewalt gegen die Zivilbevölkerung, maßte sich in inzwischen wieder von ihr kontrollierten Gebieten Hoheitsbefugnisse an. Die internationale Gemeinschaft zeigte sich zwar besorgt, und die gewaltsamen Aktionen wurden gerügt, doch wirksame Sanktionen wurden nicht einmal angedroht, geschweige denn verhängt. Durch die Art der internationalen Reaktion konnte sich die UCK sogar bestärkt fühlen. Das Verhalten der NATO war einseitig gegen die Serben gerichtet.[177]

So kam, was eigentlich kommen musste: Die Serben schlugen nach bekanntem Muster zurück. Die Eskalation der Gewalt nahm ihren Lauf. Das Fenster der Gelegenheit zu einer friedlichen Konfliktlösung, das von Mitte Oktober

---

177 Die Resolution 1203 des UN-Sicherheitsrats vom 24. Oktober 1998 hatte von beiden Parteien das Ende der Gewalttaten und die Befolgung früherer Resolutionen verlangt. Die Jugoslawen kamen dieser Aufforderung nach, dennoch erhielt die NATO ihre Kriegsdrohung gegen sie aufrecht. Die UCK hielt sich nicht daran. Die internationale Gemeinschaft tat auch nichts, um sie dazu zu zwingen.

bis Anfang Dezember weit offen stand, schloss sich allmählich. Doch auch später waren noch nicht alle Chancen vertan. Es gab noch kurze Zeiten der Beruhigung und auch die Hoffnung auf eine Eindämmung der Gewalt. Doch die Hardliner auf beiden Seiten schienen immer mehr auf eine Entscheidung hinzuarbeiten: die Belgrader Führung auf eine Vernichtung der UCK und ihrer Basis, die UCK auf eine militärische Intervention der NATO, und das mächtigste Militärbündnis hielt seinen antiserbischen Kurs.

Die KVM eröffnete eine Chance zur friedlichen Konfliktlösung. Ein dauerhafter Waffenstillstand, ein Ende der Gewalt, einigermaßen normale Lebensbedingungen, der Aufbau demokratischer Institutionen, die allmähliche Durchsetzung der Bürger- und Menschenrechte sowie ein zivilisiertes Verhalten der Staatsorgane gegenüber den Bürgern hätten eine Perspektive für eine politische Lösung eröffnen können. Doch diese Chance wurde vertan. Die internationale Gemeinschaft, auch die Bundesregierung, versäumte es, die Partei der militanten Kosovo-Albaner, die natürlich von sich aus kein Interesse an einer friedlichen Lösung hatte, auf Friedenskurs zu zwingen. Möglichkeiten hierfür waren vorhanden, doch sie wurden nicht entschieden genug genutzt.

Das Auswärtige Amt führte zwar auf allen Ebenen Gespräche mit den Albanern. Dabei wurde auch immer wieder die deutsche Position vertreten: keine Selbständigkeit für das Kosovo, keine Beibehaltung des Status quo im Kosovo, sondern weitgehende Autonomie, Verzicht auf Gewalt bei der Durchsetzung politischer Ziele. Ein militärisches Eingreifen der NATO, betonten die deutschen Diplomaten, werde nur aus humanitären Gründen erfolgen. Das Bündnis werde sich nicht zu einem militärischen Arm der UCK machen lassen. Schon fast rituell waren die Antworten der Albaner: Die Gewalt gehe von den Serben aus, Unabhängigkeit des Kosovo sei ein legitimes Recht, man habe keinen Einfluss auf die UCK. Sanktionsmöglichkeiten wurden von deutscher Seite kaum genannt, schon gar nicht angedroht. Aus der Lektüre der Gesprächsakten ensteht der Eindruck, dass die albanischen Gesprächspartner beruhigt sein konnten, dass schon nichts passieren würde, und sie des deutschen Wohlwollens und weiterer Unterstützung sicher sein durften.[178]

Die meisten Teilnehmerstaaten der OSZE unternahmen keine besonderen Anstrengungen, um die internationalen Verifikateure rasch und in großer Zahl vor Ort zu bringen. Die organisatorischen Defizite der OSZE, die ja auch ein Ergebnis der Politik der Teilnehmerstaaten waren, trugen dazu bei, dass die Reaktion der OSZE auf die bisher größte Herausforderung in ihrer Geschichte zu langsam und zu schwach ausfiel. Es gibt Stimmen, die behaupten, die OSZE sei mit diesem Auftrag betraut worden, um sie daran scheitern zu lassen und die NATO als einzige friedensstiftende Organisation zu positionieren. Eine solche Absicht als staatliches Handeln ist nicht er-

---

178 Zur deutschen Unterstützung der Kosovo-Albaner siehe Jürgen Elsässer, a.a.O., S. 53ff.

kennbar. Auch die amerikanische Regierung wollte zunächst sicher einen Erfolg der KVM. Es ist jedoch nicht zu verkennen, dass amerikanische Stimmen schon relativ früh von einem Scheitern der OSZE-Mission sprachen. Man kann auch davon ausgehen, dass sich bei nicht wenigen das Bedauern über dieses Scheitern in engen Grenzen hielt, auch bei manchem in der deutschen politischen Führung.

Rambouillet – zum Misserfolg verdammt?

Die Verhandlungen in dem französischen Schloss waren gar keine Verhandlungen zwischen den Konfliktparteien, sondern eine Art Pendeldiplomatie auf engstem Raum, in der Diplomatensprache „Proximity Talks". Als Konzept für die Verhandlungen diente das Modell von Dayton, mit dem das Ende des Krieges in Bosnien-Herzegowina erzwungen wurde. Doch gerade die Fixierung auf dieses Modell war wohl mit einer der Gründe, weshalb Rambouillet scheiterte. Denn sowohl hinsichtlich des konkreten Problems als auch in Bezug auf die Parteien bestanden große Unterschiede.

An Verhandlungen im üblichen Sinne, die von unterschiedlichen Ausgangspositionen gleichberechtigter Partner zu einem Kompromiss führen, der die Verhandlungspartner befriedigt, war auch gar nicht gedacht.[179] Das Konzept der Kontaktgruppe ging davon aus, dass sich die beiden Konfliktparteien von sich aus nicht auf ein Interimsabkommen einigen können und ihnen deshalb eine Lösung aufgezwungen werden müsse. Die den Parteien vorgegebenen Prinzipien waren überhaupt nicht verhandelbar, der zu Beginn der „Verhandlungen" vorgelegte unvollständige Entwurf sollte nur in engen Grenzen veränderbar sein. Die Prinzipien kamen eher der jugoslawischen Seite entgegen, die konkrete Ausgestaltung dieser Prinzipien im Entwurf eher den Albanern. Für den politischen Teil des Abkommens wäre ein Übereinkommen wohl möglich gewesen. Der eigentliche Konflikt lag in den Regelungen für die Durchsetzung des Abkommens. Hier vertraten nicht nur die Konfliktparteien unvereinbare Positionen, sondern auch innerhalb der Kontaktgruppe herrschte Dissens. Die Kosovo-Albaner bestanden auf einer NATO-Implementierungstruppe, die Serben lehnten eine militärische Implementierungstruppe überhaupt ab. Die fünf NATO-Kontaktgruppenländer waren für eine NATO-Truppe, die Amerikaner machten sie zur *conditio sine qua non*, die Russen bevorzugten eine internationale Polizeitruppe für die Implementierung und waren auf keinen Fall bereit, den Serben eine militärische Truppe aufzuzwingen. In der Frage der Implementierung waren die Kosovo-Albaner

---

179 Die serbische Seite forderte zwar immer wieder direkte Verhandlungen zwischen den Konfliktparteien, doch sie drang mit dieser Forderung nicht durch. Das Verhandlungskonzept der Kontaktgruppe und die politische Zielsetzung der albanischen Seite standen dem entgegen.

und die USA zu keinerlei Kompromiss bereit, so dass alle Versuche, einen Kompromiss zu erreichen, daran abprallten.
Zum Dissens in der Sache kam eine taktische Marschroute der Verhandler, die auf eine Überrumpelung der Serben angelegt war. Die Teile des Entwurfs, die sich mit der militärischen Implementierung befassten, wurden den Parteien erst sehr spät offiziell vorgelegt und auch nur noch in technischen Einzelheiten für veränderbar erklärt. Dieser gegen die serbische Seite gerichtete Coup wurde natürlich durchschaut. Zusätzlich zum sachlichen Dissens be- und verstärkte diese Taktik das ohnehin schon vorhandene Misstrauen der Serben und ihr Gefühl, einem Täuschungs- und Betrugsmanöver ausgesetzt zu sein.
Gescheitert war das Rambouillet-Konzept schon vor den abschließenden Gesprächen in Paris. Es war auch zum Scheitern verurteilt, weil es in der Frage des nationalen Prestiges für die Serben keinerlei Kompromissbereitschaft auf Seiten der USA gab. Die USA wollten eine Unterwerfung der jugoslawischen Führung ohne Krieg, sie waren aber auch bereit, einen Krieg hierfür zu riskieren. Die jugoslawische Führung war zu einer kampflosen Kapitulation nicht bereit. In dieser Situation, in der beide Seiten, nämlich die von der amerikanischen Außenministerin entschlossen geführte NATO und die Belgrader Führung, in ihren Denkschemata verharrten und von ihren öffentlich bekundeten Positionen ohne größten Prestigeverlust nicht mehr wegzukommen schienen, war wohl für beide Seiten der Krieg akzeptabler als ein Nachgeben. Beide Seiten verweigerten in den Verhandlungen, die der Verhinderung eines Krieges dienen sollten, die Lösung, zu der sie nach einem mehrwöchigen Krieg dann aber doch bereit waren. Dies zeigt die ganze Absurdität der Verhandlungsstrategien.

Der Weg der NATO - Ein Fahrplan zum Krieg?

Die NATO ist ein politisches Bündnis mit heute 19 souveränen Mitgliedstaaten zur gemeinsamen Verteidigung. „Die kollektive Verteidigung bleibt die Kernaufgabe der NATO. Wir bekräftigen unser Bekenntnis zur Förderung von Frieden, Stabilität und Freiheit", so die Erklärung von Washington zum NATO-Gipfel am 23. und 24. April 1999.[180]
Weshalb hatte sich die NATO überhaupt im Kosovo engagiert, und wie kam es, dass die mächtige Allianz Zug um Zug in diesen Konflikt hineingeriet, beinahe zwangsläufig immer ein Stückchen weiter, bis ihr Ansehen, ihr Prestige, ja ihre Zukunft auf dem Spiel zu stehen schienen? Wie ist zu erklären, dass zunächst 16, dann 19 demokratische Staaten auf eine schiefe Ebene gerieten und am Endpunkt dieser Fahrt fast alle Ziele verfehlten, die sie sich ursprünglich gesetzt hatten? Diese Fragen können im Rahmen dieser Studie

---

180 NATO Brief 2/1999, S. D 1.

nur vorläufig beantwortet werden, da der Zugang zu wichtigen, vertraulichen Dokumenten verwehrt war. Doch es gibt sehr vereinzelte Stimmen, die nicht nur in den Chor des allgemeinen Selbstlobes einstimmen, sondern auch Fehler einräumen, die sich bei derart schwierigen Entscheidungen oft erst nachträglich als solche herausstellen.[181]

Für die USA, die unumschränkte Führungsmacht des Bündnisses, standen viel wichtigere Dinge als das Schicksal der kleinen Provinz Kosovo auf dem Spiel. „Im Auswärtigen Amt entsteht jetzt der Eindruck, die USA wollten versuchen, einen Präzedenzfall dafür zu schaffen, daß nicht nur sie, sondern die NATO zur Verteidigung weltweiter Interessen ohne Sicherheitsratsbeschluss militärisch handeln könne."[182] Wichtig für die USA war es, die absolute Freiheit der NATO zu militärischem Handeln zu gewinnen. Dieses Ziel bestimmte das Verhältnis zu Russland und zu den Vereinten Nationen. Man wollte keiner anderen Organisation und keinem Land außerhalb des Bündnisses das Recht einräumen, Einfluss auf die Entscheidungen des Bündnisses zu nehmen oder gar ein Vetorecht gegen solche Beschlüsse zu haben, schon gar nicht auf Entscheidungen über den Einsatz der Streitkräfte, sei es zur Verteidigung, sei es zu anderen Zwecken.[183] Diese amerikanische Politik war aber auch in das Bündnis hinein gerichtet. Ein Präzedenzfall würde natürlich auch denjenigen Mitgliedsländern den Boden ihrer Politik entziehen, die ein bewaffnetes Eingreifen außerhalb der Selbstverteidigung von einem UN-Mandat abhängig machen wollten. Diese Politik war nicht notwendigerweise auf Krieg gerichtet. Entsprechende Entscheidungen der NATO zur Androhung militärischer Maßnahmen reichten eigentlich als Präzedenzfall aus. Allerdings wurde die Schwelle zum Krieg in diesem Konflikt immer niedriger. Und schließlich schien es um eine Existenzfrage für das Bündnis selbst zu gehen. „Die Alliierten wissen, zu oft haben sie nur mit Bomben gedroht. Jetzt muß man Ernst machen. Jede andere Entscheidung würde auch das politische Ende der NATO bedeuten."[184]

Ein zweites Kennzeichen im NATO-Fahrplan war der enorme Zeitdruck, unter dem das Bündnis seit Mitte Januar 1999 zu stehen schien. Hierfür gab es nur einen objektiven Grund, den NATO-Gipfel in Washington. Das feststehende Datum für die Feierlichkeiten zum 50. Geburtstag des Bündnisses beschleunigte die Eskalationsschritte und das Geschehen in hohem Maße.

---

181 Vgl. Klaus Naumann, Der nächste Konflikt wird kommen, a.a.O.
182 Gunter Hofmann, Wie Deutschland in den Krieg geriet, a.a.O., S. 18.
183 Selbstverständlich war die Entscheidungssouveränität der NATO für die Aufgabe kollektive Verteidigung legitim und unstrittig. Doch diese Kernaufgabe trat im Aufgabenspektrum der Allianz immer mehr in den Hintergrund. Die NATO wurde und wird mehr und mehr zu einem Instrument der allgemeinen militärischen Konfliktlösung. Und auch für diese Funktion wollten und wollen die USA den Entscheidungsspielraum nicht durch ein Korsett völkerrechtlicher Verpflichtungen und Mitspracherechte anderer Staaten von außerhalb des Bündnisses einengen lassen.
184 Kommentar in der ARD-Sendung vom 25. Oktober 1999.

Die NATO war ganz klar auf eine Entscheidung bis Ende März orientiert. Die militärische Option eines Krieges war seit Mitte Januar wieder ganz konkret; sie wurde politisch und militärisch unter amerikanischer Führung vorangetrieben, wobei die militärischen Planungen schon seit dem Spätsommer 1998 weitgehend abgeschlossen waren. Die zweite Option, die Besetzung des Kosovo mit einer NATO-Implementierungstruppe auf der Grundlage eines Vertrags, bildete die Hauptarbeit der militärischen NATO-Stäbe im Februar und März 1999.

Die Militärs hatten planerisch beide Optionen bis Mitte März vorbereitet. Die geplante Implementierungstruppe wäre auch in der Lage gewesen, räumlich begrenzte Angriffe zu Lande gegen die jugoslawische Armee zu führen, nicht jedoch einen umfassenden Landkrieg.

Die Entscheidung für den Luftkrieg war eine politische Entscheidung. Man kann davon ausgehen, dass auch die Politiker eine Verhandlungslösung ohne Krieg vorgezogen hätten. Doch die USA waren vor dem Krieg nicht bereit, das zuzugestehen, was sie akzeptierten, um den Krieg zu beenden: eine (formal) unter der Verantwortung der UN stehende und durch einen Beschluss des Sicherheitsrats mandatierte Implementierungstruppe. Die europäischen Staaten, die nach Ausbruch des Krieges auf eine politische Kompromisslösung zur Beendigung des Waffengangs hinarbeiteten, brachten diese politischen Energien nicht auf, als es um die Vermeidung des Krieges ging. So ähnelt der letzte „kleine" europäische Krieg dieses Jahrhunderts in einer Hinsicht dem ersten großen Weltkrieg. Beide Kriege waren nicht bewusst angestrebt und gewollt. Sie entstanden aus einem Versagen der Diplomatie.

Weshalb hat aber die NATO die Option „begrenzte Luftschläge" aufgegeben? Es gab doch Stimmen, die meinten, Milosevic brauche einen Militärschlag, um ein Nachgeben gegenüber den Forderungen der NATO vor seinem Volk rechtfertigen zu können, sozusagen als ein Einlenken, um Schlimmeres zu verhindern. Dann wären ein kurzer und begrenzter Luftschlag und eine anschließende Besinnungspause eine angemessene Strategie gewesen. Doch die Allianz stieg sofort voll in den Luftkrieg ein.

Beide Seiten unterlagen Fehleinschätzungen. Auf Seiten der NATO konnte man zwar sicher sein, dass dieser Krieg gewonnen würde. Das westliche Bündnis hatte eine zigfache militärische Überlegenheit. Die Politiker und auch einige hohe Militärs setzten aber auch auf eine *rasche* militärische Wirkung der Luftangriffe und eine schnelle Kapitulation Belgrads.[185] Allenfalls

---

185 „Es gab sicherlich eine ganze Reihe, die gehofft hatten, dass Milosevic nach wenigen Tagen einknicken würde." (General Naumann in der ARD-Sendung vom 25. Oktober 1999) „Am 24.März, als die Luftbombardements begannen, war man allgemein überzeugt, schon die erste Welle der Bombenangriffe werde Milosevic an den Verhandlungstisch zurückbringen. Nach den ersten beiden Tagen, so nahm man an, würde es eine Bombenpause geben." (Michael Ignatieff, Der gefesselte Kriegsherr, in: Die Zeit 33/1999, S. 11-13, S. 12.). Der Verfasser, der sich am 24. März zu Gesprächen im Ver-

ein bis zwei Wochen werde Milosevic durchhalten, war zu vernehmen. Außerdem, so heißt es, habe man nicht mit einem derart brutalen Vorgehen gegen die albanische Zivilbevölkerung gerechnet, obwohl doch einige Ankündigungen darauf hindeuteten.[186] So hatte der jugoslawische Präsident seinen hochrangigen Besuchern häufig vorgehalten, er wäre in wenigen Wochen mit der UCK fertig, wenn ihn die internationale Gemeinschaft nur ließe. Hochrangige jugoslawische Militärs hatten gedroht, im Falle von Luftangriffen der NATO werde man mit aller Härte gegen die Terroristen vorgehen. Es war nicht zu erwarten, dass die Serben stillhalten würden.

Auch auf jugoslawischer Seite gab es schwerwiegende Fehleinschätzungen. Man hat wohl die Wirkung der eigenen Luftverteidigung gewaltig überschätzt und darauf vertraut, dass nach dem Abschuss einer größeren Zahl von NATO-Flugzeugen die NATO unter dem Druck der öffentlichen Meinung uneins werden würde. Auch wurden wohl gewisse Divergenzen zwischen einzelnen Bündnisstaaten überschätzt und die Festigkeit des Bündnisses unterschätzt. Belgrad mag wohl auch nicht damit gerechnet haben, dass die NATO bereit sein würde, in einem derartigen Ausmaß die zivile Infrastruktur zu zerstören und den Krieg auch gegen die Zivilbevölkerung zu führen.[187] Beide Seiten schienen darauf vertraut zu haben, dass der Krieg gegen die Streitkräfte und nicht gegen die Zivilbevölkerung geführt würde.

So haben Fehler und Fehleinschätzungen auf beiden Seiten die Entscheidung für den Krieg leichter gemacht. Doch selbst bei einer realistischeren Einschätzung von Verlauf und Folgen des Krieges, wäre es wohl zum Waffengang gekommen. Die NATO bewertet ja die Ergebnisse des Krieges als einen großen Erfolg, obwohl sie eigentlich keines ihrer ursprünglichen politischen Ziele erreicht hat. Aber auch die jugoslawische Führung fühlt sich offenbar nicht als Verlierer. In der Erfolgsbilanz der Politiker erscheinen dann die so genannten Kollateralschäden - zigtausend Tote und Verletzte - und materielle Schäden in zigfacher Milliardenhöhe als eine geringfügige Wertberichtigung, durch die der Gesamterfolg des Unternehmens nicht wesentlich beeinträchtigt wird.

---

teidigungsministerium befand, stellte die gleiche Überzeugung bei ranghohen Offizieren fest.

186 „Niemand von uns, ich kenne niemanden, hat damit gerechnet, dass im Europa des ausgehenden 20. Jahrhunderts noch einmal Deportationszüge rollen würden. Das war eine Denkkategorie, die wir einfach nicht drauf hatten." (General Naumann, ZDF-Sendung vom 21. September 1999).

187 Die Konzeption eines totalen Luftkrieges zeigt der NATO-Oberbefehlshaber General Clark auf: „Sonst hätte die NATO weitergebombt, seine Infrastruktur pulverisiert. Wir hätten die Nahrungsmittelindustrie zerstört, ihre Heizkraftwerke. Wir hätten alles getan, was nötig gewesen wäre. Wir wären letztlich auch mit Bodentruppen hineingegangen." ZDF-Sendung vom 21. September 1999.

Der deutsche Bundestag - Verfassungsorgan zur Kontrolle der Regierung und Vertretung des deutschen Volkes?

Zweifellos hat die deutsche Politik Anfang 1998 in einer schwierigen Übergangsphase Handlungsfähigkeit bewiesen. Aus der NATO heraus, vor allem durch die USA initiiert, wurden künstlich Handlungszwänge aufgebaut und Entscheidungsnotwendigkeiten herbeigeführt. So stellte Washington Schröder und Fischer im Oktober 1998 faktisch ein Ultimatum. Das deutsche Parlament wurde hierdurch in seinen Entscheidungsalternativen eingeengt und in seiner Bedeutung eingegrenzt. In einer von den Regierungsverantwortlichen für diese schwerwiegende Entscheidung herbeigeführten ganz großen Koalition war nur das genaue Ausmaß der parlamentarischen Zustimmung nicht genau bekannt. Einzige Oppositionspartei war die PDS, die, auch wenn sie ganz sachlich argumentierte, praktisch als legitime Opposition nicht akzeptiert und oft mit unsachlicher Polemik abgefertigt wurde. Die Regierungspolitik fand einen Grad der parlamentarischen Zustimmung, wie er ohne einen rot-grünen Sieg bei der Bundestagswahl nicht zu erreichen gewesen wäre. Der Bundestag erfüllte die idealtypischen Funktionen eines Parlaments, einer Volksvertretung, nur sehr eingeschränkt. Für eine sachgerechte Entscheidung für „das Volk" über Krieg und Frieden fehlten ebenso zutreffende Informationen wie für die Ausübung einer Kontrollfunktion.[188] Nun könnte man diese Defizite auf die Besonderheit der politischen Situation zurückführen, die zur Zeit der Sitzung am 16. Oktober 1998 herrschte. Dies würde aber zu kurz greifen. Denn auch nach dem Regierungswechsel im Herbst 1998 setzte die neue Regierung den einmal eingeschlagenen Kurs fort. Die Information des Bundestags blieb unzureichend. Die Lage verschlimmerte sich eher noch, denn es gab keine politisch starke Opposition, sondern eine unerklärte übergroße Koalition. Eine Kontrolle der Regierung fand im Bundestag vor den Augen der Öffentlichkeit praktisch nicht statt. Auch das in einer Demokratie so wichtige außerparlamentarische Kontrollorgan, die Medien, fielen weitgehend aus. Sie formierten sich, was den Kosovo-Konflikt betrifft, geradezu spiegelbildlich zum Parlament ebenfalls als eine große Koalition mit allen negativen Folgen für eine sachgerechte und objektive Information der Öffentlichkeit.

Die völlig unkritische Übernahme regierungsamtlicher Positionen durch das Parlament und die Medien zeigt sich exemplarisch am so genannten Hufeisenplan. Die offensichtlichen Widersprüche in den öffentlich zugänglichen Informationen des Verteidigungsministers wurden offenbar nicht gesehen,

---

188 „Aber auch die Abgeordneten müssen sich fragen lassen, ob sie mit dem nötigen Nachdruck eine angemessene Unterrichtung eingefordert und alternative Wege der Informationsbeschaffung ... hinreichend genutzt haben." Thomas Debiel, Katastrophe im Kosovo. Zehn Anmerkungen zu Massakern, Krieg und (De)Eskalation, in: Blätter für deutsche und internationale Politik 5/1999, S. 539-547, S. 541.

geschweige denn aufgedeckt oder auch nur kritisch hinterfragt. Das „Hufeisen" war ja geradezu ideal gefertigt, um die vorhandenen festgefügten Einstellungen und Voreingenommenheiten zu bestätigen. Nimmt man die bisher bekannten Informationen über den „Hufeisenplan", so drängt sich der Schluss auf, dass es sich bei diesem „Plan" um eine „Fiktion", aber nicht um einen echten Operationsplan der jugoslawischen militärischen oder politischen Führung handelt. Die wahre Geschichte dieses „Plans", die eine nicht zu verkennende politische Dimension hat, muss noch geschrieben werden.

Ein Kreuzzug für die Menschenrechte?

NATO-Generalsekretär Solana erklärt: „Dieser Krieg wird um Werte und um die moralische Verfassung jenes Europa geführt, in dem wir im 21. Jahrhundert leben werden ... ich bin überzeugt, dies ist ein gerechter Krieg ... Wir sollten stolz sein auf das, was wir tun."[189] General Naumann meint, im Kosovo „wurde einer Idee wegen Krieg geführt, nicht wegen Interessen".[190] Der deutsche Außenminister glaubt sogar, in dem Krieg gegen die BRJ kämpfe das „sogenannte Abendland ... für die Menschenrechte eines muslemischen Volkes".[191] Die Politiker schienen nicht selten einen Kreuzzug für die Menschenrechte anzukündigen. Doch der Test für eine derartige Moralpolitik, für die Kreuzritter der Menschenrechte, kam schneller, als dies zu erwarten war. Die russische Kriegführung in Tschetschenien verursachte in der Zivilbevölkerung auch Leid und Elend, die „humanitäre Katastrophe" ist mindestens ebenso groß, wie sie im Kosovo war. Doch die eigenen berechtigten Interessen der NATO-Staaten geboten naturgemäß eine ganz andere Politik gegenüber der russischen Nuklearmacht als gegenüber der jugoslawischen Führung.

Dieser rasche Test der moralischen Fundamente auch der rot-grünen Politik in Deutschland machte nur zu deutlich, dass auch im Kosovokonflikt eine reine Interessenpolitik betrieben wurde. Das Hauptinteresse der neuen deutschen Regierung war, außenpolitische Zuverlässigkeit und Kontinuität zu demonstrieren. Unter dem Zuverlässigkeitstest der USA und der NATO gab diese Regierung nahezu alle Grundsätze auf, die ihre Repräsentanten noch kurz zuvor in der Opposition vertreten und sogar noch ins Koalitionspapier geschrieben hatten. Um jedoch den Gesinnungsbruch nicht so offensichtlich werden zu lassen, mussten die Serben und die Belgrader Führung noch schlimmer dargestellt werden, als sie ohnehin schon waren. Die Deutschen knüpften damit an das amerikanische Konzept des „Schurkenstaates" an. Rubin meint, dieses Konzept sei ein weitaus wichtigeres Element für die Ge-

---

189 Der Spiegel 18/1999, S. 175.
190 Klaus Naumann, Der nächste Krieg wird kommen, a.a.O., S. 8.
191 Die Zeit 16/1999, S. 3.

staltung der amerikanischen Außenpolitik, als bisher angenommen. Man könne die amerikanische Haltung zur Kosovo-Krise nur verstehen, wenn man das jugoslawische Regime als ein schurkisches betrachte.[192] Die enorme Personalisierung der jugoslawischen Politik auf einen „Schurken", den jugoslawischen Präsidenten, verschloss den Blick für durchaus erkennbare Divergenzen in der Belgrader Führung und verhinderte einen differenzierten politischen Ansatz, der diese Divergenzen hätte nutzen können. Die Gesamthaftung des serbischen Volkes für diesen „Schurken" ließ nicht erkennen, dass die Serben im Kosovo keine geschlossene Anhängerschaft der Belgrader Führung repräsentierten. Der „Schurke" handelte in den Augen der „Moralisten" aus niederen Motiven und irrational. Für sie ist die eigene Rationalität der einzige Maßstab, eine andere Rationalität ist eben irrational. Mit dem Schurkenstaat-Schema verschloss man sich einer differenzierten Außenpolitik und einer flexibleren Diplomatie im Kosovo-Konflikt.

Das Konzept des Schurkenstaates ist ja nur der Mantel für eine klare Interessenpolitik. Wie für die Bundesregierung der Beweis der außenpolitischen Kontinuität das vorherrschende Interesse war, so bildete auch für die USA das nationale Interesse den Kern ihrer Kosovo-Politik. Es war dieses Mal nicht so sehr ein wirtschaftliches Interesse, obwohl auch hier derartige Interessen nicht abseits standen.[193] Für die USA ging es aber um mehr und Wichtigeres. Auf dem Spiel standen das Prestige der USA als Weltmacht und die Position der von den USA dominierten NATO in der Hierarchie internationaler Organisationen.

Doch die moralische Bemäntelung der Interessenpolitik hatte Konsequenzen. Mit einem Bösewicht und einem Schurkenstaat konnte man nicht gut Kompromisse schließen. Bestrafung für begangenes Unrecht und Verhindern neuer Gräueltaten mussten die Ziele der Politik sein, um diese Politik auch vor einer aufgeheizten Öffentlichkeit rechtfertigen zu können. So geriet diese Politik in eine selbsterrichtete Einbahnstrasse, in der nur noch der gewaltsame Durchbruch gegen die Fahrtrichtung oder der Rückzug möglich war.[194] Die sich moralisch rechtfertigende Kreuzzugspolitik hatte noch weitere fatale Konsequenzen. Ein schurkisches Regime musste besiegt werden, es konnte keinen Kompromiss im Krieg geben, eine Waffenpause zur diplomatischen Lösung auf halbem Wege schien nicht möglich. Noch schwerwiegender war

---

192 Vgl. Barry Rubin, „Schurkenstaaten". Amerikas Selbstverständnis und seine Beziehungen zur Welt, in: Internationale Politik 6/1999, S. 5-13, S. 13.
193 Hierzu: Tania Noctiummes/Jean-Pierre Page, Ein imperialistischer Krieg für eine neue Weltordnung, in: Ullrich Cremer/Dieter S. Lutz (Hrsg.), Nach dem Krieg ist vor dem Krieg, Hamburg 1999, S. 27-59; Michel Chossudovsky, Die ökonomische Rationalität hinter der Zerschlagung Jugoslawiens, in: Hannes Hofbauer (Hrsg.), Balkankrieg. Die Zerstörung Jugoslawiens, Wien 1999, S. 223-250.
194 „Die Dämonisierung des Gegners, auch wenn er Slobodan Milosevic heißt, verzerrt die Maßstäbe des eigenen Denkens und Handelns." Karl D. Bredthauer, Im Namen der Glaubwürdigkeit, in: Blätter für deutsche und internationale Politik 5/1999, S. 519-523, S. 521.

die Folge für die Zeit nach dem Krieg. Mit „Schurken" konnte man sich nicht gut an den Verhandlungstisch setzen. So wurde eine Gestaltung des Friedens mit dem ehemaligen Kriegsgegner so lange ausgesetzt, bis das „schurkische" Regime von sich aus abdankt oder vom Volk gestürzt wird, was im konkreten Fall, in Jugoslawien, noch lange dauern kann.

X. Folgerungen

Die Ergebnisse dieser vorwiegend empirischen Studie, die sich mit einem speziellen Fall der Konfliktentwicklung und von Konfliktlösungsversuchen beschäftigt, lassen sich natürlich nicht ohne weiteres verallgemeinern. Doch können sie Befunde anderer Untersuchungen bestätigen oder falsifizieren, man kann begründete Hypothesen für die weitere Forschungsarbeit daraus entwickeln. In begrenztem Maße können auch Handlungsvorschläge für praktische Politik daraus abgeleitet werden. Die im Folgenden dargestellten Anregungen sollen keinen Entwurf einer Sicherheitsarchitektur für des 21. Jahrhundert bilden. Derartige Konzepte gibt es schon genug auf dem Markt. Es wird vielmehr versucht, einige Hinweise zu geben, wie Fehlentwicklungen vermieden und durch welche Maßnahmen die Chancen für eine erfolgreiche Politik der Konfliktprävention und einer friedlichen Konfliktlösung verbessert werden könnten.

Informationsgewinnung und -verarbeitung in politischen Entscheidungsprozessen

Frühwarnung ist eine entscheidende Voraussetzung für friedliche Konfliktlösung. Bei wohl kaum einem anderen Konflikt war diese notwendige, jedoch nicht hinreichende Voraussetzung so gut erfüllt wie im Falle des Kosovo-Konflikts. Es fehlte nicht an Analysen und Prognosen, die eine krisenhafte Zuspitzung voraussagten. Auch für den in dieser Studie untersuchten Zeitraum trifft dies in jeder Hinsicht zu. Dem Auswärtigen Amt und dem Verteidigungsministerium stand die exzellente Berichterstattung der deutschen Botschaft in Belgrad zur Verfügung. Zusätzlich lagen die Informationen und Bewertungen von internationalen Organisationen, vor allem der OSZE, vor. Auf der Fachebene wurden die vorliegenden Informationen sachgerecht zusammengefasst und bewertet. Hiervon konnte sich der Verfasser exemplarisch überzeugen. Allerdings zeigt diese Studie eine kaum glaubliche und nicht zu verstehende Diskrepanz zwischen dem Informationsstand auf der Fachebene und den von der politischen Führung benutzten Informationen. Am Beispiel mehrerer wichtiger Sitzungen des Bundestages wurde deutlich, dass die Informationen von Regierungsmitgliedern teilweise objektiv falsch, teilweise unvollständig und teilweise missverständlich waren, obwohl es präzise und umfassende zutreffende Informationen in den Ressorts gab.
Im Rahmen dieser Studie konnte nicht systematisch untersucht werden, worauf diese extreme Informationsselektion und -verfälschung zurückzuführen sind. Es gibt aber gewisse Anzeichen dafür, dass wir es einerseits mit einer besonderen Ausprägung der in bürokratischen Organisationen typischen In-

formationsreduktion zu tun haben. Zum anderen handelt es sich aber wohl auch um eine bewusste Informationsmanipulation, um getroffene politische Entscheidungen vor dem Parlament und der Öffentlichkeit überzeugender begründen zu können.

Eines ist allerdings sicher: Es herrschte kein Mangel an Informationen, sondern es gab offenbar schwere Defizite in der organisatorischen und individuellen Informationsverarbeitung. Die Empfänger von entscheidungsrelevanten Informationen akzeptierten die angebotenen unvollständigen und falschen Informationen.

Als Folgerung aus dem Kosovo-Konflikt ergibt sich keinesfalls, wie dies immer wieder behauptet wird, ein Bedarf an zusätzlichen technischen Aufklärungsmitteln, wie z.B. teuren Aufklärungssatelliten. Verbessert werden muss der Fluss entscheidungsrelevanter Informationen von der Fachebene zur politischen Entscheidungsebene; die Nutzung des vorhandenen Informationsangebots muss effizienter werden. Gegen bewusste Manipulation von Informationen zu politischen Zwecken helfen allerdings keine organisatorischen Vorkehrungen und Maßnahmen. Derartige Verhaltensweisen werden nur eingeschränkt, wenn das Parlament seine Kontrollfunktion wirksam ausübt und die Medien das von der Regierung und den Parteien offerierte Informationsmaterial einer kritischen Prüfung unterziehen. Die gleiche kritische Haltung gegenüber angebotenen Informationen, die Abgeordnete und Medien im Falle der Parteispendenaffären an den Tag legen, wäre bei den Entscheidungsprozessen über Krieg und Frieden wünschenswert und angemessen gewesen.

Vermittlung in Konflikten

Wer in einem Konflikt vermitteln will, muss das Vertrauen der Konfliktparteien haben. Eine Voraussetzung dafür ist, dass der Vermittler das Verhalten der Parteien mit gleichen Maßstäben bewertet. Hierzu gehört auch die Fähigkeit und Bereitschaft, das jeweilige Handeln der Parteien zu verstehen, auch wenn dies nicht gebilligt wird. Der Vorwurf des irrationalen Handelns entsteht dann, wenn man die Rationalitätskriterien einer Partei nicht versteht.

Gegen diese einfachen Prinzipien haben westliche Staaten, auch die deutsche Bundesregierung, im Kosovo-Konflikt auf eklatante Weise verstoßen. Sie haben Verstöße der Serben und der jugoslawischen Führung hart gebrandmarkt und sanktioniert und ähnliches Verhalten der Kosovo-Albaner eher verständnisvoll toleriert. Drohungen richteten sich faktisch nur an die Belgrader Führung und Jugoslawien. Viele Staaten hielten sich sogar selbst nicht an die von der UNO auferlegten Sanktionen, indem sie großzügig über Waffenlieferungen an die albanischen Separatisten hinwegsahen und keinerlei Versuche machten, die Finanzströme zu unterbinden.

Mit einer einseitig gegen die Serben gerichteten Einstellung und Politik konnte gerade die deutsche Regierung eine Vermittlerrolle nicht wirksam ausfüllen, obwohl dies ihre Aufgabe als Inhaberin der EU-Präsidentschaft gewesen wäre. Wie wichtig aber eine neutrale Position ist, zeigte sich bei der Vermittlung des finnischen Staatspräsidenten, der glaubwürdig neutral erschien und zur Beendigung des Krieges wesentlich beitrug.

Man muss sich auch darüber im Klaren sein, dass bestimmte Länder für die Vermittlung in bestimmten Konflikten von vornherein ungeeignet sind, wenn sie von einer Konfliktpartei als nicht neutral angesehen werden. Wenn eine Vermittlerrolle aber sozusagen qua Amt ausgeübt werden muss, wie z.B. als Land, das den Vorsitz einer internationalen Organisation innehat, dann muss in der Politik dieses Landes alles vermieden werden, was den Verdacht der Einseitigkeit begründet und nährt. Es kommt auch darauf an, auf so wichtigen Posten, wie z.B. den des Leiters einer OSZE-Mission in einem Krisengebiet, Persönlichkeiten einzusetzen, die nicht einen Hauch von Parteilichkeit haben und die im Interesse ihrer Aufgabe für diese internationale Organisation die Interessen der nationalen Politik zurückstellen.

- *Unterstützung und Stärkung der OSZE*

Gerade von deutscher Seite wurde in der Vergangenheit oft gefordert, die OSZE zu stärken und diese internationale Organisation zu verrechtlichen. Praktisch wurde auch von der neuen Regierung wenig dafür getan. Umfassende organisatorische Veränderungen der OSZE, gar die Schaffung einer Art von Sicherheitsrat, haben auf absehbare Zeit ohnehin keine Realisierungschancen. Es kommt auch nicht darauf an, die OSZE in einem Maße zu bürokratisieren wie andere internationale Organisationen. Mit ihren flexibleren Strukturen kann die OSZE Entscheidungen oft viel schneller treffen als andere bürokratische Apparate. Stärkung der OSZE muss heißen, ihr wichtige Aufgaben und rechtzeitig alle Mittel zur Durchführung dieser Aufgaben zu geben. Insbesondere müssen die operativen Fähigkeiten der OSZE verbessert werden. Der Kosovo-Konflikt hat vor allem gezeigt, dass die OSZE bei größeren operativen Aufgaben nicht schnell genug reagieren kann. Erste Konsequenz wäre also die schrittweise Erhöhung der Reaktionsfähigkeit der OSZE. Hierzu müsste das für den Kosovo-Konflikt eingerichtete Lagezentrum zu einem kleinen Stab ausgebaut werden, der sozusagen als Kernzelle Planungsdokumente für den operativen Einsatz erarbeitet, für die Einrichtung größerer Missionen die ersten Planungen beginnt und die notwendigen *Ad-hoc*-Verstärkungen für diesen Stab aufnimmt. Mit dieser Verbesserung der Reaktionsfähigkeit in der Organisation der OSZE müsste die Bereitschaft der Teilnehmerstaaten einhergehen, viel schneller als bisher geeignetes Personal für die Aufgaben in Krisengebieten zur Verfügung zu stellen. Die Fähigkeit hierzu hängt aber auch von Maßnahmen in den Teilnehmerstaaten selbst ab. Nun hat der OSZE-Gipfel in Istanbul im November 1999 erste Konsequenzen aus den offensichtlichen operativen Schwächen der OSZE gezogen und die Einrichtung einer Operationszentrale und ein Programm für schnelle Reaktionen beschlossen. Doch nach den bisherigen Erfahrungen wird die Umsetzung dieser Beschlüsse ein langsamer und mühsamer Weg sein. Die Länder, die in der Vergangenheit derartige Vorschläge immer abgeblockt haben, werden auch jetzt diese Haltung nicht gänzlich aufgeben. Es kommt nun darauf an, die Beschlüsse der Staats- und Regierungschefs gegen die zu erwartenden Widerstände und Verwässerungsversuche entschieden und mit Energie durchzusetzen.

Stärkung der Rüstungskontrolle und Integration in einen allgemeinen politischen Ansatz für Südosteuropa

Die von deutscher Seite vorangetriebene Konzeption einer umfassenden Politik für Südosteuropa (Stabilitätspakt) kann der Region eine friedliche Perspektive für die Zukunft eröffnen. In diesem Prozess müssten rüstungskontrollpolitische Ansätze noch stärker zur Geltung kommen. Die nach dem Kosovokrieg wieder aufgenommenen Verhandlungen über vertrauens- und sicherheitsbildende Maßnahmen im Rahmen des Dayton-Abkommens sind ein Weg. Nach der Modifizierung des KSE-Vertrages könnten weitere Staaten diesem Vertrag beitreten. Insbesondere die Bundesrepublik Jugoslawien könnte hier Zugang zu einem internationalen Vertragswerk finden und aus der internationalen Isolation herauskommen. Ein regionales Luftbeobachtungsregime würde eine zusätzliche Dimensionen der Vertrauens- und Sicherheitsbildung eröffnen. Derartige in eine allgemeine politische Konzeption eingebettete Maßnahmen wären geeignet, die Gefahr von Fehleinschätzungen zu verringern, Vertrauen aufzubauen und Rüstungen zu begrenzen. Nennenswerte finanzielle Mittel sind dafür nicht erforderlich, nur etwas politische Fantasie und ein Bruchteil der politischen Energie, die für die militärische Konfliktlösung aufgebracht wird.

Konfliktprävention und friedliches Konfliktmanagement als Teilaufgabe im Rahmen einer umfassenden sicherheitspolitischen Konzeption

Trotz aller politischer Erklärungen zur Wichtigkeit von Konfliktprävention und friedlicher Konfliktlösung erfährt dieses Gebiet eine stiefmütterliche Behandlung im Spektrum konkreten politischen Handelns auch der deutschen Bundesregierung. Deutsche Sicherheitspolitik war und bleibt ausgerichtet und zentriert auf die militärische Landesverteidigung im Rahmen des NATO-

Bündnisses, die traditionelle Rüstungskontrollpolitik und in zunehmendem Maße auf die Einfluss- und Machtprojektion mit militärischen Mitteln durch die NATO.

Diese auf militärischen Mitteln beruhende und darauf hin orientierte Politik hat sich in der jüngsten Vergangenheit eher verstärkt. Als Lehren aus dem Kosovo-Konflikt präsentieren Politiker und Militärs gewaltige Aufrüstungsprogramme für die Streitkräfte. Aus europäischer Perspektive gibt es angeblich enorme Defizite im Vergleich zu den USA in nahezu allen Bereichen der Militärtechnologie. Man gewinnt zuweilen den grotesken Eindruck, als müssten sich die europäischen Militärs für einen Krieg gegen die USA rüsten, als wollte man das fehlende politische Gewicht Europas durch einen Rüstungswettlauf mit den USA kompensieren. Die Europäische Union antwortet auf die sicherheitspolitischen Herausforderungen der Zukunft mit der Einrichtung einer 50.000 bis 60.000 Mann starken Eingreiftruppe, von der niemand weiß, wo sie denn konkret eingreifen soll. Mit der Behauptung, friedliches Konfliktmanagement habe im Kosovo-Konflikt versagt, wenden sich die Politiker und Experten in Sachen Sicherheitspolitik ohne weiteres Hinterfragen des angeblichen Versagens den militärischen Konfliktlösungsoptionen zu und fordern, die dafür notwendigen Ressourcen einzusetzen.

Tatsächlich käme es aber darauf an, aus einer systematischen, umfassenden Analyse des Geschehens, Lehren für das diplomatische Konfliktmanagement im vormilitärischen Bereich zu ziehen. Wenn man hierfür nur einen Bruchteil der Analysekapazität und Energie einsetzen würde wie für den militärischen Bereich der Sicherheitspolitik, könnte man schon sehr weit kommen. Ohne sich auf umfassende Analysen abstützen zu müssen, ist allerdings eines klar: Wäre eine friedliche Lösung des Kosovo-Konflikts gelungen, wäre der Bevölkerung viel Leid erspart geblieben, und man hätte enorme finanzielle Mittel eingespart. Damit bestätigt sich eine allgemeine Erkenntnis: Krieg ist zumeist nicht nur die grausamste, sondern auch die teuerste Konfliktlösung. Wichtig wäre es daher, Konfliktprävention und friedliches Krisenmanagement gleichgewichtig neben die traditionelle Militärpolitik in eine sicherheitspolitischen Gesamtkonzeption zu setzen und dies auch umzusetzen. Dieser Politikbereich müsste als Staatsaufgabe etabliert werden mit allen organisatorischen Konsequenzen, denn ohne eine organisatorische Verankerung und ohne ein eigenes organisatorisches Gewicht wird dieser Politikbereich auch weiterhin im luftleeren Raum schweben.

Konzeption und Organisation für den Bereich „Krisenprävention"

Für den Bereich der militärischen Verteidigung und der militärischen Intervention in Krisen gibt es Konzeptionen, Richtlinien und Strategien, für den Bereich der friedlichen Konfliktlösung ist etwas Derartiges nicht einmal in

Ansätzen vorhanden. Zwar hat man Dokumente internationaler Organisationen, insbesondere der OSZE, doch die Prinzipien und Verhaltensnormen sind nicht in nationale politische und operative Konzepte umgesetzt, geschweige denn in eine vernünftige Aufbauorganisation. Wenn aber dieser Teil der Sicherheitspolitik wirklich mehr als ein Schattendasein führen soll - und es spricht einiges dafür, dass er mehr Gewicht verdient -, dann bedarf es einer in sich stimmigen Konzeption und einer aufgabengerechten Organisation. Eine Konzeption müsste Ziele und Aufgaben definieren, die Erfüllung von Aufgaben zuordnen, die notwendigen Mittel bestimmen, Grundzüge der Aufbauorganisation festlegen sowie Personalauswahl und -ausbildung grundsätzlich regeln. In einem „Amt für Konfliktprävention" wären die Einsätze zu planen und zu führen, Personalauswahl und -ausbildung durchzuführen sowie Analysen und Empfehlungen für die politische Leitung zu erarbeiten. Die notwendigen Finanzmittel sind im Vergleich zur militärischen Sicherheitspolitik marginal. Mit einem Prozent der Verteidigungsausgaben wäre der Bereich der friedlichen Konfliktlösung großzügig ausgestattet. Deutschland könnte so auf diesem Gebiet auch Vorbild für andere Länder sein und innerhalb der EU eine Vorreiterrolle übernehmen. Die vom Auswärtigen Amt begonnene Ausbildung für UN- und OSZE-Beobachter kann nur ein erster Schritt sein. Ihm müssen weitere folgen, wenn es die Politik wirklich ernst meint mit der Stärkung der Fähigkeit zur friedlichen Konfliktlösung. Die erforderlichen finanziellen Mittel für eine „Aufrüstung" in der Friedenspolitik sind vergleichsweise gering, ein „deutsches Friedenskorps" mit einem Personalumfang von etwas mehr als einem Promille der Bundeswehr wäre für den Zweck schon eine starke Truppe.

Auflösung traditioneller Denkmuster

In der Kosovo-Krise erlebten wir den Versuch, ein hochkomplexes Problem mit dem einfachen Mittel der militärischen Intervention zu lösen, sozusagen die „gordische" Lösung. Ein solches Lösungsmuster scheint auch weiterhin das Denken und Handeln des größten Teils derjenigen zu bestimmen, die für Sicherheitspolitik verantwortlich sind. Durch den vermeintlichen Erfolg im Kosovo scheint dieses Denken sogar noch bestätigt zu werden. So kann man den Eindruck gewinnen, als sollten die Probleme des 21. Jahrhunderts mit den Denkschemata des 19. Jahrhunderts gelöst werden. Dies wird misslingen. Man kann eben nicht die Architektur des Hauses Europa in der Zukunft mit jenen Bauplänen gestalten, die schon in der Vergangenheit mehrfach zum Zusammenbruch dieses Gebäudes geführt haben. Eine neue Architektur beginnt im Kopf der Architekten. Das gleiche gilt für eine neue Politik und die Politiker.

Anstelle eines Nachworts

"Pflugscharen zu Schwertern." (Constanze Stelzenmüller, in: Die Zeit 48/1999)

"Die Welt wird nicht vom Eisen regiert, sondern von dem Geist, der in ihm ist." (Hugo von Hofmannsthal, Der Turm)

"Überfällige Lehren aus dem Kosovokrieg ... Defizite bestehen vor allem in den Bereichen Truppentransport, Aufklärung und Präzisionswaffen." (Peter Frey, in: Die Zeit Nr. 47/1999)

"Zu spät. Treibst weiter, und immer ohne das, für das zu kämpfen es sich gelohnt hätte." (Hugo von Hofmannsthal, Der Turm)

Abkürzungsverzeichnis

ACTORD	Activation Order, Autorisierung zur Ausführung eines Operationsplans der NATO
ACTWARN	Activation Warning, Aufforderung an Mitgliedsländer der NATO, Streitkräfte zur Ausführung eines Operationsplans zur Verfügung zu stellen
BRJ	Bundesrepublik Jugoslawien
EU	Europäische Union
FRY	Federal Republic of Yugoslavia
HQ	Headquarters, Hauptquartier
ICTY (United Nations)	International Criminal Tribunal for the former Yugoslavia, Internationaler Gerichtshof für das frühere Jugoslawien, Den Haag
KDOM	Kosovo Diplomatic Observer Mission, Diplomatische Beobachtermission im Kosovo
KG	Kontaktgruppe
KLA	Kosovo Liberation Army, auch: UCK, Befreiungsarmee des Kosovo
KSZE	Konferenz über Sicherheit und Zusammenarbeit in Europa (seit dem 1. Januar 1995 OSZE)
KVM	Kosovo-Verifikationsmission
NATO	North Atlantic Treaty Organization, Nordatlantische Vertragsorganisation, Nordatlantische Verteidigungsgemeinschaft
ODIHR	Office for Democratic Institutions and Human Rights, Büro für Demokratische Institutionen und Menschenrechte, Institution der OSZE in Warschau
OSCE	Organization for Security and Co-operation in Europe
OSZE	Organisation für Sicherheit und Zusammenarbeit in Europa
RC	Regional Centre, Regionalzentrum der KVM
SFOR	Stabilisation Force, Multinationale Friedenstruppe in Bosnien-Herzegowina
SR	Sicherheitsrat (der Vereinten Nationen)
UCK	Ushtria Clirimtare e Kosoves, Befreiungsarmee des Kosovo
UN	United Nations

UNHCR	United Nations High Commissioner for Refugees, Hoher Kommissar der Vereinten Nationen für Flüchtlinge, Flüchtlingshilfswerk der Vereinten Nationen
VJ	Voeska Jugoslavia, Jugoslawische Streitkräfte

Chronologie wichtiger Ereignisse[195]

1989 - 1997

1989	Aufhebung der verfassungsrechtlich garantierten Autonomie des Kosovo
8. Juli 1992	Suspendierung der Teilnahme Jugoslawiens an der KSZE
14. August 1992	Einrichtung einer KSZE-Mission für Kosovo, den Sandschak und die Vojvodina
23. Juni 1993	Ende dieser KSZE-Mission
21. November 1995	Abschluss der Verhandlungen über ein Friedensabkommen für Bosnien-Herzegowina in Dayton, USA
24. September 1997	Erklärung der Kontaktgruppe zum Kosovo-Konflikt
28. November 1997	Erstes Auftreten von uniformierten UCK-Kämpfern in der Öffentlichkeit in Lausa/Llaushe
16. Dezember 1997	NATO-Außenministerkonferenz in Brüssel

1998

4. Januar	Die UCK erklärt, dass sie die bewaffnete Kraft der Albaner sei und bis zur Vereinigung des Kosovo mit Albanien kämpfen werde
23. Februar	Besuch des amerikanischen Sondergesandten Gelbard bei Milosevic
Ende Feb./Anf. März	Schwere Kämpfe zwischen Sicherheitskräften und UCK im Drenica-Gebiet; ca. 100 Tote, darunter viele albanische Zivilisten, Frauen und Kinder
9. März	Kontaktgruppen-Ministersitzung in London
22. März	Kosovo-Albaner halten Parlamentswahlen ab
31. März	UN-Sicherheitsratsresolution 1160
23. April	Volksbefragung in Serbien zur internationalen Vermittlung im Kosovo-Konflikt
15. Mai	Treffen Rugovas mit Milosevic in Belgrad
22. Mai	Erster und letzter Arbeitskontakt zwischen Serben und Kosovo-Albanern in Pristina/Prishtina
28. Mai	NATO-Außenministerkonferenz in Luxemburg (Erklärung zum Kosovo)

---

195 Diese Chronologie bezieht sich auf die in dieser Studie erfassten Ereignisse. Eine ausführlichere Chronologie, die auch die historische Entwicklung mit einbezieht, findet sich bei Marc Weller, Crisis, a.a.O., S. 15 bis 23.

14. Juni	Öffentliches Treffen des amerikanischen Sonderbotschafters Holbrooke mit UCK-Kämpfern
15. Juni	Beginn der NATO-Übung „Determined Falcon" in Mazedonien
16. Juni	Treffen Jelzins mit Milosevic (u.a. Vereinbarung von KDOM)
24. Juni	UCK besetzt die Kohlenmine von Belaceva
Ende Juni/ Anfang Juli	UCK hat ca. 30 bis 40 Prozent des Kosovo unter ihrer Kontrolle
6. Juli	KDOM beginnt mit Beobachtungsmission
Mitte Juli bis Ende September	Serbisch-jugoslawische Offensive gegen die UCK, große Verluste der UCK, Gewalttaten gegen die Zivilbevölkerung, ca. 300.000 Flüchtlinge
24. September	UN-Sicherheitsratsresolution 1199
24. September	ACTWARN der NATO, Warnung der BRJ und Androhung von NATO-Luftangriffen
27. September	Bundestagswahl in Deutschland
28. September	Milosevic erklärt die Operationen der Sicherheitskräfte für beendet
1. Oktober	Hill legt ersten Entwurf eines Interimsabkommens vor
4. Oktober	Gespräche des russischen Außenministers Iwanow in Belgrad
6. Oktober	Einladung des jugoslawischen Außenministers an die OSZE, eine Mission in das Kosovo zu schicken
12. Oktober	Deutsche Bundesregierung beschließt deutsche Beteiligung an NATO-Luftangriffen gegen die BRJ
13. Oktober	ACTORD der NATO, NATO-Rat autorisiert den NATO-Generalsekretär, Luftangriffe gegen die BRJ anzuordnen
13. Oktober	Holbrooke-Milosevic-Vereinbarung
15. Oktober	Unterzeichnung eines Abkommens zur Durchführung der Luftbeobachtung im Kosovo zwischen dem NATO-Oberbefehlshaber in Europa und dem Chef des Generalstabs der jugoslawischen Armee
16. Oktober	Abkommen über die Kosovo-Verifikationsmission zwischen dem Amtierenden Vorsitzenden der OSZE und dem jugoslawischen Außenminister
16. Oktober	Zustimmung des Deutschen Bundestages zur Kabinettsentscheidung vom 12. Oktober 1998 zur deutschen Beteiligung an Luftangriffen gegen die BRJ

17. Oktober	Ernennung des amerikanischen Diplomaten William Walker zum Leiter der KVM durch den Amtierenden Vorsitzenden der OSZE
17. - 21. Oktober	OSZE-Erkundungen für die Einrichtung der KVM in Belgrad und im Kosovo
17. /18. Oktober	Mehrere Überfälle der UCK auf serbische Polizeistationen (drei serbische Polizisten getötet)
19. Oktober	UCK nimmt zwei Tanjug-Korrespondenten gefangen
24. Oktober	UN-Sicherheitsratsresolution 1203
25. Oktober	Ständiger Rat der OSZE beschließt Einrichtung der KVM
25. Oktober	Vereinbarung über Begrenzungen der serbisch-jugoslawischen Sicherheitskräfte zwischen der militärischen Führung der NATO und der Belgrader Führung
27. Oktober	Suspendierung von ACTORD
2. November	Hill legt seinen 2. Entwurf für ein Interimsabkommen vor
13. November	Zustimmung des Deutschen Bundestages zur deutschen Beteiligung an der NATO-Luftüberwachungsoperation über dem Kosovo
November	Gespannte Ruhe im Kosovo. Die UCK übernimmt wieder allmählich die Kontrolle in ihren ehemaligen Hochburgen, Flüchtlinge kehren zurück
19. November	Zustimmung des Deutschen Bundestages zur deutschen Beteiligung an möglichen NATO-Operationen zum Schutz und Herausziehen von OSZE-Beobachtern aus dem Kosovo in Notsituationen
26. November	Erste Waffeninspektion bei drei Luftverteidigungseinheiten der jugoslawischen Armee
1. Dezember	Memorandum des jugoslawischen Außenministers an die OSZE-Staaten
2. Dezember	OSZE-Außenministertreffen in Oslo
2. Dezember	Hill legt seinen 3. Entwurf für ein Interimsabkommen vor
10. Dezember	KVM-Regionalzentrum Prizren in Dienst gestellt
14. Dezember	Bewaffneter Zwischenfall an der albanischen Grenze (36 UCK-Kämpfer getötet, neun gefangen genommen)
14. Dezember	Überfall auf eine Bar in Pec/Peje (sechs serbische/montenegrinische Jugendliche getötet)
17. Dezember	Ermordung des stellvertretenden Bürgermeisters von Kosovo Polje/Fushe Kosovo

19. Dezember	KVM-Regionalzentrum Kosovska Mitrovica/Mitrovice in Dienst gestellt
21. Dezember	Beginn der Weihnachtsoffensive der serbischen Sicherheitskräfte

1999

1. Januar	KVM-Regionalzentrum Pec/Peje in Dienst gestellt
8. Januar	Angriffe der UCK auf serbische Polizeipatrouillen (drei Polizisten getötet)
8. Januar	Gefangennahme von acht jugoslawischen Soldaten durch die UCK
11. Januar	KVM-Regionalzentrum Gnjilane/Gjilan in Dienst gestellt
12. Januar	KVM-Regionalzentrum Pristina/Prishtina in Dienst gestellt
13. Januar	Freilassung der am 8. Januar gefangen genommenen Soldaten durch die UCK
14. Januar	Offensive der Sicherheitskräfte im Raum Stimlje/Shtime
15. Januar	Tagung der serbischen Regierung in Pristine/Prishtina
15./16. Januar	Das „Massaker von Racak"
17. Januar	Sondersitzung des NATO-Rats
18. Januar	Jugoslawischer Außenminister erklärt den Leiter der KVM zur Persona non grata
21. Januar	Suspendierung der Ausweisung des Leiters der KVM
26. Januar	Gespräche zwischen Albright und Iwanow in Moskau
29. Januar	Blutbad in Rogovo/Rogove
29. Januar	Kontaktgruppen-Außenminister-Treffen in London
30. Januar	Autorisierung des NATO-Generalsekretärs zur Auslösung von Luftangriffen gegen die BRJ
Anfang Februar	Die UCK kontrolliert wieder etwa ein Drittel des Kosovo
6. Februar	Terrorakte in drei Städten des Kosovo
6. Februar	Eröffnung der Verhandlungen über ein Interimsabkommen in Schloss Rambouillet
11. Februar	Begräbnis der Toten von Racak/Recak
Mitte Februar	Erste Mobilmachungsvorbereitungen der serbischen Sicherheitskräfte
14. Februar	Kontaktgruppen-Außenministertreffen in Paris
16./17. Februar	Reise des amerikanischen Verhandlers Hill nach Belgrad und Gespräche mit Milosevic

23. Februar	Ende der Verhandlungen in Rambouillet
25. Februar	Zustimmung des Deutschen Bundestages zur deutschen Beteiligung an der militärischen Umsetzung eines Rambouillet-Abkommens für den Kosovo sowie an NATO-Operationen im Rahmen der Notfalltruppe (Extraction Force)
8. März	Gespräche des deutschen Außenministers und EU-Ratspräsidenten in Belgrad und Pristina/Prishtina
13. März	Terroranschläge in drei Städten im Kosovo
15. März	Fortsetzung der Verhandlungen über ein Interimsabkommen in Paris
15. März	Verlängerung der Wehrdienstdauer für Rekruten in der jugoslawischen Armee
17. März	Dr. Ranta legt den Bericht des finnischen Forensik-Teams über die Untersuchungen der Toten von Racak/Recak vor
18. März	Unterzeichnung eines Interimsabkommens durch die Delegation der Kosovo-Albaner
19. März	Suspendierung der Verhandlungen über ein Interimsabkommen für das Kosovo, das die kosovo-albanische Delegation unterzeichnet hat, die serbische hingegen nicht
20. März	Abzug der KVM aus dem Kosovo
23. März	Gespräche Holbrookes mit Milosevic in Belgrad
24. März	Beginn der NATO-Luftangriffe gegen die BRJ
25./26. März	Debatten im Deutschen Bundestag zum Beginn des Luftkrieges gegen die BRJ
8. April	Der Generalinspekteur der Bundeswehr stellt den „Operationsplan Hufeisen" in einer Pressekonferenz vor

Anhang

Anhang 1

Mündliche Erklärung des Abgeordneten Dr. Burkhard Hirsch in der 248.
Sitzung des Deutschen Bundestages am 16. Oktober 1998

„Frau Präsidentin! Meine sehr geehrten Damen und Herren! ...

Ich möchte ... folgende Erklärung abgeben:
Erstens. Wir sehen uns in vielen Teilen der Welt denselben humanitären Problemen gegenüber wie im Kosovo, häufig verbunden mit einer nicht akzeptablen Behandlung ethnischer und religiöser Minderheiten. Niemand kann und sollte uns daran hindern, jede nur erdenkliche humanitäre Hilfe anzubieten und zu leisten. Die Anwendung militärischer Gewalt, die wir heute beschließen sollen, ist weder Voraussetzung noch Ersatz für diese materiellen Hilfeleistungen.
Zweitens. Ich bin der Auffassung, daß der 13. Deutsche Bundestag angesichts der weitreichenden Bedeutung die ihm vorgelegte Entscheidung nicht mehr selbst treffen sollte und treffen kann. Die Verfassung hat zwar für die Konstituierung des 14. Bundestages eine maximale Frist von 30 Tagen bestimmt, um eine bundestagsfreie Zeit mit Sicherheit auszuschließen. Aber wenn der Bundestag nach Art. 39 Abs. 3 des Grundgesetzes vorher zusammengerufen werden muß, dann kann man zumindest nach der amtlichen Feststellung des Wahlergebnisses nicht an der Tatsache vorbeigehen, daß der 13. Bundestag nicht mehr dem Wählerwillen entspricht und daß die Mitglieder des 14. Deutschen Bundestages auch unabhängig von jeder anderen Verabredung das Recht hätten, sich unverzüglich selbst zu konstituieren. Ich bin der Auffassung, daß die Abgeordneten des 14. Bundestages zumindest hätten gefragt werden müssen, ob sie angesichts des außergewöhnlichen Sachverhaltes die Wahl unverzüglich annehmen und zusammentreten wollen, um ihre Verantwortung wahrzunehmen. Diese eigene Entscheidung eines jeden gewählten Abgeordneten kann ihnen niemand - auch nicht in wohlmeinender Absicht - abnehmen.
Drittens. Die völkerrechtliche Friedensordnung der gesamten Nachkriegszeit beruht auf der Charta der Vereinten Nationen. Ihre entscheidende Grundlage ist der Verzicht auf Gewalt als Mittel der Politik. Nach Kapitel VII der Charta ist die Entscheidung über Gewaltanwendung in dem hier vorliegenden Sachverhalt ausschließlich dem Sicherheitsrat zugewiesen. Dementsprechend hat er sich in seiner hier immer wieder erwähnten Resolution 1199 ausdrücklich vorbehalten, selbst darüber zu entscheiden, welche Maßnahmen ergriffen

werden sollen, wenn die Parteien des Kosovo-Konflikts die Forderungen nicht erfüllen, die in der Resolution enthalten sind. Der NATO-Vertrag stellt ausdrücklich fest, daß die Rechte und Pflichten der Mitglieder aus der Charta der Vereinten Nationen vom NATO-Vertrag nicht berührt werden. Darum bin ich der Überzeugung, daß ein militärisches Vorgehen der NATO mit dem geltenden Völkerrecht nicht begründet werden kann und daß wir mit der heutigen Entscheidung einen irreparablen Vorgang schaffen, auf den sich später andere - im Osten und im Westen - berufen werden.
Damit schaffen wir keine neue Friedensordnung, sondern kehren zu dem Zustand des Völkerrechts zurück, in dem es sich vor der Gründung der Vereinten Nationen befunden hat. Das kann und will ich nicht verantworten."

Anhang 2

Erklärung des Präsidenten des Deutschen Bundestages Wolfgang Thierse zu Beginn der Sitzung des Deutschen Bundestages am 25. März 1999

„Guten Morgen, meine lieben Kolleginnen und Kollegen! Die Sitzung ist eröffnet.
Liebe Kolleginnen und Kollegen, wir tagen heute in einer ernsten Situation. Seit gestern Abend finden Luftschläge der NATO gegen jugoslawische militärische Ziele statt. Diese Aktion ist ein ernster Einschnitt auch in der Geschichte der Bundesrepublik Deutschland. Aber wir Europäer können und dürfen nicht weiter zusehen, wie im Kosovo eine Mehrheit der Bürger vertrieben, wie dort gemordet wird. Diese Aktion richtet sich nicht gegen das serbische Volk. Wir hoffen und wünschen, daß der jugoslawische Staatspräsident Milosevic zu der Vernunft kommt, zu der ihm die langen diplomatischen Verhandlungen und das Abkommen von Rambouillet Gelegenheit gegeben hatten.
Der Deutsche Bundestag steht zu den Soldaten, die im Einsatz sind - in einem Einsatz, der durch unser Grundgesetz und durch die Beschlüsse unseres Parlaments gedeckt ist. Wir hoffen sehr, daß die militärische Aktion von kürzestmöglicher Dauer ist und daß es endlich gelingt, die humanitäre Katastrophe im Kosovo zu beenden.
Meine Damen und Herren, wir kommen zu den Bemerkungen vor Eintritt in die Tagesordnung."

Anhang 3

Erklärung des Abgeordneten Dr. Gregor Gysi (PDS) in der Sitzung des Deutschen Bundestages am 25. März 1999

„Herr Präsident! Meine Damen und Herren! Ich bitte Sie, dem Antrag der PDS-Fraktion zu einer sofortigen Debatte zur ersten Beteiligung der Bundeswehr in ihrer Geschichte an einem Krieg zuzustimmen ...
Es ist undenkbar, meine Damen und Herren, daß die NATO gestern das erste Mal in der Geschichte nach 1945 einen Angriff auf einen souveränen Staat gestartet hat - über die Gründe müssen wir selbstverständlich auch diskutieren -, daß Deutschland erstmalig in seiner Geschichte daran beteiligt ist, was eine Vielzahl völkerrechtlicher, verfassungsrechtlicher, politischer und moralischer Probleme aufwirft, und daß der Deutsche Bundestag am nächsten Tag mit einer BaföG-Debatte beginnt und nicht bereit ist, hier wenigstens kurz über diese Situation zu debattieren.
Das muß einfach sein, auch wenn der Bundeskanzler und der Bundesaußenminister nicht anwesend sind. Die können morgen dazu sprechen. Wir können morgen weiter debattieren.
Aber wortlos - außer drei Sätzen des Bundestagspräsidenten - darüber hinwegzugehen - das heißt, der Bundestag selbst äußert sich dazu nicht -, das ist meines Erachtens der Situation in keiner Hinsicht angemessen, und zwar weder gegenüber der Bevölkerung der Bundesrepublik Jugoslawien noch gegenüber der Bevölkerung der Bundesrepublik Deutschland, noch gegenüber den Soldaten, die in diesen Krieg verwickelt sind."

Anhang 4

Erklärung des Abgeordneten Hans-Christian Ströbele (Bündnis 90/Die Grünen) in der Sitzung des Deutschen Bundestages am 25. März 1999

„Herr Präsident! Verehrte Kolleginnen und Kollegen! Auch der Kollege, der vor mir gesprochen hat, hat sich durchaus zur Sache geäußert.
Es ist unwürdig für dieses Haus, daß Deutschland nach 54 Jahren seit gestern Abend wieder Krieg führt und daß sich dieser Bundestag weigert, darüber zu reden und auch nur seine Meinung zu äußern. Das ist ungeheuerlich.
Ich verstehe meine Fraktion nicht, die für mehr Frieden in der Welt angetreten ist, die eine Friedenspolitik machen will. Sie setzt sich hierhin und ist damit einverstanden, daß, wenn von deutschem Boden nach 54 Jahren wieder Krieg ausgeht, darüber hier nicht einmal geredet wird.

Von deutschem Boden sind die Tornados gestartet, die jetzt gerade Belgrad bombardieren. Ich halte das für völlig unwürdig für dieses Haus.

Fragen Sie sich einmal, was es für einen Eindruck macht, wenn wir uns jetzt mit der Veränderung des Sachenrechts oder des DNA-Identitätsfeststellungsgesetzes beschäftigen, während deutsche Soldaten im Kosovo, in Belgrad, in Montenegro Bomben abwerfen.

Ich appelliere an Sie: Ändern Sie die Tagesordnung! Lassen Sie uns darüber sprechen! Ich bin bereit, die Argumente sachlich abzuwägen, die die eine oder andere Seite hier vorbringt. Aber das ist doch völlig unmöglich: Unser Land beschäftigt sich heute mit diesem Krieg, und der Deutsche Bundestag schweigt dazu und beschäftigt sich mit der Änderung des Sachenrechts. Das kann und darf nicht wahr sein. Ich schäme mich für mein Land, das jetzt wieder im Kosovo Krieg führt und das wieder Bomben auf Belgrad wirft."

Anhang 5

Sitzungen des Deutschen Bundestags mit Debatten zum Kosovokonflikt in der Zeit vom 19. Juni 1998 bis 15. April 1999 und Abstimmungsergebnisse

19. Juni 1998: Deutsche Beteiligung an der von der NATO geplanten Operation zur weiteren militärischen Absicherung des Friedensprozesses im früheren Jugoslawien über den 19. Juni 1998 hinaus (SFOR-Folgeoperation) - Antrag der Bundesregierung

Abgegebene Stimmen:	570
Ja-Stimmen:	320
Nein-Stimmen:	8
Enthaltungen:	190

16. Oktober 1998: Deutsche Beteiligung an den von der NATO geplanten begrenzten und in Phasen durchzuführenden Luftoperationen zur Abwendung einer humanitären Katastrophe im Kosovo-Konflikt - Antrag der Bundesregierung

Abgegebene Stimmen:	580
Ja-Stimmen:	500
Nein-Stimmen	62
Enthaltungen	18

13. November 1998: Deutsche Beteiligung an der NATO-Luftüberwachungsoperation über dem Kosovo - Antrag der Bundesregierung

Abgegebene Stimmen: 582
Ja-Stimmen: 540
Nein-Stimmen: 30
Enthaltungen: 12

19. November 1998: Deutsche Beteiligung an möglichen NATO-Operationen zum Schutz und Herausziehen von OSZE-Beobachtern aus dem Kosovo in Notsituationen - Antrag der Bundesregierung

Abgegebene Stimmen: 595
Ja-Stimmen: 553
Nein-Stimmen 35
Enthaltungen: 7

25. Februar 1999: Deutsche Beteiligung an der militärischen Umsetzung eines Rambouillet-Abkommens für den Kosovo sowie an NATO-Operationen im Rahmen der Notfalltruppe (Extraction Force) - Antrag der Bundesregierung

Abgegebene Stimmen: 608
Ja-Stimmen: 556
Nein-Stimmen: 42
Enthaltungen: 10

25. März 1999: Erste Beteiligung der Bundeswehr an einem bewaffneten Angriff in ihrer Geschichte - Antrag der PDS

26. März 1999: Abgabe einer Erklärung der Bundesregierung zur aktuellen Lage im Kosovo nach dem Eingreifen der NATO und zu den Ergebnissen des Europäischen Rates in Berlin

15. April 1999: Abgabe einer Regierungserklärung des Bundeskanzlers. Aktuelle Lage im Kosovo

Anhang 6

Die Unterredung Richard Holbrookes mit dem jugoslawischen Präsidenten Milosevic am 23. März 1999 in Belgrad (Mitschrift aus der Sendung der ARD am 25. Oktober 1999, Balkan, Gewalt ohne Ende, Teil 1: Der Weg zum Krieg)

Holbrooke: „Ich sagte zu ihm [Milosevic]: Sie wissen, was passiert, wenn ich heute gehe, ohne dass Sie Ihre Haltung ändern."
Und er antwortete: „Ja, Sie werden uns bombardieren."
Danach Totenstille im Raum.
Ich sagte: „Sie müssen sich darüber im klaren sein, die Luftschläge werden schnell kommen, sie werden schwer und andauernd sein."
Und er antwortete ruhig: „Es gibt nichts mehr zu verhandeln. Sie werden uns bombardieren. Sie sind ein mächtiges Land. Wir können nichts dagegen tun."
Ich wiederholte, es werde sehr schnell nach meiner Abreise beginnen.
Wieder Totenstille.
Ich schaute auf meine Uhr. Es war genau zwölf Uhr.
Ich sagte: „Ich muss jetzt Washington über unser Gespräch unterrichten, genauso unsere Alliierten in Paris, London, Bonn und Brüssel."
Und ich wartete.
Letzte Chance.
Und er antwortete nur: „Es gibt nichts mehr zu sagen."

Literatur

Albrecht, Ulrich/Paul Schäfer (Hrsg.), Der Kosovo-Krieg, Köln 1999.
Bittermann, Klaus/Thomas Deichmann (Hrsg.), Wie Dr. Joseph Fischer lernte, die Bombe zu lieben, Berlin 1999.
Bredthauer, Karl D., Im Namen der Glaubwürdigkeit, in: Blätter für deutsche und internationale Politik 5/1999, S. 519-523.
Bündnis 90/Die Grünen, Material zur Auseinandersetzung über das Rambouillet-Abkommen, Bonn 1999.
Bündnis 90/Die Grünen, Der Kosovo-Krieg, Bonn 1999.
Bundesministerium der Verteidigung, Der Bundesminister, Der Kosovo-Konflikt, Bonn 1999.
Bundesministerium der Verteidigung, Hintergrundinformation zum Einsatz der internationalen Staatengemeinschaft im Kosovo und zur Beteiligung der Bundeswehr, Bonn 1999.
Calic, Marie-Janine, Kosovo: Krieg oder Konfliktlösung?, in: Südosteuropa Mitteilungen 2/1998, S. 112-120.
Calic, Marie-Janine, Die Jugoslawienpolitik des Westens seit Dayton, in: Aus Politik und Zeitgeschichte B 34/1999, S. 22-32.
Caplan, Richard, International diplomacy and the crisis in Kosovo, in: International Affairs 4/1998, S. 745-761.
Cremer, Ulrich/Dieter S. Lutz (Hrsg.), Nach dem Krieg ist vor dem Krieg, Hamburg 1999.
Das Parlament, Thema Balkan-Krise 32-33/1999.
Das Parlament, Thema Nationale Minderheiten in Europa 34/1999.
Debiel, Thomas, Katastrophe im Kosovo. Zehn Anmerkungen zu Massakern, Krieg und (De-)Eskalation, in: Blätter für deutsche und internationale Politik 5/1999, S. 539-547.
Dickinson, Marc/Nicolas Kaczorowski, The OSCE Verification Mission to Kosovo December 1998 - March 1999, Personal Views by two „Verifiers", Dokument der Nordatlantischen Versammlung, Brüssel 1999.
Glennon, Michael J., The New Interventionism, in: Foreign Affairs Mai/Juni 1999, S. 2-7.
Elsässer, Jürgen (Hrsg.), Nie wieder Krieg ohne uns, Hamburg 1999.
Hedges, Chris, Kosovo's Next Masters, in: Foreign Affairs Mai/Juni 1999, S. 24-42.
Hofbauer, Hannes (Hrsg.), Balkan-Krieg, Wien 1999.
Hofmann, Gunter, Wie Deutschland in den Krieg geriet, in: Die Zeit 20/1999, S. 17-21.
Hofmann, Gunter, Der fast vergessene Krieg. Ein Nachwort: Die Lehren aus der Intervention der NATO im Kosovo, in: Die Zeit 40/1999, S. 8.

Hutchings, N.W./Larry Spargimino, Where Leads the Road to Kosovo? Oklahoma City 1999.

Ignatieff, Michael, Der gefesselte Kriegsherr, in: Die Zeit 33/1999, S. 11-13.

International Institute for Strategic Studies, Strategic Survey 1998/99, London 1999.

Kohl, Christine von/Wolfgang Libal, Kosovo: Gordischer Knoten des Balkan, Wien und Zürich 1992.

Kühne, Winrich, Humanitäre NATO-Einsätze ohne Mandat? Ein Diskussionsbeitrag zur Fortentwicklung der UNO-Charta, Stiftung Wissenschaft und Politik, SWP-3096, März 1999.

Lange, Klaus, Die UCK - Anmerkungen zu Geschichte, Struktur und Zielen, in: Aus Politik und Zeitgeschichte 34/1999, S. 33-39.

Malcolm, Noel, Kosovo. A Short History, London/New York 1998.

Mandelbaum, Michael, A Perfect Failure, in: Foreign Affairs September/Oktober 1999, S. 2-8.

Mintchev, Emil, Friedensordnung nach dem Kosovo-Krieg, in: Internationale Politik 5/1999, S. 55-62.

Naumann, Klaus, Der nächste Konflikt wird kommen, in: Europäische Sicherheit 11/1999, S. 8-22.

Naumann, Klaus, Die NATO nach dem Kosovo-Krieg, in: Die Welt vom 7. Juli 1999, S. 10.

Oschlies, Wolf, Der Vierfrontenkrieg des Slobodan Milosevic. Bundesrepublik Jugoslawien vor dem Zerfall. Berichte des Bundesinstituts für ostwissenschaftliche und internationale Studien 18/1999.

OSCE, Office for Democratic Institutions and Human Rights, Kosovo/Kosova, As Seen, As Told. An analysis of the human rigthts findings of the Kosovo Verification Mission October 1998 to June 1999, Warschau 1999.

O. V., Dokumentation, in: Internationale Politik 5/1999, S. 83-136.

Petritsch, Wolfgang/Karl Kaser/Robert Pichler, Kosovo, Kosova, Klagenfurt/Celovec u.a. 1999.

Reuter, Jens, Die Internationale Gemeinschaft und der Krieg im Kosovo, in: Südosteuropa 7-8/1998, S. 281-297.

Reuter, Jens, Krieg auf dem Balkan, in: Internationale Politik 4/1999, S. 29-30.

Richter, Frank, Balanceakt. Die Lage im Kosovo spiegelt die Instabilität der Region, in: Information für die Truppe 7-8/1999, S. 13-19.

Rubin, Barry, „Schurkenstaaten", in: Internationale Politik 6/1999, S. 5-13.

Rüb, Matthias, Kosovo, München 1999.

Scharping, Rudolf, Wir dürfen nicht wegsehen, Berlin 1999.

Sharp, Jane M.O., Testfall Kosovo. Die westliche Politik auf dem Prüfstand, in: Internationale Politik 6/1998, S. 27-34.

Schirrmacher, Frank, (Hrsg.), Der westliche Kreuzzug, Stuttgart 1999.
Schmid, Thomas (Hrsg.), Krieg im Kosovo, Reinbek bei Hamburg 1999.
Spillmann, Markus, Der Westen und Kosovo, in: Internationale Politik 8/1999, S. 41-48.
Troebst, Stefan, The Kosovo War, Round One: 1998, in: Südosteuropa 3-4/1999, S. 156-190.
Troebst, Stefan, Chronologie einer gescheiterten Prävention, in: Osteuropa 8/1999, S. 777-795.
Vickers, Miranda, Between Serb and Albanian. A History of Kosovo, London 1998.
Weller Marc, The Rambouillet conference on Kosovo, in: International Affairs 2/1999, S. 211-251.
Weller Marc, The Crisis in Kosovo 1989-1999, Cambridge 1999.
Zumach, Andreas, „80 Prozent unserer Vorstellungen werden durchgepeitscht", in:Thomas Schmid (Hrsg.), Krieg im Kosovo, Reinbek bei Hamburg 1999, S. 63-81.

Dieter S. Lutz (Hrsg.)

Der Kosovo-Krieg

Rechtliche und rechtsethische Aspekte

Das Jahr 1999 war das Jahr des Kosovo-Krieges. Erstmals in der Geschichte des Nordatlantik-Vertrages führte die NATO 1999 einen länger andauernden Krieg. Erstmals überhaupt nach Ende des Zweiten Weltkrieges hat sich Deutschland an einem Krieg beteiligt.
Beides geschah ohne Mandat der Vereinten Nationen. Daher wurden die Diskussionen um und über den Kosovo-Krieg auch und gerade unter rechtlichen Aspekten geführt. Der vorliegende Sammelband gibt eine Reihe der Diskussionsbeiträge (u.a. von Jost Delbrück, Christian Tomuschat, Ulrich K. Preuß, Dieter Senghaas, Knut Ipsen, Daniel Thürer, Jürgen Habermas) zu den völkerrechtlichen, verfassungsrechtlichen und rechtsethischen Aspekten des Kosovo-Krieges wieder, wie sie im zeitlichen Umfeld der "air campaign" vorgetragen wurden. Er versteht sich als eine erste Initiative zu einer dringend notwendigen Diskussion. Der Band wird durch eine Dokumentation und dem Abdruck der VN-Resolutionen zum Kosovo-Konflikt abgerundet.

2000, 366 S., brosch., 58,– DM, 423,– öS, 52,50 sFr, ISBN 3-7890-6520-X
(Demokratie, Sicherheit, Frieden, Bd. 127)

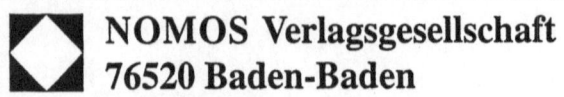

NOMOS Verlagsgesellschaft
76520 Baden-Baden